청년아 청년아
우리 청년아

일상개념총서 02 청년

청년아 청년아 우리 청년아
― 근대, 청년을 호명하다

이기훈 지음

2014년 10월 6일 초판 1쇄 발행

펴낸이 한철희 | 펴낸곳 돌베개 | 등록 1979년 8월 25일 제406-2003-000018호
주소 (413-120) 경기도 파주시 회동길 77-20 (문발동)
전화 (031) 955-5020 | 팩스 (031) 955-5050
홈페이지 www.dolbegae.com | 전자우편 book@dolbegae.co.kr
블로그 imdol79.blog.me | 트위터 @Dolbegae79

책임편집 김진구
표지디자인 김미성 | 본문디자인 이은정·이연경·김동신
마케팅 심찬식·고운성·조원형 | 제작·관리 윤국중·이수민
인쇄·제본 상지사 P&B

ISBN 978-89-7199-614-0 (94910)
       978-89-7199-562-4 (세트)

이 도서의 국립중앙도서관 출판시도서목록(CIP)은 e-CIP 홈페이지
(http://www.nl.go.kr/ecip)에서 이용하실 수 있습니다.(CIP제어번호: CIP2014022689)

책값은 뒤표지에 있습니다.

*본서는 2007년도 정부(교육과학기술부)의 재원으로 한국연구재단의 지원을 받아 간행되었음(KRF-2007-361-AM0001).

청년아 청년아
우리 청년아

이기훈 지음

근대, 청년을 호명하다

돌베개

한림대학교 한림과학원은 19세기 중엽 이후 100년을 근대 개념 형성의 핵심적인 시기로 간주해 한반도에서 발생한 기본 개념들의 해석, 번역, 굴절, 선택, 충돌 현상을 다각도로 탐구해왔습니다. 현재 진행 중인 일련의 〈한국개념사총서〉 발간 작업은 그런 노력의 산물입니다. 이런 총서 작업을 거쳐 인문·사회과학의 기본 개념들에 대한 우리 사회의 오해를 불식하고 개념의 정확한 인식을 통한 학술적 담론의 세계화를 지향해왔습니다.

그러나 우리는 한반도가 세계사 흐름에서 차지하고 있는 '주변'적인 성격에 주목하지 않을 수 없었고 이를 탐구하는 과정에서 정치·사회적 기본 개념 분석만으로는 한국 근대의 경험을 충분히 재현할 수 없다는 생각을 하게 되었습니다. 20세기 전반기의 대부분을 일본 제국주의의 '식민지'로, 20세기 후반기를 냉전의 최전방인 '분단' 국가로 지내온 우리 사회에서는 근대 학문의 제도적 기반이나 자유로운 공적 논의의 공간이 매우 취약하였고, 이에 따라 기본 개념의 운동성과 사회적 파급력은 상대적으로 크게 제약되었습니다. 이런 문제의식에서 우리는 '일상 개념'의 영역에 주목하게 되었습니다.

그동안 '일상'을 '평범하고 무가치한 일들이 이어지고 반복되는 곳'으로 인식해 학문적인 탐구 대상에서 제외시키는 경향이 있었습니다. 그러나 최근 '일상'을, 사람들에 대한 정치·경제·이데올로기적 규율이 관통하는 영역이면서도 이런 규율에서 벗어나려는 다양한 힘과 열망들이 공존하는 복합적이고 역동적 공간으로 새롭게 인식하게 되었습니다. '일상'을 분석하는 일은 식민지와 분단으로 점철된 한국 근대의 특성을 규명하는 데 핵심적인 요소가 되었습니다.

이에 한림과학원은 2009년부터 〈일상개념총서〉를 기획하여, 역사와 정치의 주류적 관심에서 제외된 개념군, 이데올로기적 시각에 의해 간과되었던 삶의 영역 등을 표현하는 개념 등에 주목하였습니다. 〈일상개념총서〉는 다음 세 가지의 특별한 학문적 의미를 가집니다.

첫째, 한국 개념사 연구의 지평을 일상 속으로 투영해 연구 영역을 확대하는 의의가 있습니다. 일상 개념에는 보통사람들의 일상적 경험과 기대가 농축되어 있으며, 사람들은 일상적인 실천 속에서 그런 개념을 사용하면서 세계를 해석하고 변화시켜 나갔습니다.

둘째, 두터운 의미를 내장한 일상영역으로부터 주류적인 역사의 흐름에서 배제된 경험들을 추출하고 집약해 현재 우리의 일상적인 앎을 구성하는 지식체계나 우리에게 익숙한 지배적인 인식의 틀을 낯설게 하고 상대화하는 의의가 있습니다. 우리에게 자명한 인식의 틀을 의심하는 일은 오늘날의 우리 사회를 좀 더 나은 세상으로 만드는 노력으로 이어질 것입니다.

셋째, 한국 개념사 연구의 주체적인 방법론을 정립하는 데 기여하는 의의를 가집니다. 한국의 근대 경험은 공적 논의의 조건이 매우 협소해 일상 개념의 역할과 위상에 주목할 필요성이 커집니다. 예를 들면 '청년'과 '취미' 등의 일상 개념은 주권이 부재한 식민지 시기에도 활발한 의미의 확장과 운동성을 보였습니다. 그 의의는 '국가'나 '국민'과 같은 기본 개념의 위축상황을 보완하는 데 그치지 않습니다. 기본 개념의 의미 축소와 일상 개념의 활성화 현상을 종합적으로 검토하여 한국 근대의 경험을 온전하게 반영하는 한국 개념사 연구의 모델을 정립하는 데 중요한 단서가 될 것입니다.

〈일상개념총서〉는 〈한국개념사총서〉의 연장이면서 동시에 그것을 넘어서는 기획입니다. 개념을 통해 식민지와 분단의 전체상을 해명하려는 노력이 〈일상개념총서〉의 출발점이자 도달점입니다.

한림대학교 한림과학원
원장 김용구

근대의 아이콘, '청년'의 개념을 탐색하다

세기가 바뀔 무렵 이제 막 30대가 되어 전문 연구자의 길에 접어든 나는 혼란과 방황 속에 있었다. 불안정한 수입과 생계, 불확실한 미래는 차라리 쉬운 문제였다. 정작 나를 학문의 길로 이끈 열정과 신념이 흔들리고 있었다. 20대에 생각했던 것처럼 세상이 그렇게 단순 명료하게 구성되어 있지 않다는 사실을 절실하게 깨닫고 있었기 때문이다. 이론은 더 이상 '과학적'이지도 못했고, 현실을 변화시키는 무기로서도 효용성이 다한 듯했다. 어느 시인의 말처럼 잔치가 끝난 그 서른 즈음 '사회'를 더 복합적이며 총체적인 것으로, '근대'를 더 역사적인 시간의 개념으로 이해하기 위해 새로운 공부를 시작했다.

　여러 사람과 다양한 공간에서 새로운 역사학 이론과 방법론을 공부하고 사료를 찾았지만, '청년'이라고 하는 일상 개념의 연구를 시작하는 계기가 되었던 것은 역사문제연구소 '독서의 사회사반' 모임이었다. 그때까지 역사학이나 문학 연구는 텍스트를 생산해내는 사상가와 작가들의 역사에 가까웠다. 하지만 우리는 텍스트를 읽고 지식을 소비하며 쾌락을 향유하는 일상 소비의 역사를 해명하고 싶었다. 이 일상적 소비자야말로 실제 근대 사회를 구성하는 '주체'이고, 독서는 근대적 주체 생산의 과정 중 하나라고 믿었기 때문이다. '독서의 사회사반' 구성원들은 외국의 이론서를 공부하고 통계를 정리하는 한편, 1920년대 『동아일보』에 실린 책 광고를 정리, 분석하는 작업을 했다. 그리고 각자 이 무렵 가장 두드러진 독서의 현상을 하나씩 맡아 분석하기로 했다.

이때 나는 동화童話를 맡았다. 그 무렵 식민지의 교사 양성, 학교 교육과 청소년층 통제에 관한 공부를 하고 있었던 참이라 흔쾌히 받아들였다. 1920년대에 가장 많이 팔린 책 중의 하나가 방정환이 엮은 동화집 『사랑의 선물』이었고, 이후에도 수많은 동화집이 날개 돋친 듯 팔려 나갔다. 또 잡지 『어린이』는 10만 명의 독자를 자랑했다. 나는 이런 동화의 열풍이 당대 소년운동의 결과라고 파악했다. 사회운동은 사회를 목표하는 방향으로 변화시키는 의식적 행동이며, 그 과정에서 가장 중요한 것은 이런 변화를 실행할 주체를 만들어가는 것이다. 그런 면에서 방정환이 제시한 천진난만한 어린이는 당대 현실의 '아동'이라기보다는, 그를 포함한 천도교 소년운동가들이 이상적으로 생각한 근대적 소년의 모델이다. 또 감성을 자극하는 아름다운 이야기와 숭고한 계몽적 교훈이 가득한 동화집은 이렇게 상정된 '어린이'를 구현하기 위한 수단이었다. '어린이'는 단순한 연령 지칭이 아니라 그렇게 불린 사람들의 성격과 사회적 지위를 결정하는 말이었다. 이때부터 '말', 특히 세대를 구분하는 호칭과 같은 강력한 일상 개념의 힘에 주목하기 시작했다.

어린이나 소년이 아닌 '청년'을 주제로 삼은 것은, 지금 한림대학교 한림과학원의 허수 교수 덕분이었다. 한국 근대에서 청년이라는 말의 중요성이야 새삼 강조할 필요도 없겠지만, 그는 내가 감히 이 개념에 접근할 수 있는 계기를 마련해주었다. 청년이 당대의 아이콘으로 부상한 1920년대부터 연구를 진행하면서, 말의 이면에 항상 존재하는 권력의 시선과 정치에 주목하고자 했다. 특히 청년은 세대와 연령집단으로서 사회적 주체를 의미하는 것이니, 그 외연이 어떻게 형성되는지 탐구하려고 했다. 정치적 입장에 따라, 시기에 따라, 사회적 조건에 따라 청년이라는 말이 전혀 다른 연령대를 의미한다는 역사적 사실은, 우리가 접하는 일상 개념이 실질적으로 매우 큰 정치적인 힘을 지니고 있음을 보여주었다.

정작 힘들었던 것은 청년이라는 말의 도입과 정착에 관한 연구였다. 원래 '靑年'이라는 한자어 자체가 없지는 않으나 '젊은 시절' 정도의 의미로 쓰일 뿐, '젊은이'라는 의미로 잘 쓰는 말은 아니었다. 그러니 근대적 의미에서 '청년'이라는 단어는 외부에서 도입된 것이라 봐도 좋지만, 젊은이를 지칭하는 전통적 용어 또한 바로 사라지지는 않았다. 그래서 성리학적인 사유 체계와 전통적인 세대 관념 속에서 젊은이를 지칭하는 용어가 어떻게 역사 속에서 변화하고 또 사라졌으며, 한편 청년이라는 말과 개념이 새롭게 등장했는지를 비교해서 살펴보고자 했다. 이런 비교 작업을 위해서는 많은 양의 텍스트를 검토하지 않을 수 없었다. 역사정보통합시스템이 없었다면 불가능했을 일이다. 게다가 근대 초기의 『대한매일신보』나 『황성신문』과 같은 핵심 사료는 텍스트화되어 있지 않으니 직접 찾아서 읽어야 했고, 결국 책을 쌓아두고 눈으로 뒤져가며 읽는 재래의 방법을 동원하지 않을 수 없었다.

이런 작업을 거쳐 박사학위 논문 「일제하 청년 담론 연구」를 제출했지만, 아쉬움이 많이 남았다. 특히 1945년까지로 시기를 한정하다 보니 한국 근대에서 청년이라는 일상 개념의 역동성을 해명하는 데는 크게 미흡했다. 해방 이후 현대사에서 청년이라는 호명이 젊은이의 가슴에 어떤 울림으로 다가왔는지, 또 국가권력이 '청년'을 전유함으로써 어떤 개념적 변화가 일어났는지는 전혀 답을 제시하지 못한 터였다. 그러던 차에 한림대학교 한림과학원 인문한국사업단에서 〈일상개념총서〉를 간행하면서 '청년' 개념에 대한 집필을 청탁했다. 연구를 마무리할 좋은 기회라 생각하여 새로 공부를 진행했다. 학위 논문에서는 담론의 차원에서 접근했던 것과는 달리, 이 책 프롤로그와 1부에서는 개념으로서 '청년' 개념의 기원, 변화, 분화 과정을 규명하는 데 주력했다. 2부는 구성을 바꾸고 내용을 보완했으며, 3부는 4장 '전시체제하의 청년' 내용을 대폭 보완했다. 4부는 새로 쓴 것이다.

　책을 펴내면서 감사해야 할 분들이 많다. 학문의 길로 이끌어주신 여러 선생님께 감사의 말씀을 드린다. 지도교수 권태억 선생님은 항상 부족한 제자를 넉넉히 품어주시고, 공부하는 사람의 삶을 몸소 보여주셨다. 설익은 문제의식에도 격려와 조언을 아끼지 않으신 정옥자 선생님 덕분에 연구가 길을 잃지 않을 수 있었다. 시대를 바라보는 안목을 가르쳐주신 한영우 선생님, 사료 읽기의 기본을 가르쳐주신 최승희 선생님께는 자주 찾아뵙지 못해 죄송스러울 따름이다. 이태진 선생님의 역사적 상상력은 지금도 늘 새로운 가르침으로 다가온다. 시대와 함께 살아가는 법을 가르쳐주신 김인걸 선생님께도 감사의 인사를 드린다. 한국 근대 사상사의 깊이를 일깨워주신 이지원 선생님 앞에서는 여전히 부족한 공부 때문에 부끄럽다. 김태웅 선생님은 우리 역사의 전통 속에서 근대를 인식해야 함을 깨우쳐주셨다. 정용욱 선생님은 정확한 개념 구사와 사료 읽기의 중요성을 새삼 깨닫게 해주셨다. 여러 선배와 동학들께도 깊이 감사하는 마음이다. 특히 함께 공부하고 고민을 나누던 허수, 허영란, 류시현, 정병욱, 문영주, 박종린, 이신철, 이용기, 장신, 정용서 선생께 고마운 마음을 전한다. 목포대학교 사학과의 유원적, 김영목, 박혁순, 신상용, 고석규, 강봉룡 선생님께도 감사의 말씀을 드리고 싶다. 지난 7년간 마음 편히 가르치고 공부할 수 있도록 살펴주셨다. 예전 같지 않으신 부모님을 생각하면 죄송스러운 마음이 들 뿐이다. 오늘의 나를 있게 해준 신뢰와 사랑에 감사할 따름이다. 인생의 동반자이자 학문세계의 동료인 처 임경희에게 마음속 깊은 고마움과 사랑을 전한다. 책을 내기까지 차일피일 집필을 미루는 바람에 한림과학원과 돌베개 출판사 여러분께 많은 폐를 끼쳤다. 특히 원고 보완이 늦어져서 담당 편집자 김진구 님의 애를 태웠다. 죄송하고 한편 감사하다.

대학교수로 살면서 가장 행복한 순간은 수업시간에 반짝이는 학생들의 눈을 볼 때다. 그러나 올해 유독 오늘을 사는 청년 제자들에게 이런 사회를 물려줄 수밖에 없는 현실이 미안하고 부끄러웠다. 내 청년 시대와 비교하니, 오늘의 청년이 처한 현실은 더 척박하고 그래서 '청년'의 의미 또한 우울하다. 하지만 나는 내 학생들을 신뢰한다. 오늘의 젊은이가 새로운 청년의 의미를 창출하리라 기대한다. 그들에게 이 책을 바친다.

2014년 여름
승달산 아래 연구실에서
이기훈

'청년'이라는 개념의 역사에서 담론의 역사까지

> 다시 말하거니와 장래의 세계는 청년의 것이다.
> 그러므로 장래의 조선은 조선 청년의 것이다.
>
> — 여운형, 「청년에게 보내는 말」, 『중앙』中央 3권 7호, 1936.

우리는 '청년'青年이라는 개념의 역사를 다룰 것이다. 국어사전에는 "신
체적·정신적으로 한창 성장하거나 무르익은 시기에 있는 사람"이라고
간단히 정의하지만,[1] 청년이라는 일상 언어의 역사는 그리 간단치 않다.
누가, 언제, 어떤 방식으로 청년을 말하느냐에 따라 그 의미는 완전히 달
라진다. 다음의 두 글에 나타나는 청년을 비교해보자.

　① 청년은 사회의 생명이요, 사회의 동력이라. 청년이 진취적 기상과 희
　생적 정신에 충실하고 풍부하면 그 사회는 장차 번영과 광영에 눈부신
　광채를 발할 것이요, (……) 조선 민중 억만 대의 광영을 위하여 우리의
　고난과 박해와 기아와 추위가 필요하다면, 아! 우리의 안일을 버리는 것
　이, 우리의 따뜻하고 배부름을 버리는 것이, 우리의 구구한 애정을 버리
　는 것이, 헌신짝 버리는 것과 다른 바 있으리오.
　—「청년의 기개가 여하如何오: 무의無意의 생生보다는 영寧히 유의有意할

1　국립국어원, 표준국어대사전(http://stdweb2.korean.go.kr/search/List_dic.jsp).

사死를 취取할지어다」, 『동아일보』, 1922년 1월 9일.

② 훈련을 받아야 할 시기의 청년이 훈련을 일반 사회에 주려 했고 훈련을 시킬 사회가 침묵을 지켰다. 이러한 사회적 모순이 어디 있을 것인가. 그들은 사회의 문화 향상에 노력한다 하면서 향상의 표적이 없었다. 너무나 막연한 관념이었다. 스스로의 불량不良을 망각하고 다른 사람을 향도嚮導한다는 망상은 일시에 파멸되는 것이다. 이와 같은 종래의 청년회 운동을 역사적으로 생각하면 금일에 와서는 사회적으로 청년을 지도할 기구의 출현을 드디어 요망하게 될 것이다.
—「청년과 훈련: 청년단연합회 조직의 보報를 듯고」, 『매일신보』, 1932년 8월 9일.

두 글에서 청년은 전혀 다른 존재다. ①에서 청년은 진취적 기상에 가득 차서 사회를 이끌어나갈 선구자다. 반면에 ②에서 청년은 사회의 지도와 훈련을 받아야 할 불량한 존재에 불과하다. 이에 따라 현실 문제에 대한 입장 또한 정반대가 된다. ①의 입장에 서면 청년의 조직체인 청년회는 사회 개혁을 주도하는 중심이 되지만, ②의 입장에서 청년회는 정부의 감독과 통제를 받아야 할 단체일 뿐이다.
한걸음 더 나아가 어떤 사람이 다른 누군가에게 ①과 ②의 내용을 이야기하는 대화의 상황을 생각해보자. ①에서 청년은 '우리 청년'이다. 말하는 사람 자신이 청년의 일원이니, 당연히 적극적으로 문제에 개입하지 않을 수 없다. 이에 반해 ②에서 청년은 '그들'로 존재한다. '나' 또는 '우리'가 아닌 것은 물론이고, '당신'이나 '그대'조차 아니라는 점이 중요하다. 청년은 소통의 장면에서 아예 배제되어 훈육과 통제의 대상이 되어버린다.

둘 다 일제강점기 언론에 실린 글이지만, ①은 조선인[2] 언론매체인 『동아일보』의 사설이고, ②는 총독부 관영 신문인 『매일신보』의 사설이다. 또 ①은 3·1운동 이후 민족주의운동이 가장 활발할 때인 1920년대 초반의 글이고, ②는 총독부의 사회통제가 강화되는 1930년대 초반의 글이다. 이야기의 주체와 상황에 따라 그 의미가 크게 달라지는 것을 확인할 수 있다.[3]

청년이라는 말은 도입될 때부터 오늘날에 이르기까지 여러 가지 다른 방식으로 정의됐다. 각각의 정의는 당대의 젊은이에게 또 그만큼 다양한 인식과 행동의 양식을 제시했다. 이렇게 다양한 청년의 정의 이면에서는 사뭇 복잡한 배제와 경쟁, 포섭과 종속의 관계가 형성되고 변화했다. 누가, 어떻게, 어떤 구조에서 청년을 부르는가는 하나의 담론 전략이었으며, 그것은 궁극적으로 근대 사회의 젊은이를 특정한 방식으로 '주체화'하기 위해서였다. 그래서 청년은 일상적으로 사용하는 말이지만, 매우 정치적인 개념이 될 수밖에 없었다. 청년의 정착과 의미 형성 과정은, 필연적으로 미시정치적 분석을 수반하게 되는 것이다.

주체는 막연하고 추상적인 인간의 형태로 제시되는 것이 아니라, 이상적인 '국민', '신민'臣民, '시민', '노동자' 등 사회적 역할모델로서 구체적인 모습으로 규정됐다. 한국 근대사에서 가장 중요한 역사적 단위는 물론 민족이었다. 그러나 한국 근대사에서 민족이란 사회 전체와 거의 동일한 것이었으므로 어떤 사회 세력이 근대화 전략을 실질적으로 추진하기 위해서는 민족 내부에서 핵심적인 주체를 구체화해야 했다. 청년이라

2　이 책에서는 일제하의 한국 사회를 조선 사회, 한국인을 조선인으로 칭할 것이다. 당시 널리 쓰인 역사적 용어이기도 하거니와, 식민지 조선의 상황을 나타내는 가장 적합한 용어이기 때문이다.
3　대화의 상황에서 나타나는 권력효과라는 점에서, 우리가 다루려는 청년 개념의 역사는 곧 청년 담론의 역사이기도 하다. 다이안 맥도넬, 임상훈 옮김, 『담론이란 무엇인가–알튀세 입장에서의 푸코·포스트맑시즘 비판』, 한울, 1992, 11쪽 참조.

는 세대적 주체는 민족과 사회가 지향해야 할 새로운 '문명적' 가치를 상징할 뿐 아니라, 민족 전체를 아우를 수 있는 통합적 주체로서의 가능성도 함께 지니고 있었다. 따라서 청년은 민족을 선도하는 전위적인 집단으로 부각됐고, 이 과정에서 다양한 청년 담론이 생산되어 서로 치열한 경쟁을 벌이게 됐다.

청년 내부의 경쟁과 대립의 상호관계는 현실의 사회운동 속에서 관철됐다. 사상적 헤게모니를 장악하기 위한 투쟁은 논리 차원에서 그치는 것이 아니라, 현실 속에서 어떤 청년상이 대중을 장악할 것인가를 두고 치열하게 대립하면서 전개됐다. 식민 지배하의 조선인 청년은 제국주의 권력과는 독립적으로 근대화를 추진하면서 민족을 주도할 현실적 주체로서 형상화됐다. 반면 제국주의 권력이 이상화한 '모범청년'은 국가의 의지를 지역사회 속에 실현하는 황국신민의 전형이었다. 또한 조선인 사회 내부에서도 지향하는 근대 사회의 전망에 따라 다양한 이상적 청년상이 존재했다. 청년은 다수의 근대화 전략이 집약되어 충돌하며 경쟁하는 일종의 장이 됐던 것이다.

대한제국기와 일제강점기를 거치면서 형성된 청년상은 오늘날 한국인의 관념 속에 내재하는 청년상의 원형을 형성했다. 예를 들어 1960년대 이래 최근까지 대학생이라면 누구나 청년으로서 민족과 민주주의에 대한 소명의식을 가지는 것을 당연하게 받아들였다. 그런데 반대로 해방 직후부터 1960년대, 그리고 1980년대 한때까지는 시민의 자유를 억압하던 극우적 폭력 또한 애국 청년의 이름으로 자행됐다.[4]

---

4   해방 이후 청년 담론의 전개를 본격적으로 분석한 연구 성과는 아직 없지만, 관련된 것으로는 최형익, 「한국의 사회구조와 청년 주체의 위기」, 『문화과학』 37, 2004; 주은우, 「4·19시대 청년과 오늘의 청년」, 『문화과학』 37, 2004; 김창남, 「청년문화의 역사와 과제」, 『문화과학』 37, 2004; 김행선, 『해방정국청년운동사』, 선인, 2004; 이기훈, 「1970년대 학생 반유신운동」, 민주화운동기념사업회, 『유신과 반유신』, 2005; 이상록, 「박정희 체제의 '사회정화' 담론과 청년문화」, 『근대의 경계에서 독재를 읽다-대중독재와 박정희 체제』, 그린비, 2006; 임

일상 개념으로서 청년에 대한 연구는 이렇게 청년을 사회적 주체로 형성하고자 하는 일련의 논의를 대상으로 한다. 우선 청년운동이 문제가 될 것이다. 청년운동은 1920년대 이래 국내에서 민족주의나 사회주의운동의 중요한 기반을 형성했으며, 이후 전체 사회운동에서 주도권을 장악하는 데 핵심 고리가 됐다. 이미 나와 있는 청년운동에 대한 다수의 연구 성과가 바로 이런 청년운동의 위상을 보여준다.[5]

사회운동 전반이 청년이라는 주체에 어떤 위상과 역할을 부여하며, 그 위상과 역할이 시기에 따라 어떻게 변화해가는지 추적하는 것이 더욱 중요한 과제다. 이를 통해 청년론 속에 관철되는 각각의 근대화 전략이 어떻게 대립하고 경쟁하는지 살펴볼 수 있을 것이다. 또 총독부 권력은 이런 상황에 대응하여 청년정책을 전개했고,[6] 나아가 청년을 제국주의 국가의 정책 의지를 실현하는 종속적 주체로 정착시키고자 시도했다.

청년 개념에 대한 본격적인 연구는 최근에야 시작됐다.[7] 국문학계에

나영, 「1945~1948 우익 청년단 테러의 전개양상과 성격」, 『한국사론』 55, 2009; 후지이 다케시, 『파시즘과 제3세계주의 사이에서-족청계의 형성과 몰락을 통해서 본 해방 8년사』, 역사비평사, 2012 등 참조.

5   박철하, 「1920년대 전반기 사회주의 청년운동과 고려공산청년회」, 『역사와 현실』 9, 한국역사연구회, 1993; 한국역사연구회 근현대청년운동사연구반, 『한국근현대청년운동사』, 풀빛, 1995; 전명혁, 「1920년대 국내 사회주의운동 연구: 서울파를 중심으로」, 성균관대학교 박사학위 논문, 1998; 이현주, 「전조선청년당대회연구」, 『한국근현대사연구』 9집, 1998; 박종린, 「김윤식 사회장' 찬반 논의와 사회주의 세력의 재편」, 『역사와 현실』 38, 2000; 1920년대 전반기 사회주의 사상의 수용과 물산장려 논쟁」, 『역사와 현실』 47, 2003; 임경석, 『한국 사회주의의 기원』, 역사비평사, 2003; 이기훈, 「1920년대 전남지방의 청년단체와 청년운동-사회정치적 공간의 구성과 변화를 중심으로」, 『역사문제연구』 26, 2011.

6   1930년대 이후 총독부의 청년정책과 그 의미에 대해서는 미야타 세쓰코宮田節子, 이영낭 옮김, 『조선 민중과 '황민화' 정책』, 일조각, 1997; 한긍희, 「1935~1937년 일제의 '심전개발'心田開發 정책과 그 성격」, 『한국사론』 35, 1996; 허수, 「전시체제기 청년단의 조직과 활동」, 『국사관논총』 88, 2000; 권명아, 『역사적 파시즘-제국의 판타지와 젠더 정치』, 책세상, 2004를 참조.

7   허병식, 「식민지 청년과 교양의 구조-『무정』과 식민지적 무의식」, 『한국어문학연구』 41, 2003; 이경훈, 「청년과 민족-『학지광』을 중심으로」, 『대동문화연구』 44, 대동문화연구소, 2003.

서 청년 연구는 대부분 특정한 잡지나 문학 작품 속에서 그려진 청년상을 분석 대상으로 한다. 허병식은 『무정』을 통해서, 그리고 이경훈은 『학지광』을 통해 1910년대 청년상의 형성 과정을 분석했다. 소영현은 미학적 측면에서 청년의 형성에 주목했다.[8] 소영현은 특히 1920년대의 문학동인지를 기반으로 등장하는 '미적 청년'이 근대의 주체로서 청년이 형성되고 분화되는 과정에서 출현한다고 설명했다. '미적 청년'이란 기존의 다양한 청년상을 부정하며 등장하는데, 그만큼 근대의 주체로서 갈등 요소를 안고 있다는 것이다. 미적 청년의 위태로운 위상이야말로 한국의 식민지 근대성의 여러 특성을 잘 보여준다고 할 수 있을 것이다. 이 연구는 미학의 측면에서, 또 청년 중에서도 그야말로 소수자인 '미적 청년'을 통해 식민지 근대 주체 형성의 분열성을 보여준다는 점에서 주목할 만하다. 최근 가족사의 입장에서 세대로서의 청년을 다룬 전미경의 연구가 주목할 만하나, 대한제국기로 시기가 제한되어 있어 아쉽다.[9]

이 연구는 '청년'이라는 일상 개념의 도입과 정착 그리고 변화 과정을 체계적으로 규명해보고자 한다. 우선 청년이란 말 자체에서 시작해야 할 것이다. 오늘날과 같이 '젊은 세대'라는 뜻의 청년靑年이란 말은 근대적 용어다. 그러나 근대적 청년 담론의 형성을 서구나 일본에서 사용하는 개념의 단순한 도입으로만 파악해서는 안 된다. 청년처럼 널리 사용되는 근대적 용어가 현실에 정착하기 위해서는 전통적인 용어와 상당히 복잡한 관계를 형성한다. 어떤 경우에는 전통과 철저히 단절되어 도입되기도 하지만, 때로는 기존의 개념, 언어, 사상과 결합함으로써 새로운 근대의 제도나 사상이 현실화되기도 한다. 또 이렇게 도입된 '근대'는 그대로 고

---

8   소영현, 『문학청년의 탄생』, 푸른역사, 2008: 소영현, 『부랑청년 전성시대』, 푸른역사, 2008.
9   전미경, 「청년의 탄생과 부모자녀 관계의 변화」, 『근대계몽기 가족론과 국민 생산 프로젝트』, 소명출판, 2005.

정되는 것이 아니라 현실의 사회관계 속에서 변화하게 마련이다. 이 책에서는 우선 근대적 개념으로서 '청년'의 도입과 정착 과정을 전통 용어와의 관계 속에서 살펴볼 것이다. 당대 정치사회의 현실적 변화가 청년의 도입과 정착에 어떤 영향을 미쳤는지 면밀히 분석하고자 한다. 특히 청년이라는 개념 속에 존재하는 정치사회적 역학관계의 변화에 주목하고자 한다. 담론에 대한 연구이니만큼 텍스트에 존재하는 청년의 의미나 다른 개념과의 상관관계를 파악하는 것은 당연한 과제다.

청년의 의미가 형성되는 과정을 추적한다는 것은, 단순히 그 용례를 따라가는 것이 아니라 누가, 어떤 상황에서 청년에 어떠한 의미를 부여하는지를 밝혀낸다는 뜻이다. 화자話者마다 청년에 다른 의미를 부여할 때, 이 서로 다른 청년 사이에는 경쟁, 포섭, 배제, 종속 등 다양한 관계가 형성될 것이다. 따라서 일상 개념으로서 청년에 대한 분석은, 청년이라는 사회적 주체를 형성하는 과정에서 다양한 화자들 간의 다중적 관계속에 형성되는 언술의 의미망과 상호관계의 변화를 추적하는 작업이다.

본문에서 자세히 살피겠지만 몇 가지 예를 들어보자. 청년이란 주로 연령으로 구분되는 세대 집단이다. 그런데 당대 사회에서 주도권을 장악한 청년 담론이 어떤 연령대를 청년으로 정의하느냐에 따라 특정한 연령층이 청년에 포함될 수도, 포함되지 않을 수도 있다. 이렇게 청년의 경계가 달라지면, 당연히 이에 의해 결정되는 청년 집단의 사고방식, 행동양식, 사회적 상호관계의 특성도 달라질 수밖에 없다. 청년의 경계를 다르게 설정함으로써 청년의 정의와 특성이 변화하게 되는 것이다. 이는 결국 다른 사회적 전략을 작동시키기 위해 다른 청년상靑年像을 창출해내는 과정에 다름 아니다.

누가, 어떤 목적으로 규정하느냐에 따라 달라지는 것은 청년 그 자체의 정의나 특성만이 아니다. 청년과 인간을 지칭하는 다른 말 사이의 관계 또한 변화하지 않을 수 없다. 인간을 지칭하는 다른 말이란, 민족·국가·사회 등의 총체적 집단 개념, 다른 세대를 나타내는 여러 용어, 계급·성性·계층 등 사회 내부의 차이를 드러내는 용어를 모두 포괄한다. 여러 가지 청년 담론이 청년과 인간을 지칭하는 용어 사이의 관계를 각각 어떻게 규정하는지도 분석할 것이다.

다음으로 각각의 청년에 대한 정의는 그 정의가 '진리'임을 말해줄 근거가 있어야 한다. 따라서 근대 학문의 각 분야를 동원하여 근거를 가져오게 되는데, 근대 심리학·생리학·윤리학 등의 지식이 과학의 이름으로 동원된다. 이 과정 또한 이 연구에서 중요한 분석의 대상이다.

근대와 전통 시대, 한국과 다른 지역 간의 비교를 통해 한국 근대 청년 담론의 특징을 더욱 뚜렷이 살펴볼 것이다. 먼저 전통사회의 연소자 집단에 대한 인식과 구분, 호칭 등을 근대 이후 청년의 정착 과정과 비교함으로써 청년 담론이 근대화 전략으로서 가지는 의미를 더욱 명확히 하고자 한다. 또 서구나 동아시아 다른 지역 청년 담론의 사례와, 우리 근대 청년 담론의 역사적 전개를 비교할 것이다. 그중에서도 중심이 되는 것은 일본과의 비교 연구일 것이다. 대체로 지금까지 근대 사상이나 어휘, 개념의 비교 연구는 일본과의 유사성에만 주목했다. 대부분의 근대 사상이 일본을 통해 중역적重譯的으로 수용됐으므로 이런 유사성은 어쩌면 당연한 것이다. 그러나 이 책에서는 유사성과 함께 차이에도 주목하고자 한다. 대한제국이나 식민지 조선에서 청년 개념은 자기 사회의 역사적 특수성을 토대로 근대적 개념과 사상을 선택적으로 수용하여 독자적으로 재구성함으로써 형성됐다. 이것은 근대화를 추진하는 핵심계층으로서 근대 한국 지식인 사회의 역동성을 보여주는 것이기도 하다.

우선 1부는 19세기 말~1910년 대한제국 시기에 '청년'이 도입되고 그 이미지가 구체화되는 과정에 대한 분석이다. 먼저 '청년'이 도입되기 이전 전근대 시기 연소자 집단의 존재 양태와 이들에 대한 사회적 인식을 간략히 살펴보고, 이어 우리나라에서 근대 청년 담론이 성립한 과정을 추적했다.

2부는 청년의 운동과 사상이 절정에 이른 1920년대에 대한 분석이다. 이 시기 민족주의자와 사회주의자는 모두 청년을 중심으로 사회운동의 주도권을 장악하고자 치열한 경쟁을 벌였다. 이들이 제기하는 이상적 청년이란 각각이 표방하는 이상적 인간형을 함축하고 있었다. 먼저『동아일보』와『개벽』등을 통해 자본주의적 근대화를 지향하는 민족주의자의 청년론을 분석했다. 이어 계급혁명을 표방하는 사회주의 사상이 어떻게 기존의 우파 헤게모니를 붕괴시키고 '청년'을 장악해가는지를 추적했다. 사회주의 사상과 운동의 전개 과정에 대한 기존 연구사의 성과를 토대로 하여, 청년 개념이 계급론과 어떻게 결합하는지를 중심으로 살펴본다. 2부 1장과 2장의 말미에서는 새롭게 제기되는 '여성'의 문제를 각 세력의 청년론이 어떻게 수용하고 대응하는지 분석했다.

3부에서는 1930년대 이후 제국주의 권력이 청년정책을 본격적으로 시행하면서 청년 개념이 어떻게 권력에 종속되는지 그 과정을 추적했다. 특히 총독부 청년론의 전개를 사회교육 정책과 유기적인 관련 속에서 파악하고자 했다. 또 제국주의 권력의 이런 공세에 대한 조선인 사회의 대응 양상을 살펴보았다. 특히 이상을 추구하는 윤리적 주체로 인식되던 청년이 1930년대로 접어들면서 현실적 성공을 중시하는 공리적 인간형으로 속류화되는데, 이는 조선인 사회의 청년 개념이 권력의 논리에 동화되어가는 단적인 사례다.

4부에서는 해방 이후 청년 개념의 변화를 개괄하여 살펴보았다. 분단과 전쟁, 근대화의 과정 속에서 국가가 어떻게 청년을 흡수하려 했으며, 반면 사회적 저항의 상징으로서 청년이 어떻게 재등장하게 되는지 살펴보려 했다.

1부

근대적 의미로서 '청년' 개념의 도입

1900~1910년대

1장_ 소년은 청년이고, 청년은 소년이다?
: 전통사회의 젊은이

고중세 시기 중국과 한국의 젊은이 호칭

다산 정약용의 시문집을 뒤적이다 보면 「양강에서 고기잡이를 만나다」楊
江遇漁者라는 시 한 수를 접할 수 있다. 지금 양수리 근처 고요한 한강 위
에 고기잡이 배 한 척이 떠 있는 풍경을 읊은 시다.

> 영감 하나 동자 하나 그리고 소년 하나　一翁一童一少年
>
> 양근의 강머리에 고기 낚는 배 한 척　楊根江頭一釣船
>
> (……)
>
> 소년은 노 저으며 배꼬리에 걸터앉았고　少年搖櫓踞船尾
>
> 동자는 줄 삶느라 솥가에 앉았는데　童子炊菰坐鐺邊
>
> 영감은 술에 취해 깊은 잠이 들었는지　翁醉無爲睡方熱[1]

　이 작은 배에는 영감과 동자 그리고 소년 이렇게 세 사람이 타고 있다.
영감은 술에 취해 잠이 들었는지 잘 보이지도 않고 어린 동자는 줄풀을
솥에 삶고 있다. 나머지 소년이라고 불린 사람이 배꼬리에 앉아 노를 젓

1　『다산시문집』茶山詩文集, 제3권, 시詩.

고 있다. 그런데 우리가 오늘날 보통 알고 있는 소년, 즉 어린이라면 세 사람이 타는 고기잡이 배를 젓기란 힘에 부친 일이다. 또 솥에다 줄풀을 삶고 있는 어린 동자와 이 '소년'을 확연히 구분하고 있으니, 여기서 소년이란 지금의 관념보다 훨씬 나이 든 장성한 젊은이로 보는 것이 옳다.

다산 정약용이 이 시를 지을 때(1796년)쯤 사람들은 보통 젊은이를 소년少年이라고 불렀다. 청년이라는 말이 없었던 것은 아니었으되, 아주 드물게 그야말로 '젊은 시절'을 말할 때나 '젊은'이라는 형용사적 의미(가령 젊어서 과부 된 것을 청년과부靑年寡婦라고 하는 것처럼)로 썼을 따름이지 젊은 사람이라는 의미로 사용하지는 않았다.

그러므로 우리가 정작 추적하고자 하는 '청년'이라는 말 자체를 아무리 되짚어 올라가더라도 거기에는 한계가 있을 수밖에 없다. 청년이 젊은 세대를 지칭하는 대표적인 말로 자리 잡은 것은 근대 이후이기 때문이다. 청년이 자리 잡는 과정은 뒤에서 본격적으로 다루기로 하고, 먼저 전근대 사회에서 젊은이를 어떻게 불렀는지 살펴보자.

아주 오래전부터 사람들은 나이에 따라 사회의 구성원들을 구분해왔다. 이런 구분은 우선 공동체가 다음 세대의 교육이나 결혼 그리고 공동체 내의 질서 유지, 동년배 집단의 형성 등을 하기 위해서 필요했다. 또 권력자의 입장에서는 세금이나 요역을 효율적으로 부과하고 사회를 안정적으로 통제하기 위해서도 백성을 나이에 따라 구분해서 파악해야만 했다. 한편 시대와 사회가 달라지면 각각의 연령층에게 주어지는 사회적인 지위와 역할도 변화하고, 이에 따라 각각의 연령대를 부르는 호칭도 달라진다.

고중세 서양의 경우부터 살펴보자. 탄생에서 죽음에 이르기까지 인간의 생애 주기를 몇 단계로 나누는 사고방식은 아주 먼 고대까지 거슬러올라가지만, 고대 이오니아학파 철학자들은 이런 연령 구분을 학문화하려 했다. 이 시기에 본격적으로 발달하기 시작한 신체에 대한 학술적인 기술 방식과 설명 체계를 통해 인간의 삶을 연령에 따라 몇 단계로 나누려 했던 것이다. 대체로 고중세 유럽에서는 인간의 삶과 자연의 순환을 일치시켜 설명하려고 했다. 따라서 탄생에서 성장, 활동과 죽음을 사계절이나 1년 중의 각 달과 비교하여 구분하는 사고방식이 보편적이었다.

그런데 프랑스의 역사학자 필립 아리에스Philippe Ariès에 따르면 중세 유럽에 오늘날과 같은 의미의 '어린이'는 없었다. 아이는 작은 인간, 작은 어른일 따름이므로 아이를 위한 별도의 옷, 아이를 위한 동화나 노래 등도 뚜렷이 구분되지 않았다. 그 단적인 예로 미성년의 성장기 아동을 지칭하는 여러 가지 말(아이, 어린이, 청소년, 젊은이 등)이 뚜렷이 구분되지 않고 혼용됐다. 나이에 따라 유아, 소년, 청년 등으로 나누고 성장 과정을 세분화하면서 어른과 다른 '천진난만'한 아동의 세계를 상정하는 것은 근대 이후의 사고방식이라는 것이다. 아리에스는 근대에 가족과 학교가 확립되고 이들을 어른의 사회로부터 '보호'하고 훈육하는 제도가 보편화되면서, 어른과는 다른 순수한 '아동'을 상정하게 된 것이라고 보았다.[2]

그렇다면 중국이나 우리나라에서는 어떠했을까? 앞서 전통사회에서 젊은이를 보통 소년이라 불렀다고 했지만, 소년이라는 말만 사용한 것은 아니다. 예를 들어 스무 살은 '약관'弱冠이라고 했다. 이 말은 유교 경전 가운데 하나인 『예기』禮記에서 비롯했다. 『예기』의 첫 장인 「곡례」曲禮에는 사람의 일생을 여러 단계로 나누어 설명하는데, 그중 비교적 젊은 시절만 살펴보면 다음과 같다.

사람이 태어나서 열 살이 되면 '유'幼라 한다. 이때에는 배운다. 20세가 되면 '약'弱이라 한다. 이때에는 '관례'冠禮를 한다. 30세를 '장'壯이라고 하

2   필립 아리에스, 문지영 옮김, 『아동의 탄생』, 새물결, 2003, 66~85쪽 참조.

며 이때에 아내를 갖는다.³

　서른 살이면 본격적인 성인인 '장'이 되는데, 그 이전을 '유'와 '약'으로 구분한다. '약관' 또는 '약년'弱年으로 젊은이를 표현하는 것은 여기에서 비롯했다.

　그러나 전근대 중국에서는 젊은 사람을 지칭할 때 보통 약이나 약년이라고 하기보다, '소년' 또는 '자제'子弟라고 했다. 사마천의 『사기』史記 중에 「전담열전」田儋烈傳이 있다. 전담은 제나라 귀족의 후예로 진시황이 죽은 뒤 반란을 일으킨 사람인데, 사마천은 전담이 반란을 일으키는 장면을 다음과 같이 묘사한다.

　　전담이 거짓으로 자기 종을 묶고 **소년**들을 관아로 데리고 가서 종을 죽이는 시늉을 했다. 그는 적현의 현령을 보자마자 그를 죽인 뒤 세력가(豪吏)와 **자제**들을 불러모아 말했다.⁴

　아이들을 데리고 반란을 일으킬 수는 없는 노릇이니 이 글에서 소년이나 자제는 모두 반란에 참가할 만한 젊은이를 의미한다. 소년은 연령을 기준으로 하여 '나이가 적은(年少) 사람'을 가리키는 말이다. 『사기』뿐만 아니라 역시 한나라 때 완성된 『한비자』韓非子나 『전국책』戰國策 등에서도 소년을 젊은이라는 뜻으로 사용했다. 중국의 고전 문헌에서는 소년이 젊은 사람을 지칭하는 일반적인 표현이었다. 유명한 주자의 시 가운

3　"人生十年曰幼. 學. 二十曰弱. 冠. 三十曰壯. 有室. 四十曰强. 而仕. 五十曰艾. 服官政. 六十曰耆, 指使. 七十曰老, 而傳. 八十九十曰耄, 七年曰悼, 悼與耄, 雖有罪, 不加刑焉."(이상옥 역저, 『신완역 예기』, 명문당, 53~54쪽)
4　"田儋詳爲縛其奴, 從少年之廷, 欲謁殺奴. 見狄令, 因擊殺令, 而召豪吏子弟曰."(『사기』, 「전담열전」) 인용문의 강조 표시는 필자가 한 것이다.

데 "소년이로학난성"少年易老學難成이라는 구절도 지금 우리가 흔히 사용하는 단어의 의미대로 번역하면 '젊은이는 쉽게 늙고 학문은 이루기 어렵다'라고 해야 할 것이다.

소년이 나이를 기준으로 하여 젊은 사람을 가리키는 말이라면, 자제는 '부로'父老를 뒤따르는 다음 세대를 지칭하는 세대 중심의 표현이었다. 『주례』周禮나『예기』, 『대학』大學, 『맹자』孟子 등 고대 중국의 경전에서 자주 사용되던 말이었다.

한자가 우리나라에 전래되면서 약년, 약관, 소년, 자제와 같은 호칭도 함께 들어왔다. 통일신라시대에 이미 '소년감전'少年監典[5]이니 '소년서성' 少年書省[6] 같은 관직명이 있었던 것으로 봐서 소년이라는 말은 삼국시대부터 사용됐던 듯하다. 물론 그 외에도 젊은이를 뜻하는 여러 가지 말이 있었던 것도 분명하다. 이런 젊은이 호칭은 시대와 조건에 따라 다른 의미로 사용됐고, 때로는 다른 연령대의 사람을 지칭하기도 했을 것이다. 같은 시대, 같은 사회라 할지라도 신분이나 계급에 따라서 다른 어휘가 사용됐거나 다른 연령 구분의 기준이 적용됐을 수도 있다.

앞서 잠깐 언급했지만 사람을 나이를 기준으로 해서 나누는 것에는 여러 가지 목적이 있다. 우선 국가는 나이를 기준으로 백성을 분류해서 파악해야 했다. 국가를 유지하기 위해서 동원할 수 있는 인적자원을 제대로 파악하는 것은 기본이었다. 조세와 부역을 제대로 부과하기 위해서 나이는 매우 중요한 기준이었다. 보통 16세가 되면 한 사람의 정丁으로 파악하여 그에 따라 역役을 부과했고, 60세가 되면 역에서 면제해 주었으니 가장 중요한 것은 16세와 60세의 기준이었다. 그러나 항상 그렇게만 구분했던 것은 아니다.

5　『삼국사기』, 「잡지」雜誌 제8, 직관職官 중中.
6　『삼국사기』, 「잡지」 제9, 직관 하下.

우리나라 사료에서 민民을 연령별로 구분한 가장 오래된 사료는 통일 신라시대 청주 부근 마을의 현황을 기록한 「신라촌락문서」(신라민정문서, 신라장적)다. 이 문서는 백성을 '소자小子, 소녀자小女子'-'추자追子, 추녀자追女子'-'조자助子, 조녀자助女子'-'정丁, 정녀丁女'-'제공除公, 제모除母'-'노공老公, 노모老母'로 구분한다. 일반적인 전근대 국가가 정丁이 되는 시기와 그 전후의 세 가지만으로 나누는 것에 비해, 통일신라는 훨씬 복잡하게 파악했다. 특히 정 이전의 시기를 3단계로 나누는 점은 매우 특이하다. 그래서 많은 사람이 이 문제를 연구했지만, 각 단계가 과연 몇 살부터 몇 살까지인지에 대해서는 해석이 다양하다. 통일신라가 일반적인 경우와 마찬가지로 16세부터 정으로 파악했다고 보는 경우와, 그렇지 않고 20세부터 정으로 파악했다고 보는 경우에 따라 연령 구분이 크게 차이 난다.[7]

그런데 이 분류는 기본적으로 국가의 조세 수취를 위한 것이었을 테지만, 그 당시 신라 사회의 독특한 연령 구분을 반영했을 가능성도 있다. 화랑도처럼 젊은이를 중심으로 한 특별한 연령집단과 문화가 존재했기 때문에 정丁 이전의 단계를 세분했을 가능성도 있다는 것이다.[8] 이처럼 연령 구분은 당대 사회의 친족과 공동체의 구성 원리에 따라서도 달라진다.

또 인간의 신체와 사회에 대한 연구와 학문의 발달 수준이 연령 구분과 지칭을 세분화하고 변화시키기도 한다. 의학이 발달하면서 인간의 생리적 성장과 육체적 변화를 구분하고 범주화하게 됐고, 유교 문화가 성숙해지고 교육의 사회적 기능과 비중이 커지면서 배우는 자의 수준과 단

---

7   이에 대해서는 이태진, 「신라 통일기의 촌락지배와 공연孔烟」, 『한국사회사연구─농업기술 발달과 사회변동』, 지식산업사, 1986; 이인재, 「신라 통일기 조세 수취 기준과 등급연等級烟」, 『역사와 현실』 11, 1994 등 참조.
8   「신라촌락문서」에서 정丁 이전 시기를 이렇게 세분하여 파악한 것을 화랑제도와 관련해 설명한 연구도 있었다(明石一紀, 「統一新羅の村制について」, 『日本歷史』 322, 1975, pp.27~28).

계를 구분할 필요가 생기게 되었다.

이렇게 국가의 수취 체계, 공동체의 구성 원리, 학문과 사상, 교육제도 등 여러 가지 필요에 따라 나이를 기준으로 사람들을 구분했다. 그런데 여기서 주의해야 할 것은 특히 전근대 사회에서는 여러 가지 기준이 복합적으로 작용했다는 점이다. 어떤 면에서 보느냐에 따라 다른 나이를 기준으로 하여 인생의 단계를 나누었다. 오늘날과 같이 나이라는 것 자체를 절대적이고 확고한 기준으로 삼지는 않았다. 물론 법률에 규정되는 16세, 60세 등은 피할 수 없지만, 나이에 따라 일원화된 교육제도가 없었던 옛 사회에서는 연령을 절대적인 기준으로 삼을 필요가 없었던 것이다. 얼마 전까지도 농촌 마을에는 '들돌'이라는 것이 있었다. 정자나무 밑에 놓인 이 묵직한 돌을 들어올리면 그때부터 한 사람의 장정으로 인정받게 된다. 들돌 들기에 도전하는 나이는 대체로 비슷하지만 누구나 성장 속도가 같은 것이 아니기 때문에 사람마다 성공하는 시기는 다르게 마련이다.

이와 달리 오늘날에는 나이가 확고한 기준이 된 것처럼 보인다. 그러나 상황에 따라 연령 기준이 일치하지 않아 혼란을 겪기도 한다. 예를 들어 '성인'은 언제 되는가? 법률마다 미성년의 기준은 다르다. 형법의 형사미성년 규정(만 14세)은 제외하더라도 연 19세(청소년보호법), 만 19세(민법, 선거법), 만 18세(음반·비디오물 및 게임물에 관한 법률, 근로기준법) 등 법률마다 기준이 달라 혼란스럽다. 그렇다고 사람들이 적응할 수 없을 정도는 아니다. 현대 사회에서야 이런 구분이 여러 가지 법률적 권리와 보호, 처벌의 문제에 적용되므로 더 한층 사람들이 예민하게 받아들이고 통일돼야 할 것으로 생각한다. 그러나 보편적인 평등권이나 자유권이 큰 의미가 없던 전통시대의 농경사회에서는 절대 연령에 따른 법률적 권리나 보호란 그다지 큰 의미를 지니지 않았다.

나이에 대한 복잡하고 다양한 생각과 제도를 밝혀보는 것은 흥미로운 일이다. 그러나 우리의 주된 목표는 근대 청년의 역사를 따라가는 것이다. 그런 만큼 근대사와 직결되는 조선 후기, 특히 18~19세기 사회를 중심으로 젊은이에 대한 인식과 호칭 문제를 간단히 살펴볼 필요는 있겠다.

조선 후기 젊은이에 대한 호칭과 인식

조선시대에는 젊은이를 가리키는 말로 소년, 약년, 묘년妙年 또는 묘령妙齡, 자제 등 다양한 용어가 사용됐다. 일반적으로는 소년과 자제를 가장 흔히 사용했으나, 약년이니 묘년이니 하는 표현도 젊은이를 가리키는 말로 간혹 쓰였다.

앞서 『예기』에서 보았듯이 약년은 스무 살 즈음을 칭하는 표현이다. 실제로 사료에도 20대를 약년이나 약관으로 칭한 사례가 많다. 1598년 (선조 31) 당시 우의정 이덕형은 사직을 청하는 상소문에서 자신이 약년에 벼슬길에 나와 너무 빨리 높은 지위에 올랐다고 했다.[9] 이덕형이 1580년 문과에 급제했을 때 나이가 만 19세였으니 그렇게 말할 만도 하다. 1798년 이만영이 편찬한 용어사전인 『재물보』才物譜에서도 약관은 20세라고 설명한다.[10]

그런데 이 '약'弱이라는 한자는 훨씬 더 어린 나이에도 사용됐다. 1649년(인조 27) 세손의 교육문제를 논하면서 세손이 이제 약년이라고 했는데, 이때 세손(후일 현종)은 만 8세에 불과했다.[11] 또 1808년에 편찬된 『만기요람』萬機要覽 중 기근이 났을 때 정책을 다룬 '황정'荒政에서는

9 『선조실록』 선조 31년 4월 26일 경진庚辰.
10 『재물보』 권1, 「인보」人譜 1, 남男.
11 『인조실록』 인조 27년 2월 19일 무신戊申.

구황을 위해 곡식을 나눠줄 때 사람들을 나이에 따라 약년, 장년壯年, 노년老年으로 구분한다. 이 경우 약년은 유년幼年과 비슷한 의미로 사용됐음을 알 수 있다.[12]

조선 후기에 젊은이는 일반적으로 '소년'이라고 했다. 오늘날 소년은 청소년기 이전의 어린이를 지칭하는 말로 그 의미가 변했지만, 전통시대의 소년은 나이가 적은 자, 즉 젊은이를 의미하는 말이었다. 그런데 아이와 젊은이의 표현이 구분됐을까? 문맥에 따라 같은 말이 다른 의미를 지니는 경우는 많았지만, 적어도 조선 후기 사회에서는 아이(童蒙, 童子)와 소년을 구분하는 것이 일반적이었다. 『재물보』에서는 "소小는 4세이고, 유幼는 10세이며, 중中은 16세, 정丁은 21세, 장壯은 30세"라고 설명한다.[13] 이렇게까지 복잡하게 나누지는 않더라도 대체로 아이와 젊은이로서의 소년은 구분됐다.

그렇다면 몇 살까지 아이로 보았을까? 신분과 계층 그리고 시기에 따라 다르지만, 연령으로는 최대 15세까지 아이로 보았던 듯하다. 16세가 되어 한 사람의 정丁으로서 국가에 대한 세금과 역을 지게 되면 성인이 되니 이때부터는 동몽이라 하지는 않았다. 15세는 관례를 올리는 시기이기도 했고, 혼인 이야기가 오고 가는 시점이기도 했다. 조선시대의 여러 법전류에서도 보통 남자 15세, 여자 14세를 혼인 가능한 연령으로 정해두었고, 15세 이하는 강도나 살인이 아니면 옥에 가두지 않았다.[14]

이런 구분은 우선 '동몽'童蒙 교육을 8~9세에서 15세까지의 연령층을 대상으로 했던 것에서 확인할 수 있다.[15] 숙종 대의 문신 오도일吳道一

---

12 『만기요람』, 「재용편」財用編 5, '황정'荒政.
13 『재물보』 권1, 「인보」 1, 남男~소아小兒.
14 조선시대의 아동 인식에 대해서는 백혜리, 「『묵재일기』에 나타난 조선 중기 아동의 생활」, 『유아교육연구』 24권 5호, 2004; 박미선, 「조선 전기 '아동'의 사회적 인식-아동범죄를 중심으로」, 전남대학교 석사학위 논문, 2005 등 참조.
15 김무진, 「조선 후기 서당의 사회적 성격」, 『역사와 현실』 16, 1995, 220~224쪽.

이 생도를 동몽과 관자冠者로 나누었던 것이나, 김간金侃이 8세 이상의 동몽에게 『효경』孝經, 『소학』小學을 가르치고 15세 이상의 문리가 조금 통한 자에게 본격적으로 경전과 사서를 읽게 해야 한다고 했던 것도 비슷한 상황을 반영하는 사례일 것이다.[16] 1732년(영조 8)에 반포된 『권학절목』勸學節目에서도 지방사회에서 상급 교육을 담당한 향교나 양사재養士齋의 학생을 15세 이상의 사족으로 규정한 점 등으로 미루어볼 때, 대체로 10대 후반에는 아이의 단계를 벗어난 것으로 인식했던 듯하다.

이런 인식은 19세기경에는 의학계에도 도입됐다. 그 이전까지 한의학은 주로 생물학적 생식 능력을 기준으로 인생의 단계를 구분했다. 대표적으로 허준은 『동의보감』에서 인간을 생식이 가능한 자로서의 남녀와 그렇지 못한 아이로 구분해 각각 장부론, 부인론, 소아론 체계를 세웠다.[17] 이런 『동의보감』의 인식체계까지만 해도 소년이나 청년과 같은 과도기적인 시기를 따로 구분하지 않았던 것이다. 그런데 1894년 이제마는 『동의수세보원』東醫壽世保元에서 연령별로 유년-소년-장년-노년을 명확히 구분하고 각각의 시기를 사계절에 비교했다.

처음 1세부터 16세까지를 유년이라고 말하며, 17세부터 32세까지를 소년이라고 말하며, 33세부터 48세까지를 장년이라고 말하며, 49세부터 60세까지를 노년이라고 한다.[18]

---

16 위의 논문, 226쪽. 오도일이 서당의 생도를 8세에서 15세까지로 규정했던 것도 이런 문맥에서 이해할 수 있을 것이다. 그러나 이런 기준은 절대적이거나 확정된 것이 아니었다. 권두인權斗寅(1643~1719)은 서당의 생도를 20세까지로 규정했다.
17 김호, 『허준의 동의보감 연구』, 일지사, 2000, 197~227쪽. 19세기 의학서에도 이 관점은 대체로 유지됐으니, 정精이 성숙하지 못하면 동자童子라고 인식했다(황도연黃道淵, 『의종손익』醫宗損益 3권, 「인집」寅集, 1868, 『한국의학대계』 25, 한국인문과학원, 1999, 164쪽).
18 "初一歲至十六歲曰幼 十七歲至三十二歲曰少 三十三歲至四十八歲曰壯 四十九歲至六十歲曰老."(『동의수세보원』 제4권, 「광제설」廣濟說)

특히 17세부터 32세까지의 소년기는 용맹을 좋아하고 날뛰며 빠르니 여름철에 자라는 묘목과 같은 시기라고 했다.[19]

소년이 유년이나 장년과 구분되기는 했지만, 상대적으로 젊은 사람을 뜻하는 경우도 많았다. 칠십 노인이라면 40대나 50대도 젊은이라고 표현할 수 있다. 실제로 이 시기 자료에서 40에 가까운 인물을 '신진소년'이라고 하는 경우도 드물지 않았다.

호칭으로 아이와 소년이 구분됐고 동몽 교육이 대체로 15세까지라고 했으니, 15세 이상의 젊은이를 가르치는 것은 '소년 교육'이라고 해야 할 것 같지만 그런 사례는 그다지 많지 않다. 교육의 대상으로서 젊은 사람은 대부분 '자제'로 표현했기 때문이다.

소년이 장년, 노년과 구분되는 연령 중심의 지칭이었음에 비해, 자제는 부로父老, 부형父兄으로 표현되는 연장자가 이끌고 가르쳐서 그 뒤를 이어가게 하는 '다음 세대'라는 의미로 사용됐다. 일반적으로 자제는 막연한 후손이라는 의미보다는 특정한 신분에 있는 각 가문의 젊은 세대라는 의미로 통했다. 고려시대 공민왕이 젊은이를 뽑아 만들었다는 유명한 자제위도 단순히 젊고 잘생긴 청년이 아니라 명문가의 자제를 선발한 것이었다. 각 도의 한량자제閑良子弟를 선발해 보충군을 편성[20]했다는『고려사』의 기록이나, "장영이나 친군親軍의 호칭은 오위五衛 중 속위屬衛에서 비롯된 것으로서 바로 관북關北 지방의 자제를 소속"[21]시키라는 조선 후기의 기록이 이런 사례를 대표적으로 보여준다. 이렇게 자제가 소년보다는 가문의 지체나 신분을 반영하는 지칭이었으므로, 교육과 인재 양성

---

19 "少年好勇猛而能騰捷如夏長之苗."(『동의수세보원』제4권,「광제설」) 이제마는 유년-소년-장년-노년 각 시기의 특성에 따라 자연적이고 사회적인 요구가 충족돼야 하는데, 이것이 원활하지 않으면 병이 생긴다고 보았다. 이제마가 이렇게 생식의 관점만이 아니라 사회적 활동과 인지의 성숙 등을 함께 고려해 인생의 단계를 나누었다는 점은 주목할 만하다.
20 『고려사』,「병지」兵誌 1, 병제兵制.
21 『정조실록』정조 22년 10월 19일 기유己酉.

면에서 젊은이를 논할 때는 거의 자제라고 표현했다.

정조는 『소학』 교육의 중요성을 강조하면서 "(소학을 열심히 익힌다면) 세상의 자제들이 미처 육경六經을 모두 통달하지 못하더라도 사람이 되기 위한 도리는 열심히 따라 행할 수 있을 것"[22]이라고 했다. 정조 대의 문신 이병모 또한 향촌 마을의 기강을 진작하고 풍속을 회복하기 위한 대책으로 '효도와 우애 그리고 농업에 힘쓴 이들의 실상을 밝히고, 이들을 예우해 위문함으로써 자제의 표준을 밝게 보여야 할 것'이라고 했다.[23]

'청년'靑年이라는 말도 사용되지 않았던 것은 아니다. 하지만 1890년대 이전의 청년은 오늘날처럼 '젊은 사람, 젊은 세대'가 아니라 명사적으로는 '젊은 시기', 형용사적으로는 '젊은' 정도의 의미로 사용됐다. 청년은 소년보다 훨씬 뒤에 사용되기 시작한 듯하다. 중국의 오래된 경전류는 물론이고 이십오사二十五史에도 청년이라는 표현은 보이지 않다가 명·청대의 시나 소설류에 비로소 등장하기 시작한다. 우리나라의 경우에도 청년은 조선시대 이후 등장하는데, 주로 시에서 노년과 대비되는 '젊은 시절'을 가리키는 문학적 표현으로 사용됐다. 예를 들어 성종 대의 명신인 이승소李承召는 이색李穡의 행적을 칭송한 시에서 "청년 시절 북경에 유학하여 과거에 올랐다"靑年北學利觀光라고 했다.[24] 조선왕조실록에도 간혹 "오늘날 재상은 모두 청년"今之宰相 皆靑年人也[25]이라는 식의 표현이 등장하지만, 몇 차례 되지 않는다. 조선 후기에 청년이란 말은 시에서 사용되거나, 젊어 과부가 된다든지(靑年寡居, 靑年喪夫) 젊어서 죽은 일(靑年而夭)을 가리킬 때 간혹 사용되곤 했다.[26]

---

22 『정조실록』 정조 21년 1월 1일 임인壬寅.
23 『정조실록』 정조 22년 1월 11일 병자丙子.
24 『신증동국여지승람』, 「진강연우심유적」鎭江煙雨尋遺跡, '충청도 한산군'.
25 『중종실록』 중종 14년 12월 10일 경오庚午.
26 『숙종실록』 숙종 9년 6월 20일 경신庚申;『숙종실록』 숙종 17년 1월 28일 갑인甲寅;『정조실록』 정조 18년 4월 22일 무인戊寅 등.

전통사회에서 소년이란 '아직 성숙하지 못한 나이', 그러므로 다소간 치기에서 벗어나지 못한 '어린' 또는 '젊은' 사람이라는 의미를 가지는 경우가 많았다. 연륜을 쌓은 '노성'老成함에 비해 나이가 적고 젊다는 것은 부박하고 사세의 판단이 아직 충분히 노련하지 못하다는 의미로 사용됐다. 비교적 젊은 사대부가 기존의 정책이나 대신들을 비판하는 상소를 올려 처벌받을 위기에 몰렸을 때 이들을 옹호하는 주된 논법 중의 하나가 연소한 신진사류, 소년사류이므로 다만 전후를 살피거나 꺼리지 않고 행동했을 따름이니 용서하라는 것이었다.[27]

따라서 젊은이로서 소년의 패기가 부정됐던 것은 아니지만 치기를 벗어나지 못하는 것으로 평가되기도 했다. 사대부의 시에 간혹 나타나는 '소년의 객기'少年狂라는 말은 이것을 표현하는 것이었다.[28] 정작 젊은이만이 아니라 상당히 연만한 사람도 신중하지 못한 행동을 할 때는 소년의 부박한 습성少年浮習이나 소년의 마음少年之心을 벗어나지 못했다고 질책을 듣기도 했다.[29] 자제 역시 아직 미숙하고 교육받아야 하는 존재

---

27 이런 예는 매우 많으나 대표적인 것을 들면 1644년(인조 22) 10월 23일 유백증이 이인을 옹호하면서 그가 미숙한 소년으로 이명의 죄를 과감하게 논했다고 했다. 그런데 이때 1608년 생인 이인은 이미 37세였다. 또 1684년(숙종 10) 사간원이 윤세희 등을 파직한 명을 환수할 것을 요청하면서 "世喜等, 以年少新進之人, 只欲隨事進言, 無負言責疎戆之意, 不識忌諱, 有何一毫黨同伐異之意哉"라고 했다(『승정원일기』 숙종 10년 12월 19일 경술庚戌). 이외에 정조도 1800년(정조 24) 김이재를 귀양 보내면서 그를 "신진소년에 불과해 깊이 책하기도 족하지 않다"라고 했다.

28 '소년광'少年狂이란 이규보 이래 많은 문집에서 간혹 나타나는 표현으로, 젊은 객기를 나타내는 말이다. 술이나 흥이 오르는 경우 등에 쓰기도 했고("最是竹深沙靜處 一壺時放少年狂", 「次海月記夢韻」, 『白沙先生別集』 卷之五, 朝天錄上 戊戌十二月 初三日), 젊어서 저지른 허무맹랑한 일을 의미하기도 했다. 오도일은 「이첩시경천」二疊示擎天이란 시에서 "少年狂習已全除, 白首相看淡水如"라고 했다(『서파집』西坡集 권4, 「시」詩).

29 1743년(영조 19) 12월 당시 50대의 우의정 조현명趙顯命이 사직하고자 하자 영조가 그에게 "재상에게는 재상의 체모가 있으며 연소한 명관에게는 연소한 명관의 체가 있는 법이거늘, 경이 오히려 소년의 부습浮習을 벗어나지 못했다"라고 책했다(『영조실록』 영조 19년 12월). 정조도 1795년(정조 19) 좌의정 유언호兪彦鎬에게 "경이 이제 늙어 백수거늘 어찌 소년의 마음을 떨쳐버리지 못하고 있느냐"라고 힐책했다(『정조실록』 정조 19년 8월).

1885년부터 1887년까지 거문도를 점령했던 영국 선원들이 다양한 연령대의 주민들을 촬영한 사진이다. 뒷줄 오른쪽 세 번째 떠꺼머리 총각과 왼쪽 두 번째 갓 쓴 젊은이는 비슷한 연령대지만 다른 모습과 지위를 보여준다. 강명숙 외, 『침탈 그리고 전쟁: 서양인이 만든 근대 전기 한국 이미지 Ⅲ』, 청년사, 2009, 112쪽.

로, 부로·부형 세대의 가르침을 받는 존재로 인식됐다. 젊은 시절을 가리키는 말로서 '청년' 또한 그 자체로 찬미의 대상이 되기보다는 대체로 '노년'과 짝을 이루어 늙은이가 과거를 회상하는 표현으로 사용되는 경우가 많았다.

조선 후기 사회에서 '소년'이나 '자제' 등은 미숙하다는 함의를 포함하고 있었고, 이는 연륜을 존중하는 농경사회의 가치관을 반영하는 것이었다. 또 소년 혹은 자제가 인생의 어느 시점까지를 말하는 것인지는 상황에 따라 달라졌다. 오늘날처럼 연령을 절대적인 기준으로 삼지 않고, 상대적인 기준에 따라서 나이 적은 사람을 구분했기 때문이다.

한편 18~19세기 조선 사회에서는 소년이 아이(童蒙, 幼年)와 구분되는 젊은이 세대를 표현하는 말로 사용됐지만, 향촌 공동체 내에서 소년의 두드러진 독자적 연령집단이나 세대 문화가 형성됐던 것 같지는 않다. 향촌사회의 기본적 질서 내면에까지 성리학적 이념이 깊이 뿌리내렸던 조선 후기 사회에서 소년이 독자적으로 문화적, 사회적 역할을 했을 가능성은 적다. 공동체 내에서 독자적인 연소자 연령집단이 존재하기 위해서는, 첫째 공동체가 비교적 단일한 신분 집단으로 구성되고, 둘째 혈연과 같은 수직적 결합이 상대적으로 약해야 한다.[30] 그렇다면 종중宗中의 수직적 결합이 강하고 공동체가 단일 신분이나 계급으로 조직되는 사례가 드물었던 조선 후기 사회에서 독자적인 연소자 문화나 집단을 찾아보기란 쉽지 않을 것이다.[31] 좀 더 연구가 필요하겠지만 향촌사회의 기본적 질서의 내면에 성리학적 이념이 더욱 깊이 침잠해들었던 17세기 이후에는 그 이전에 존재했던 연령집단이나 세대 문화조차 오히려 약화됐을 가능성이 있다.

---

30 이것은 일본의 와카모노구미若者組나 서유럽 사회의 샤리바리charivari 문화에서 잘 드러나는데, 일본의 와카모노구미도 지역에 따라 편차가 크다. 전통적으로 공동체의 동족적 결합이 약한 일본의 서남 지방에서는 와카모노구미와 같은 연령집단이 강하고, 반대로 동족적 결합이 강한 동북 지방은 와카모노구미의 결속력이 약한 경향을 보인다('若者組', 比較家族史學會, 『事典家族』, 1996, 弘文堂).

31 우리 향촌사회에서 17세기 이후 성리학적 종중 원리가 강화되고 있었음은 물론이거니와, 사족의 영향력이 약화되어가던 19세기 향회의 경우에서 알 수 있듯이 향촌 공동체는 여러 신분 계층이 공동 참여하는 가운데 운영됐다(김인걸, 「조선 후기 향촌사회에서 '유교적 전통'의 지속과 단절-향촌 사족의 거향관居鄕觀 변화를 중심으로」, 『한국사론』 50, 275~287쪽).

2장_ 새로운 세상, 새로운 젊은이
: 문명개화론과 '청년'의 도입

개화를 둘러싼 신학·구학 논쟁과 세대 관념의 변화

개항으로 근대 서구문명의 강력한 힘을 직접 접하게 되면서 전통적인 세대 관념에서 본다면 중대한 변화라 할 수 있는 인식과 사건이 발생하게 됐다. 개화를 통해 근대 서구의 지식과 기술을 전면적으로 받아들일 필요성이 제기됐다. 물론 동도서기론적 경향을 유지하면서 서구 문물의 수용을 주장하는 사람들과 일본의 메이지 유신을 모델로 하여 급격한 정치체제의 변화를 모색하려는 사람들 사이의 차이는 있었지만,[1] 이전의 학문 전통이 아닌 서구의 새로운 지식과 기술(신학문)의 습득이 점점 더 절실히 필요하게 됐다. 전통적인 학문체계, 즉 구학문舊學問과 완전히 다른 서구의 지식과 기술, 사상이 신학문新學問 또는 신학新學으로 받아들여졌다.

　젊고 민활한 지식인일수록 신학문을 쉽게 수용했고, 이들의 발언권은 정부의 개화정책이 확대될수록 강화됐다. 이에 전통적인 성리학만을 올바른 학문(正學)으로 고수하려 했던 유생들은 개화론의 신학을 공격했다.

1　개화파 내부의 분화를 논자에 따라서 온건/급진, 개량/변법, 시무/변법 등으로 다양하게 표현한다(하원호, 「개화사상과 개화운동의 역사적 변화」, 한국근현대사회연구회, 『한국 근대 개화사상과 개화운동』, 신서원, 2004, 10~17쪽 참조).

개화를 둘러싸고 신·구 세대 간 대립이 본격적으로 벌어지기 시작한 것이다.

1884년의 갑신정변은 서구의 신문물 수용을 주도했던 젊은 층이 쿠데타로 권력을 장악하려 한 사건이었다. 갑신정변 주도자는 사건 당시 모두 20~30대의 젊은이였다. 김옥균이 34세, 박영효가 23세, 홍영식이 29세, 서광범이 26세, 서재필이 21세에 불과했지만, 개화정책에서 중요한 역할을 수행하던 신진관료들이었다.[2] 20~30대의 젊은이만으로 갑신정변이라는 정치적 변란을 시도했던 것 자체가 어떤 의미에서는 전통적인 연령이나 세대의식에서 벗어난 것이라 볼 수 있다.

그러나 갑신정변을 전후한 개화정책이나 정변 자체가 연령이나 세대에 관한 기존의 일반적인 관념을 바로 뒤엎을 수는 없었다. 갑신정변 주도자는 국가권력을 장악해 정치체제와 사회제도를 급변시키는 데 관심이 집중돼 있었고, 개혁을 지지하고 장기적으로 유지할 사회적 기반의 창출에는 노력을 기울이지 않았다.[3] 그래서 사회 여러 분야의 젊은 세대를 지지 기반으로 조직한다거나, 이들에게 신학문을 확산하려는 시도를 꾸준히 진행하지는 않았다.

정치권력의 장악을 둘러싸고 벌어진 갑신정변도 충격적이었지만, 실제 지식인 사회에 '신·구'의 문제가 본격적으로 제기된 것은 신학문이 본격적으로 교육과 인재 등용의 주된 기준으로 등장하면서부터였다. 갑신정변 이후에도 조선 정부는 여전히 신식 교육에 큰 관심을 가지고 있었다. 1886년 육영공원을 세워 젊은 관리와 고관의 자제에게 영어와 수학, 과학, 지리, 정치 등 신학문을 교습했고, 1888년에는 연무공원鍊武公

2   갑신정변의 주도층에 대해서는 박은숙, 「갑신정변 참여층의 개화사상과 정변 인식」, 『역사와 현실』 51, 한국역사연구회, 2004; 「갑신정변 주도 세력의 성장과 정치적 대립의 성격」, 『역사연구』 12, 역사학연구소, 2003 등 참조.
3   糠谷憲一, 「甲申政變·開化派 研究の課題」, 『朝鮮史研究會論文集』 22, 1985, p.50.

院을 설립해 근대 군사교육을 시도했다.[4] 1883년 창간된 『한성순보』漢城旬報에는 서구식 교육제도를 모방한 학교 설립과 근대 학문의 수입을 주장하는 글이 자주 실렸다.[5]

결국 1894년 갑오개혁으로 과거제도가 폐지되고 교육제도가 전면적으로 개편됐다. 소학교와 사범학교, 상공학교, 외국어학교 등 각종 학교 학제가 공포됐으며, 덕德·체體·지智의 배양을 내세우는 교육입국조서가 발포됐다. 신학문과 실용 중심의 문명개화론적 신교육 체제가 제도화되면서 인재 등용도 신식 학교를 통해 이루어졌다.[6] 문명개화론적 교육개혁은 전통 유생층의 강력한 반발을 불러일으켰다. 신·구의 대립은 현실적인 교육제도의 방향과 관련해 더욱 격화됐다. 갑오개혁 이후 『독립신문』 등 문명개화론자는 전통학문(舊學)을 부정하고 신학을 더욱 적극적으로 수용해야 한다고 주장했다. 일부는 유교를 대신할 새로운 종교로서 기독교 정신을 전면적으로 수용해야 한다고까지 주장했다.[7]

물론 이와 같은 전면적인 서구화론이 다수를 점하지는 않았지만, 1900년대 이후 유교적 지식인 내부에서도 신학의 중요성을 받아들이면서 구학의 문제점을 비판하는 경향이 점점 확산됐다.[8] 그리하여 1904년 이후 신학과 구학을 둘러싼 논의는 1880년대와는 성격을 달리해, 신학의 처지에서 구학을 비판하는 경향이 확산됐다. 원로 학자의 노성한 인

4 이광린, 『한국개화사연구(전정판全訂版)』, 일조각, 1998 참조.
5 한철호, 「시무개화파의 개혁구상과 정치활동」, 한국근현대사회연구회, 『한국 근대 개화사상과 개화운동』, 신서원, 1998, 104~105쪽.
6 노영택, 『한말 국민국가 건설과 국민교육』, 신서원, 2000, 293~295쪽.
7 김도형, 『대한제국기의 정치사상연구』, 지식산업사, 1994, 29~34쪽; 주진오, 「19세기 후반 개화 개혁론의 구조와 전개-독립협회를 중심으로」, 연세대학교 박사학위 논문, 1995, 30~43쪽.
8 이광린, 「구한말 신학과 구학과의 논쟁」, 『동방학지』 24·25합집, 1980; 김도형, 앞의 책, 1994, 39~63쪽; 백동현, 「대한제국기 신·구학 논쟁의 전개와 그 의의」, 『한국사상사학』 19, 2002 등 참조.

식과 실천에 의존하는 바가 컸던 구학, 즉 전통적인 성리학의 학문 세계가 비판되고 '신학'이 강조되기 시작한 것은, 서구의 근대적 신지식과 기술에 적응할 수 있는 젊은 세대가 중시되는 사회적 변화와 맥을 같이하는 일이었다. 이런 사상과 교육제도의 변화 속에서 젊은이를 지칭하는 근대적 용어로서 '청년'이 도입되고 확산될 수 있었다.

'청년'의 도입과 그것이 직면한 시련

서구와 일본, 그리고 중국의 '청년'

오늘날 젊은이를 가리키는 일반적인 말로 정착한 청년은 일본에서 근대 서구의 청년, 즉 'young man'의 번역어로 등장했다. 그렇다면 근대 서구에서 청년이라는 인식은 어떻게 확립됐을까?

유럽 사회에서도 전근대의 세대 구분은 생물학적 연령을 절대적 기준으로 삼지 않았다. 존 그릴John Grill에 따르면 본격적인 산업화가 진행되기 이전 유럽 사회에서 인간의 삶은 '아동기-청년기-부모기-죽음 또는 은퇴기'로 나뉜다. 이 경우 아동과 청년의 구분은 추상적인 연령이 아니라 자기 가족으로부터 얼마나 독립적인 상태에 놓여 있느냐에 따라 이루어진다. 청년기는 완전히 부모에게 의존할 수밖에 없는 아동기를 벗어나서 반독립적인 상태(대체로 직업 세계에 참여하는 시기 정도가 기준)를 유지하는 시기이며, 결혼으로 가족을 형성하는 것이 최종 목적이다. 개인마다 신체적, 정신적 성숙이 다르고, 이에 따라 독립과 혼인 시기도 다양해지므로 나이가 절대적 기준이 될 수는 없었다.[9]

***

9   J. R. Grill, *Youth and history: tradition and change in European age relations, 1770~present*, Academic Press, 1981.

유럽에서 아동과 성인 사이에 연령을 기준으로 하여 청년이라는 과도기를 두어야 한다는 사고방식은 18세기 이후에야 비로소 일반화됐다. 특히 19세기 중반 이래 학교제도가 급속히 발전하면서 청년기는 이전보다 연장되었고 독립된 시기로 인정받았다. 그리하여 청년기는 유예의 시기로서, 젊은이가 장래 사회의 체제 안정과 유지를 위해 필요한 능력을 갖추어야 하는 시기로 정의됐다.[10]

장래를 준비하는 '청년'과 '청년기'라는 표상은 부르주아 계급의 자제를 중심으로 확산됐지만 곧이어 전 사회의 표준으로 정의됐다. 이런 인식 자체는 근대 국가가 학교제도를 통해 성장기에 있는 젊은 인민을 장악하기 위해 필수적이었다. 미래를 준비하는 청년상을 확산시키면서 국가는 근대 초기에 폭발적으로 발산됐던 젊은이의 폭력성을 체제 내로 끌어들일 수 있었다. 유랑자나 무법자처럼 취급되던 방종하고 폭력적인 16~17세기의 학생 무리는 사라졌고,[11] 바리케이드 위의 젊은이 대신 내일을 위해 열심히 일하는 청년상이 사회적인 규범으로 자리 잡았다.[12]

그러나 19세기 중엽부터 유럽에는 민족주의와 낭만주의, 혁명의 사조가 소용돌이치면서 혁명의 세대로서 청년이 다시 등장했다. 주세페 마치니Giuseppe Mazzini가 1831년 망명지인 마르세유에서 '청년 이탈리아'를 창설한 이래 청년 폴란드, 청년 독일, 청년 스위스가 속속 조직됐다.[13] 그 결과 20세기 초 독일 등 유럽에서 청년은 발전이나 혁신을 함의하는 개념으로 자리 잡았다.[14]

개항 이후 급격한 서구화를 추진하던 메이지 일본의 지식인은 이런 서

10 栗原彬, 『やさしさのゆくえ: 現代青年論』, みすず書房, 1981, pp.16~23.
11 필립 아리에스, 문지영 옮김, 『아동의 탄생』, 새물결, 2003, 503~522쪽.
12 竹內常一, 『子ども・青年論』, 青木書店, 1995 참조.
13 최상안, 「청년독일파의 발생과 시대의식」, 『인문논총』 1, 1989, 174쪽.
14 이동기, 「전후 독일 청년 세대에 대한 소묘」, 『내일을 여는 역사』 40, 2010, 47쪽.

구의 젊은이상像과 연령 구분의 개념을 도입하기 시작했다. 1880년(메이지 13) 일본의 초기 기독교 지도자 중 한 사람인 고자키 히로미치小崎弘道가 YMCA를 '기독교청년회'로 번역한 이래 근대 일본에서는 '세이넨'青年이 젊은 세대를 일컫는 일반적인 말로 정착했다.

고자키 히로미치는 당시선唐詩選 가운데 장구령張九齡의 시「거울을 비춰 백발을 보다」照鏡見白髮의 앞부분 "그 옛날 젊은 시절의 뜻宿昔青雲志, 이제는 다 틀린 백발의 신세蹉跎白髮年"에서 한 수에 한 자씩을 따와 세이넨青年이라는 번역어를 만들었다고 한다.[15]

그런데 일본에서도 1880년 이전에 '青年'이라는 한자어가 없었던 것은 아니다. 드문 사례이기는 하지만, 19세기에 다키자와 바킨瀧澤馬琴이 지은 『난소 사토미 핫켄덴』南總里見八犬傳이라는 작품에서 '青年'이 등장한다. 여기서 '青年'은 '와카우도'로 읽었다고 하는데, 젊은이를 뜻하는 와카우도는 '若人' 또는 '壯佼'로 표기되는 것이 일반적이었다.[16] 고자키 히로미치가 군이 당시선을 끌어다 '青年'으로 번역했다고 회고한 것은 '와카우도'가 아닌 '세이넨'으로 음독하여 'young man'의 번역어로서 새로운 의미를 부여했다는 뜻으로 해석해야 할 것이다.

세이넨이 등장하기 이전 일본의 전근대 사회에서는 젊은이를 일반적으로 '와카모노'若者라고 불렀으며, 지역공동체에서는 와카모노구미若者組라는 연령조직을 만들었다. 젊은 남자는 15세를 전후해 와카모노구미에 가입해 생업에 필요한 기술을 습득하고 마을의 치안을 유지하는 한편, 촌락의 축제를 진행했다. 이렇게 와카모노구미라는 연령집단이 사회적으로 중요한 의미를 지니고 있었기 때문에 근세 일본에서는 젊은이를 지칭하는 여러 표현이 존재했다. 19세기에 이르면 와카모노 또는 와카우

---

15 岩田重則, 『ムラの若者·くにの若者』, 未來社, 1996, pp.23~24.
16 北村三子, 『青年と近代-青年と青年をめぐる言說の系譜學』, 世織書房, 1998, pp.21~36.

도의 한자 표기 또한 若者, 若人, 壯佼 등으로 다양하게 나타난다.

근대적 번역어로서 등장한 '세이넨'이 전통적인 호칭을 압도하면서 근대적 젊은이의 이상적 상으로 정착하는 때는 1880년대 말이었다. 이 시기를 즈음해서 메이지 초기 일본의 지식인 사회를 풍미하던 자유민권운동은 점차 약화됐고 일본의 정치사회 구조는 안정된 단계로 진입한다. 이 시기 새로운 근대적 젊은이의 상으로 세이넨이 확립됐는데, 이때 세이넨이란 '소시'壯士(무뢰한·깡패)와 대비를 통해 확실한 자기상自己像을 가질 수 있었다. 1880년대 일본에는 열강과 불평등 조약 개정, 과중한 지세의 경감, 언론 자유 등을 주장하면서 메이지 정부에 적극적으로 저항했던 젊은 지식인이 존재했다. 세이넨의 주창자들은 이 적극적인 현실 참여파를 '소시'라 칭하면서 이들의 정치적 폭력성과 격정적인 행동 양태를 비판했다. 그리고 그 반대편에 주지적, 합리적으로 현실을 분석하고 예측 가능한 미래를 준비하는 근대적 인간형으로서 '세이넨'을 제시했다. 한편 국가는 이 과정에서 여러 가지 제도적 장치를 마련해 소시의 폭력성을 탈각시킨 젊은 세대에게 세이넨의 정체성을 부여해 안정된 사회체제를 구축할 수 있었다.[17]

또 지방 사회에 광범위하게 존재하던 와카모노구미는 1890년대 이후 학교 교장과 지방자치단체, 지방 유지들의 손에 의해 청년회(단)로 재조직됐다. 1904년 러일전쟁을 전후한 시점에서 국가가 본격적으로 청년단의 조직화와 국가적 통합에 개입했고, 1915년에는 정부의 훈령으로 전국의 청년단체를 단일 구조로 체계화해 청년층을 국가 이데올로기 아래 동원하고 조직화했다.[18] '세이넨'이라는 새로운 말과 청년회/청년단 조직

17 木村直惠, 『'靑年'の誕生-明治日本における政治的實踐の轉換』, 新曜社, 1998 참조.
18 이에 대해서는 허수, 「일본에서의 청년 연구 동향 소개」, 역사문제연구소 토론회 발표문, 2001; 김종식, 『근대 일본 청년상의 구축』, 선인, 2007 참조.

은 시민사회의 젊은 세대를 천황제 국가체제 안으로 끌어들여 재생산하는 중요한 매개였던 것이다.

중국에서도 청년靑年이 젊은이 또는 젊은 세대를 의미하게 된 것은 1890년대 후반에 들어서였다. 그전에는 잘 쓰이지 않는 형용사적 표현이었다. 1890년대 이후에도 일상적 용어라기보다는 외국 사례나 단체를 소개할 때 쓰였으며, 1898~1899년 무렵 캉유웨이康有爲나 량치차오梁啓超가 본격적으로 청년을 시대적 과제와 결합시켜 언급하기 시작했다고 한다.[19]

량치차오의 저작들은 중국에 청년이 도입되는 과정을 보여주는 좋은 사례이다. 1900년 무렵까지도 량치차오는 젊은이라는 의미로 소년을 주로 사용했다. 1900년에 저술한 「소년중국설」少年中國說에서 '소년'만이 사용된 것이 좋은 예다. 그런데 1902년에 발표한 『의대리건국삼걸전』意大利建國三傑傳에서는 젊은이를 보통 '소년'이라고 칭하면서도, '청년'을 함께 사용한다. 같은 해 발표한 『신민설』新民說에서는 청년의 의무, 우리 청년계, 청년 교육 등 청년을 거의 소년과 같은 빈도로 사용한다. 『의대리건국삼걸전』이나 『신민설』 모두 량치차오가 일본에 망명 중이던 1902년에 저술했다는 점에 주목할 필요가 있다. 일본 망명 중에 자연스럽게 청년 개념에 익숙해졌고, 그것이 그의 저술에도 반영됐을 것이다. 그리고 대한제국의 지식인들도 그의 『음빙실문집』飮氷室文集을 읽으면서 청년을 자연스럽게 접하게 됐을 것으로 추정된다.[20] 또 1900년대 초 외국인 선교사가 중국에서 본격적으로 기독교청년회를 조직하고 『청년』 잡지를 발간한 것도 중국에서 청년 개념의 확산에 기여했을 것이다.[21]

---

19 송인재, 「초기 『신청년』에서 전개된 청년 담론의 기원과 성격」, 『인문과학』, 성균관대학교 인문과학연구소, 2010, 6~7쪽.
20 梁啓超, 「少年中國說」(附中國少年論), 『飮氷室文集』上, 「通論」, 上海廣智書局, 1907, pp.264~267.

근대적 주체, 변화의 중심이 되는 젊은이 집단으로서 청년의 이미지는 중국에서도 강력했다. 1902년 천두슈陳獨秀가 일본 망명 중 조직한 혁명 단체의 이름이 '청년회'였던 것이 이를 단적으로 보여준다.[22] 이런 급진 성 탓인지 1910년대까지도 청년 논의는 그다지 활발하지 않았다. 청년 론이 활성화된 것은 역시 천두슈가 잡지『신청년』을 창간한 1915년 이후 였다.

조선에 도입된 '청년'

일본에서 번역한 '청년'을 조선 지식인이 처음 사용한 것은 1896년 전후 로 추정된다. 정부의 지원을 받아 도쿄로 유학을 떠났던 관비 유학생들 이 현지에서 1895년 '대조선유학생친목회'를 만들고 다음 해 2월 회지 인『친목회회보』親睦會會報를 발간했다. 그런데 1896년 6월 발간된『친 목회회보』3호에「청년지사青年之士에 망望」이라는 글이 실려 있다.[23] 국 가 장래의 성쇠가 청년지사에게 달렸는데, 지금 세인世人이 "청년青年에 사士는 유취황구乳臭黃口라" 하며 무시하고 있으니 혁신과 문명을 어떻 게 이룰 것인지 개탄하는 글이다. 그러나 이 글 자체는 당시 한성에서 일 본인 아다치 겐조安達謙藏 등이 발행하던『한성신보』漢城新報의 내용을 그대로 옮겨놓은 것이었다.[24]

1896년 12월 발행된『친목회회보』4호에 이들이 직접 작성한 논설에 서도 '청년시기'(青年代)라는 표현이 나타난다. 그러나 가장 중요한 것은 1897년 6월『친목회회보』5호에 실린 남순희南舜熙의「유민설」牖民說이

21 송인재, 앞의 논문, 2010, 66쪽.
22 김영구,「신문학운동에 있어서『신청년』의 역할에 관한 연구」, 서울대학교 박사학위 논문, 1992, 9쪽.
23 이 시기 유학생들의 문명론에 대해서는 박찬승,「1890년대 후반 도일渡日 유학생들의 현 실인식 – 유학생친목회를 중심으로」,『역사와 현실』31, 1999 참조.
24 「청년지사에 망」,『친목회회보』3호, 대조선유학생친목회, 1896, 37~38쪽.

라는 논설이다.[25] 남순희는 교육이란 초, 중, 고의 세 단계로 나뉘는데 그중에서도 중등교육을 가장 중시해야 한다고 했다. 왜냐하면 "중등인中等人은 국민의 다수多數되는 청년자青年者를 거擧홈"이기 때문이다. 그는 청년이란 "파괴적 운동장의 솔선率先이오 진보적 추격대의 기두旗頭"이니 무릇 "국가는 차등此等의 인人으로붓터 주재主宰ᄒᆞᆫ 고故로 중등中等의 교육은 국가를 주재ᄒᆞᆫ 국민을 제조ᄒᆞᆫ 기관"이라고 주장했다. 그런데 당시 조선의 교육은 "시대의 골수가 되는 청년이 사회에 대한 지향도 없고 신발명을 하려는 기도도 없으므로" 급히 개혁에 착수해야 한다는 것이었다. 이 논설은 일본의 근대적 청년 개념을 체계적으로 도입한 최초의 문건이

'청년'을 본격적으로 사용한 남순희의 「유민설」, 『친목회회보』 5호, 1897, 23쪽.

다. 무엇보다 이 글은 청년을 진화론적 생존경쟁의 주역이며 국민 형성의 핵심으로 파악한다는 점에서 근대적 청년 개념의 기본적 틀을 보여주고 있다.

대조선유학생친목회는 1897년에 해산됐지만 1898년 9월 신해영申海永, 조제환趙齊桓, 장도張燾, 노백린盧伯麟, 원응상元應常 등이 새로 '제국청년회'帝國青年會라는 유학생 조직을 결성했다.[26] 이들이 유학생 모임을

---

25 남순희, 「유민설」, 『친목회회보』 5호, 1897, 23~26쪽. 남순희는 관비 유학생으로 게이오의숙에서 공부하다 귀국한 후 사립 광흥학교, 흥화학교 교사를 역임했으며, 1901년 의학교 교원으로 근무 중 급서했다.
26 KM생生, 「본회금석지감」本會今昔之感, 『대한흥학보』大韓興學報 13, 대한흥학회, 1910, 3쪽.

제국청년회라고 명명한 것은 당시 일본에서 이미 꽤 일반화되어 있던 청년론의 영향을 받았기 때문일 것이다. 제국청년회는 이 관비 유학생들이 본국으로 소환되는 1903년까지 존속했다.

한편 비슷한 시기인 1897년 '청년회'라는 명칭이 국내에서도 사용되기 시작했다. 1897년 미국 감리교 한국선교회가 엡윗청년회를 만들 것을 결정해 대한중앙청년회를 조직했으며, 5월부터 인천 내리교회를 시초로 하여 각지 교회에 엡윗청년회를 결성했다.[27] 이런 교회 청년회에 관련된 기사들이 『조선크리스도인회보』(이후 『대한크리스도인회보』)나 『독립신문』 등에 실렸다. 그러나 초기에 사람들은 청년회를 '청년의 모임'으로 자연스럽게 받아들이지는 못했던 듯하다. 『대한크리스도인회보』나 『독립신문』에 '청년회'가 자주 등장하는데도 젊은이를 청년이 아니라 소년으로 칭하는 경우가 많았다. 따라서 이 낯선 청년회라는 조직은 기독교회에 속한다는 이유만으로도 개화파의 모임 정도로 받아들여질 가능성이 높았다.

'청년' 도입의 시련

한편 1895년 이후 일본 도쿄에 유학했던 관비 유학생은 1903년까지 모두 국내로 돌아왔다. 그러나 이들이 귀국했음에도 '청년'은 수입되지 않았다. 우선 이 일본 유학생 무리의 사회적 영향력이 그다지 크지 못했다. 이들은 귀국한 다음 이곳저곳의 사립학교에서 근무하다가 관립학교로 옮기거나 정부에 취직했지만, 제대로 자리 잡지 못했다. 또 청년은 단순한 젊은이의 지칭이 아니라 급진적 문명개화론과 직결되어 이해됐기 때문에 더욱 그 확산이 지체됐다. 게다가 청년이 급진적 정치개혁과 연

---

27 조이제, 「한국엡윗청년회의 창립 경위와 초기 활동」, 『한국기독교와 역사』 8, 한국기독교역사연구소, 1998: 장규식, 『일제하 한국 기독교 민족주의 연구』, 혜안, 2001, 80~81쪽.

루되지 않을 수 없는 묘한 사건이 하나 발생했다. 1898년 7월 1일 정부와 여러 학교, 『독립신문』 등 대한제국의 주요 기관에 편지가 한 통씩 배달됐다. 편지의 내용인즉 황태자(이후 순종)가 고종 황제를 대신해 정사를 볼 것을 요구하는 것이었다. 역모나 다름없는 사건인지라 온통 난리가 났고, 이 사건에 연루된 안경수는 일본으로 망명하지 않을 수 없었다. 그런데 문제는 이 편지의 발신인이 '대한청년애국회'大韓靑年愛國會라는 이름으로 되어 있었다는 것이다. 사건이 발생하자마자 대한청년애국회의 추적에 나선 왕실과 경무국은 '청년회'라는 말만 보고 당장 당시 개화운동의 중심지였던 배재학당부터 조사했다. 경무국의 조사에 질문을 받은 배재학당의 총교사 아펜젤러Henry G. Appenzeller는 이렇게 말했다.

> 비지학당에는 청년회라 ᄒᆞᄂᆞᆫ 것은 본릭 업고 교즁에 쇼년들과 어린 ᄋᆞ히들이 ᄒᆞᄂᆞᆫ 회가 잇ᄂᆞᆫᄃᆡ 셔양 규모를 ᄯᅡ라셔 청년회라 칭ᄒᆞ엿스니 청년은 즉 쇼년이라 ᄒᆞᆫ 뜻이라.[28]

요컨대 대한청년애국회는 배재학당과 무관하다는 해명이다. 여기서 "쇼년들과 어린 ᄋᆞ히들이 ᄒᆞᄂᆞᆫ 회"는 1896년 11월 결성된 배재학당 내의 협성회일 것이다. 즉 정식 명칭이 청년회라는 조직은 없지만 소년과 어린아이의 모임이 있는데, 서양식으로 청년회라고도 한다는 것이다. 흥미로운 것은 서양 격식을 따라서 만들었다는 청년회의 청년을 소년과 같은 뜻이라고 설명한다는 점이다. 이 설명을 따르면, 청년은 곧 '어린 아해'와 구분되는 소년인 셈이었다.

『독립신문』도 대한청년애국회가 배재학당 내의 청년회가 아닌가 하는 의심을 없애기 위해 일부러 대한청년애국회 명의의 편지 전문을 공개하

---

28 「회명분셕」, 『독립신문』, 1898년 7월 16일.

『독립신문』에 실린 대한청년애국회 관련 기사. 1898년 7월 16일.

면서 "청년 익국회라 호엿스면 이 교즁[29]에 잇는 청년회보다 익국 두 주가 더 흔즉 의심받을 까닭이 없다"라고 주장했다. 주식회사도 있고 보험회사도 있지만 '회사'라는 두 글자가 같다고 같은 회사로 볼 수 없듯이 대한청년애국회와 청년회는 다른 것이니 "제군子들은 청년익국회와 청년회를 분간"해줄 것을 당부했다. 여러 교회도 마찬가지여서 자신들은 관련이 없음을 급급히 해명해야 했다.

그러나 이런 해명과 당부는 별 소용이 없었다. 보수적인 유생 관료와 황국협회는 대한청년애국회를 청년회 일반, 나아가 독립협회와 연결했다. 황국협회는 사건 직후부터 곳곳에 방을 붙여 대한청년애국회를 나라를 파는 무리라고 규탄했고, 7월 22일 전 승문원 정자正字 고영중高永中은 "이른바 청년애국회라는 흉한 글을 수도와 민간에 일시에 퍼뜨리어

---

29 배재학당을 일컫는다.

사람들의 귀를 현혹하고 역적의 자취를 덮어버렸다"라고 하면서 준열히 처벌할 것을 상소했다.[30] 나아가 전 상의원尙衣院 주사인 김익로金益老는 청년회가 반역을 꾀하고 있으며 청년회의 심복들이 범의 앞잡이 같은 무리라고 규정하면서, 아예 "이 회, 저 회 할 것 없이 그 예봉을 꺾어버리고 패거리를 모으지 못하도록 할 것"[31]을 주청했다. 대한청년애국회를 굳이 청년회라고 칭해, 결국은 독립협회나 기독교회를 포함한 모든 개화 세력의 "이 회, 저 회"를 한통속으로 묶어두고자 하려는 의도가 엿보인다.

이 사건의 여파가 꽤 컸던 탓인지, 1904년 무렵까지는 청년이라는 말자체가 그다지 잘 사용되지 않았다.[32] 청년=소년이라고 열심히 설명해야 했던 예의 청년회, 즉 협성회에서 발행한 『매일신문』에서도 정작 젊은이를 청년이라고 표현하지는 않았으며,[33] 다른 신문에서도 여전히 젊은이를 소년과 자제로 지칭하는 것이 일반적이었다. "호화주뎨와 풍류 쇼년들"이 "쥬찬을 가지고 풍악으로 세월을" 보낸다거나,[34] 스물네 살 먹은 "쇼년 장부"라는 표현은 흔히 찾아볼 수 있다.[35] 한국에 온 지 십수 년이 지난 '서양 친구'를 '일위 쇼년'이라 하고, 젊은이와 늙은이는 개화 '쇼년'과 수구 '노인'으로 문답을 나누고 있기도 했다.[36]

1900년을 전후하여 국내 신문에서 젊은이라는 의미로 청년이 간혹 등장하기는 했다. 1899년 3월 『황성신문』에 "우리 학당이 창립한 지 이미 3년이 지나 학업이 나날이 진보하여 많은 유위청년의 졸업이 머지 않

---

30 『고종실록』 고종 35년 7월 22일.
31 "無論此會彼會, 挫其鋒銳, 勿成徒黨, 以杜後弊焉."(『고종실록』 고종 35년 10월 4일)
32 드물게 '靑年寡居'와 같은 전통적인 표현이 나타날 뿐이다. 『황성신문』, 1898년 12월 8일.
33 『매일신문』, 1898년 7월 21일.
34 김영민, 「붉은 거울을 보시오」, 『대한크리스도인회보』, 1899년 10월 25일(김영민·구장률·이유미, 『근대계몽기 단형 서사문학 자료전집』 상, 57쪽에서 재인용).
35 「우리나라 사람은」, 『뎨국신문』, 1900년 2월 24일(김영민 외, 위의 책, 345~346쪽에서 재인용).
36 논설, 『황성신문』, 1899년 9월 30일.

앗"(本堂은 創立ᄒ지 已經三年에 學業이 日進月就ᄒ야 幾多有爲靑年之卒業이 不久ᄒ얏)다는 경성학당의 광고가 나오기도 했다.[37] 그러나 경성학당은 일본의 '대일본해외교육협회'에 의해 설립, 운영되던 학교였으니,[38] 이들이 낸 광고 문안에 청년이 들어간 것은 당연한 일이다. 1901년 8월 6일자『황성신문』皇城新聞에는 러시아 정부가 일본 청년의 인식과 행동을 주목하여 일본 주재 공사관에 이에 대해 조사, 보고할 것을 지시했다는 기사가 실렸다. 그러나 러·일 관계에 대한 이 기사는 아마도 일본 신문의 보도 내용을 그대로 번역, 전재한 것으로 추측된다. 또『황성신문』 1903년 1월 23일자 별보別報란에는 "청년 유학생" 이원익의 선행을 칭찬하는 기사가 실리기도 했다. 그러나 1903~1904년까지도 여전히 청년이 등장하는 기사는 1년에 서너 편 정도에 불과했고, 그나마 일본이나 청·러시아 등 외국에 관한 기사였다. 이 기사들조차 일본이나 중국 신문 기사를 그대로 번역한 것에 지나지 않았다.[39]『대한매일신보』에는 1904년 5월부터 1년간 청년이 나오는 기사가 세 건 정도에 불과했다. 여전히 젊다는 의미로는 소년이 주로 사용됐다. 1905년 1월 12일『대한매일신보』는 「일본의 외교」라는 논설에서, "동경에 매우 유세력ᄒ 소년정치가들의 단테가" 있으며 지금 일본 정부는 "싱각이 적은 소년들의 슈즁"에 있다고 썼다.[40]

한편 교육의 대상이 되는 젊은 세대를 논할 때도 1900년대 초까지는 여전히 전통적인 표현인 자제가 사용됐다. 근대어로서 청년이 등장하기

37 「학당 광고」,『황성신문』, 1899년 3월 9일.
38 한용진,「개화기 일본 민간단체 설립 학교 고찰-경성학당을 중심으로」,『동양학』 38, 단국대학교 동양학연구소, 2005 참조.
39 1903년『황성신문』에 실린 캉유웨이의 딸이 일본청년회에서 연설했다는 기사나 일본의 청년국민당, 청년동지회에 관한 기사 등이 그것이다(『황성신문』 1903년 3월 26일, 5월 17일, 10월 17일).
40 「일본의 외교」,『대한매일신보』, 1905년 1월 12일.

전인 갑오개혁기 교육의 대상은 당연히 자제들로 표현됐다. 1894년 '홍범 14조' 중에서 "국내 총준자제聰俊子弟를 광廣하게 파견함을 행하여 외국 학술과 기예를 전습傳習"[41]하게 한다는 조항이 그 대표적인 사례다. 앞서 살펴본 것같이 1890년대 후반 갑오개혁 시기의 문명개화형 교육개혁이 계속됐다면 일본식 근대 교육의 대상으로서 청년이 조선의 교육 담론 속에 좀 더 빨리 도입됐을 가능성도 있었다. 1895년 소학교령 등 신학제의 실시는 근대적 교육, 청년 개념의 도입을 위한 전제가 될 수도 있었을 것이다.

그러나 갑오개혁은 성공을 거두지 못했다. 그래서 그동안의 급격한 문명개화론적 교육개혁이 아니라, 유교적 전통을 개선하고 체계화한 기반 위에 근대화를 모색하는 것으로 교육개혁의 방향이 결정됐다.[42] 특히 근대적 학제가 급속히 확대되던 1899년부터 1904년까지, 신교육 보급의 주된 동력은 지방의 사립학교였다. 그런데 지방의 사립학교는 사림이나 유생 또는 유지인사 등으로 지칭되던 개신 유학자들이 설립한 것이었다.[43] 개신 유학자는 부국강병과 이를 위한 실용 교육 등 교육 내용과 사상에서 신학문과 구학문을 '참작절충'參酌折衷할 필요가 있다고 인정했지만, 여전히 교육의 근간은 도덕 교육이어야 한다고 생각했다.[44] 따라서 연장자 우선의 전통적 세대 개념을 전복할 청년의 인식체계를 받아들일

---

41 「조칙詔勅 서고문誓告文」, 『대한제국관보』, 개국 503년 12월 12일.
42 구희진, 「한국 근대개혁기의 교육론과 교육개편」, 서울대학교 박사학위 논문, 2004, 137쪽.
43 구희진, 위의 논문, 207~218쪽; 정숭교, 「대한제국기 지방 학교의 설립 주체와 재정」, 『한국문화』 22, 1998, 295쪽.
44 『황성신문』을 중심으로 하는 개신 유학자의 참작절충론에 대해서는 박찬승, 『한국 근대정치사상사 연구-민족주의 우파의 실력양성운동론』, 역사비평사, 1992, 42쪽 참조. 박찬승은 이들의 신구절충, 참작절충론이 정치제도사상 차원의 변법을 포괄한다는 점에서 대한제국 정부의 구본신참과는 구별된다고 했다. 그러나 세대 관념 문제에서는 1904년 이전 양자 사이에 현격한 차이가 드러나지는 않는다.

이유가 없었으니, 이들이 교육하는 젊은이도 당연히 자제로 지칭됐다. "국가에서 각 지방에 학교를 설설設設하고 교원을 양양養成하야 별정別定한 과정으로 향가자제鄕家子弟를 교육"하는 것이 "일국一國으로 하야곰 문명에 제제躋躋케 함"[45]이라는 것이었다. 이들은 교육의 목표를 국가의 문명화에 두면서 해외 유학을 권장하기도 하고 사족과 평민을 구분하지 않고 의무교육을 실시할 것을 주장하는 등 전통적인 성리학 교육론과는 달라진 태도를 보였다. 그러나 교육의 대상으로 설정된 자제는 전통적인 개념과 크게 다르지 않았다. 인민 자제로 8세 이상이면 모두 서원이나 향리의 사숙에 입학하게 하고 15세가 되면 군군郡의 학교에 입학시킨다는 발상[46]은 전통적인 논법과 매우 유사하며, 해외에서 신학문 서적을 들여와 역사, 지리, 정치, 법률 등을 교육하는 경우에도 '연소자제'年少子弟를 가르친다는 표현이 일반적으로 사용됐다.[47]

일본에서 돌아온 소수의 유학생만으로는 이런 추세를 뒤집을 수 없었고, 개혁의 주도권을 잃은 문명개화론자도 굳이 '애국청년회'를 연상시킬 청년을 강조할 이유가 없었을 것이다. 따라서 정치적 상황이 크게 변화하는 1904년 이후에야 '청년'은 본격적으로 등장할 수 있었다.

---

45 논설, 『황성신문』, 1899년 7월 11일.
46 「논교육발달지책」論教育發達之策, 『황성신문』, 1902년 12월 12일.
47 「답율파산인기서」答栗坡山人寄書, 『황성신문』, 1903년 4월 13일.

3장_ 청년, 애국심과 계몽에 의해 '국민'이 되다

청년, 다시 등장하다

1904년 이전에도 청년이라는 말은 일반에 조금씩 알려지고 있었다. 우선 기독교의 영향력이 확대되고 근대화에 관심을 가진 젊은이가 교회로 몰려들면서, 교회 청년회가 점점 더 중요한 정치사회적 역할을 수행했다.[1] 특히 1903년에 설립된 황성기독교청년회는 종교적 역할 외에 계몽사상이 소통되는 장으로서의 기능도 수행했다. 이 무렵 여러 신문에 청년회 관련 기사가 부쩍 늘어나는데, 황성기독교청년회에 관한 기사가 거의 대부분을 차지한다.[2] 그 내용은 주로 기독교청년회가 주최하는 강연회, 환등회, 설교 등을 소개하는 것이다. 그 외에도 비록 외국의 소식이기는 하지만 간혹 청년이라는 단어가 신문에 등장했으니, 특히 러일전쟁 직전 부쩍 활발해진 일본의 청년운동과 정치활동 등이 관심을 끌었다.

그러나 근본적인 변화는 1904년 러일전쟁 이후 대한제국 정부가 정치적 통제력을 상실하게 되면서부터 일어났다. 대한제국이 주도해온 전통에 입각한 근대화 노선이 좌절됐을 뿐 아니라 국가의 생존 자체가 위기

---

1   이에 대해서는 장규식, 『일제하 한국 기독교 민족주의 연구』, 혜안, 2001, 제1장 참조.
2   소영현, 『부랑청년 전성시대』, 푸른역사, 2008, 24쪽.

1909년 황성기독교청년회관의 모습. James S. Gale, *Korea in Transition*, 1909. 홍순민 외, 『서울 풍광: 서양인이 만든 근대 전기 한국 이미지 I』, 청년사, 2009. 92쪽.

에 처했다. 급속한 문명개화를 위해서 교육개혁이 필수적이었지만 을사조약 이후 대한제국 정부는 이것을 주도할 수 있는 상황이 아니었다. 국가의 명목은 남아 있지만 실질적으로 국가가 존재하지 않는 상황에서 근대화는 애국과 계몽 '운동'의 문제로 전환됐다. 그러다 보니 옛것을 근본으로 새로운 것을 받아들인다는 구본신참舊本新參보다는 급속한 부국강병의 근대화만이 살 길이라는 의식이 널리 퍼졌다. 정치적 상황이 급변하면서 급격한 개화의 언어로서의 '청년'이 이제 오히려 주목받는다.

애국계몽운동의 우선 과제는 교육이었다. 이 시기의 교육론은 더 이상 전통적인 의미에서의 자제 교육이 아니라, 새로운 문명개화의 젊은이를 대상으로 하여 전개됐다. 1905년에 들어서면 청년 교육이 가장 시급하다고 주장하는 논설이 신문에 게재되기 시작했다. 청년이 국민 교육의 핵심 대상인 새로운 젊은이의 호칭으로 정의되기 시작한 것이다.

우선 이전에 소년으로 불리던 시기가 청년으로 규정됐다. 1905년 1월 20일 『황성신문』에 실린 「권고청년」勸告靑年이라는 논설은 사람의 일생을 5단계로 나누었다. 15세까지 유년, 30세까지 청년, 45세까지 장년, 60세까지 쇠년衰年, 그 이후가 노년이라는 것인데, 주목할 것은 이전에 소년이라 칭하던 시기를 청년으로 부르기 시작했다는 점이다. 이 글은 여기서 그치지 않고 청년 교육이 가장 크고 중요한 과제이므로 "구미열강에 문명박학지사文明博學之士가 강마연구講磨研究하야 청년회를 설시設施하고 교육지방敎育之方을 규정"한다면서 청년에게 힘써 공부할 것을 권한다.[3] 또 3월 4일자 「청년의 자기自期」라는 투고는 "오배吾輩 청년"이 오늘날 이 세계에 태어나 "흑암부패黑嚴腐敗에 오염을 세탁흐고 유신문명지역維新文明之域에 초등超等 흠도 오인담부吾人擔負오 유래속박由來束縛을 일시해방一時解放흐고 자유 중自由中에 함영涵泳 흠도 오인吾人의 담부擔負"라고 하여 청년 스스로를 "금일차세계今日此世界"의 주역으로 규정한다. 특히 우리 청년의 "최선급무最先急務"는 역시 "학문이 시是야니 (……) 오배吾輩 청년이 심心을 일치하며 역력力力을 제발齊發하야 학문상에 진진進進"해야 한다고 주장했다.[4] 지방의 한 청년회 회장은 지금 세계 만국 중에 부강한 나라가 성공하게 된 것은 모두 "청년 교육"에 의한 것이니 나라를 보존하고 강하게 하려면 전국의 청년이 앞을 다투어 분발해야 하고 청년회를 활용해야 한다고 주장하기도 했다.[5]

1905년 『황성신문』에 나타난 일련의 청년론은 1898년 남순희의 글에서 제기된 청년상에서 한걸음 더 나아가 젊은이에게 새로운 문명과 근대 세계의 주역으로서 자각하고 분발할 것을 호소한다. 이 시기의 논설은 교육의 대상을 '준총자제'駿驄子弟니 '향가자제'니 하는 말 대신 청년과 자제를 결합한 '청년자제'라는 말로 규정하기 시작했다. 이전의 자제

3 「권고청년」, 『황성신문』, 1905년 1월 20일.
4 이순종, 「청년의 자기自期」, 『황성신문』, 1905년 3월 4일.
5 「평안남도 삼화항三和港 청년회장 신익모辛益模」, 『황성신문』, 1905년 11월 8일.

가 특정한 가문 또는 향촌의 다음 세대라는 어감을 지녔던 데 비해, 청년
자제는 "유아국민惟我國民의 청년자제로 흑야금 가히 신진문명新進文明의
재예학술才藝學術을 열심 훈도訓導케"[6] 해야 한다는 표현에서처럼 국민의
다음 세대, 국가의 다음 세대라는 보편적 의미를 강하게 지니고 있었다.

그 결과 1905년 이후 여러 매체에서 청년이 언급되는 기사가 급증한
다. 우선『황성신문』을 살펴보면, 1904년 이전까지 한 해 서너 건에 불과
하던 것이 1905년에는 12건, 1906년에는 25건, 1907년에는 47건으로
늘어나더니 1908년에는 93건으로까지 늘어난다.

〈표 1〉『황성신문』의 '청년' 관련 기사 추이

연도	월	기사 건수	합계
1905	1~6	8	12
	7~12	4	
1906	1~6	5	25
	7~12	20	
1907	1~6	23	47
	7~12	24	
1908	1~6	40	93
	7~12	53	
1909	1~6	47	76
	7~12	29	
1910	1~9	59	59

비슷한 기간『대한매일신보』에 '청년'과 '소년'이 각각 언급된 기사 수
를 비교해보면 〈표 2〉와 같다.

---

6 「학부學部는 가폐可廢언덩 학교는 불가폐」,『황성신문』, 1905년 10월 5일.

〈표 2〉『대한매일신보』의 '청년', '소년' 관련 기사 추이

기간		청년		소년		중복	
1904년 5월~1905년 5월		3		2		0	
1907년 5~12월		12		15		2	
1908년	1~6월	35	100	9	26	0	1
	7~12월	65		17		1	
1909년	1~6월	89	131	16	41	2	5
	7~12월	42		25		3	
1910년 1~8월		86		30		0	
합계		332		114		8	

* 이 표는 『대한매일신보』의 한글판을 대상으로 작성했다. '중복'이란 같은 기사에서 청년과 소년을 함께 언급한 사례다. 기독교청년회, 기독교청년회관 그리고 청년학교만을 언급한 기사는 제외했다.

〈표 2〉를 통해 '청년'과 '소년' 모두 급격히 늘어나고 특히 1908년 이후 '청년'의 사용 빈도가 폭증한다는 사실을 알 수 있다. 전반적으로 〈표 1〉과 〈표 2〉는 비슷한 추세를 보인다.

이렇게 1905년 이후 청년의 사용이 급격히 확산되고 있지만, 청년이 곧바로 소년을 대체해 오늘날과 같이 '소년＝어린이', '청년＝젊은이'로 의미 분화가 확정된 것은 아니다. 1905년 이후 전통적 의미의 젊은이를 지칭하던 소년도 새로운 상황에서 근대적이고 투쟁적인 젊은이상像으로 변화하고 있었다. 청년이 단기간에 지배적 지위를 장악할 수 있었던 것은 오히려 전통적인 자제 관념과 결합했기 때문이다.

1900년대 국내의 청년론

'청년'과 '소년' : 과거와 결별하는 문명개화적 젊은이

이 시기 소년과 청년은 비슷한 연령대의 젊은이 집단을 지칭하는 용어로 명확히 의미가 구별되지 않았다. 일종의 경쟁관계에 있었다고 봐도 될 텐데, 이런 상태는 1910년대까지 지속됐다. 앞의 〈표 2〉에서 확인했듯이 1908년 이후에는 청년이 소년보다 급속히 확산되기는 하지만, 소년을 언급하는 기사도 무시할 수 없는 추세로 늘어나고 있다.

상당 기간 청년과 소년이 비슷한 의미로 사용되거나, 심지어 같은 글에서 혼용되는 사례는 신문이나 학회지에서 흔히 발견할 수 있다. "나히 십오 세 된 청년",[7] "이십 세가 못 된 쇼년"[8]과 같이 오늘날 우리의 상식과는 반대로 청년과 소년을 사용하는 경우가 허다했으며, 운산군 남면 제인리 거주 이종준 씨를 20여 세의 소년이라 하고 도쿄 유학생 최남선 씨를 18세의 청년이라고 해도 어색하지 않았다.[9]

또 같은 글 안에서도 청년과 소년이 혼용되었다. "오배吾輩 소년"이 "청년지기青年之氣"를 이루어야 한다거나,[10] 한 글에서 '오배 소년'과 '오배 청년'이 함께 쓰이는 경우도 종종 나타났다.[11] "우리 청년들"에게 "위대한 적공으로 위대흔 스업을 셩취"할 것을 요구하는 글쓴이가 정작 "무명쇼년"이어도 이상한 일이 아니었다.[12]

심지어 청년을 요즘의 어린이처럼 사용하기도 했다. "뇌슈가 굿지 아니흐고 긔질이 뎡흐지 못흔 청년을 인도"하는 것이 "쇼학교의 몃 권 교

---

7 「운산군야학교」, 『대한매일신보』, 1910년 1월 29일.
8 「영흥 사람의게 경고홈」, 『대한매일신보』, 1909년 1월 26일.
9 『황성신문』, 1908년 5월 14일.
10 「근고소년동포」謹告少年同胞, 『황성신문』, 1907년 2월 12일.
11 「추풍기혜 소년감」秋風起兮少年感, 『황성신문』, 1909년 9월 25일.
12 무명쇼년, 「위대흔 스업은 적공흐는 딕 잇느니라」, 『대한매일신보』, 1909년 3월 20일.

과서"라는 글에서 청년은 소학교 학생을 가리키는 말로 사용된다.[13] 결혼이 늦어질까 봐 두려워한 나머지 '청년자제'의 나이가 열 살만 되어도 혼인시키는 풍조가 있다고 개탄하는 글에서 청년은 소년보다 더 어린 나이의 아동을 가리키기도 한다.[14] '소년＝청년'과 아동은 대체로 구분됐지만 경우에 따라서는 혼용되기도 했다. 성장 단계를 나누는 지칭이 연령별로 명확히 구분되지 않고 혼용됐다는 것 자체가 아직 연령 구분의 기준이 될 근대 학제가 확고히 정착하지 않았다는 사실을 보여준다.[15] 학교 교과서에서도 청년과 소년은 혼용돼 쓰였다. 1909년 박정동朴晶東이 저술한 보통학교용 『초등수신』初等修身에서는 "청년은 시간을 귀중히 녁이여"야 한다고 했으며,[16] 1908년 『고등소학수신』高等小學修身에서는 "범아凡我 청년"과 "오당吾黨 소년"이 같이 사용됐다.[17] 신해영이 쓰고 보성중학교에서 발행한 『윤리학교과서』도 "청년 서생書生의 학學을 지志ㅎ는 자者"라는 표현과 "소년의 지기志氣를 장려하야 자연히 분발"케 한다는 표현을 함께 사용했다.[18]

이런 혼용이 가능했던 것은 소년과 청년이 적대적 경쟁관계에 놓여 있지 않았기 때문이다. 청년이 이미 문명개화를 상징하는 새로운 젊은이 상像으로 인식되고 있었던 것과 마찬가지로, 예부터 사용하던 소년 또한

---

13 「쇼학교 교과서는 맛당히 정긴ㅎ게 지을 일」, 『대한매일신보』, 1908년 11월 12일. 소학교 학생들의 실제 나이는 더 많았지만, 1895년 소학교령이 제정된 이래 소학교나 보통학교의 법적 취학 연령은 모두 8세부터였으니 원칙적으로는 지금으로 치면 '어린이'에 해당하는 연령이 교육 대상이었다.

14 호연자浩然子, 「우리 부로父老여」, 『태극학보』 22, 1908, 8쪽.

15 이 시기는 한자어가 아닌 우리말에서도 간혹 '어리다'와 '젊다'가 혼용됐다. "집안에 어린 사름들 잇는 집에서는 그 절믄 사름들을 위ㅎ야 다른 것을 홀 것 업시 아모죠록 학교에들 들여보내어⋯⋯."(논설, 『독립신문』, 1897년 9월 16일)

16 박정동, 『초등수신』, 1909, 46쪽(한국학문헌연구소 편, 『한국개화기 교과서총서 수신윤리』 1, 아세아문화사, 1977, 136쪽).

17 휘문의숙 편집부, 『고등소학수신』, 휘문관, 1908, 87~92쪽(한국학문헌연구소 편, 위의 책, 471~475쪽).

18 신해영, 『윤리학교과서』, 1906(한국학문헌연구소 편, 위의 책, 87~97쪽).

근대 세계에 적합한 투쟁적 주체로 급속히 재구성되고 있었다. 청년과 소년 둘 다 과거와 결별하는 '새로운 세대'를 의미한다는 점에서는 일치했고, 그들의 반대편에는 노인, 완고한 노물 등이 상정됐다.

소년의 시대, 청년의 시대란 '노성老成'한 것을 존중하던 전통적인 가치체계로부터의 이탈을 의미하는 것이었다. 많은 사람이 "오늘은 과연 청년 세계요, 노인 세계가 아니며 청년시대"[19]며, "우리 한국의 독립을 회복할 자는 우리 동포 이천만 중에 수백만인 청년 동포"이고, "이 나라의 전도가 오직 청년 여러분의 어깨에 놓여 있다"[20]라고 단언했다. 소년 역시 새로운 세대를 표상하고 있었다. 경쟁의 시대에 '노인의 나라'가 아닌 '젊고 건장한 소년의 한국'이 돼야 한다는 점이 강조됐다.[21]

진화론적 세계의 치열한 생존경쟁에서 승리하기 위한 강하고 굳센 젊은 남성의 이미지로는 청년보다 소년이 오히려 더 많이 사용됐다. "강장強壯한 소년대한少年大韓을 건설할 자는 소년 제군"[22]이라는 것이었다. 1909년 한인야구단 용창가라고 소개된 「쇼년남즈가」[23]의 일부를 보자.

(1)
무쇠골격 돌근육 쇼년남즈야
익국의 정신을 분발ᄒ여라
다다럿네 다다럿네 우리나라의
쇼년의 활동 시기 다다럿네
(후렴) 안인딕녁 련습ᄒ여

---

19 「청년동포의게 경고흠이라」, 『대한매일신보』, 1907년 8월 24일.
20 오세창, 「고청년제군」告靑年諸君, 『대한협회회보』, 1908, 2쪽.
21 「쇼년의 한국」, 『대한매일신보』, 1910년 7월 1일; 전의진, 「대한민일신보가 경셰종됨을 표ᄒ기 위ᄒ야 각의 뭇는 것을 딕답흔 말을 긔록흠」, 『대한매일신보』, 1910년 7월 12일.
22 「소년계少年界 풍기風氣가 역여시호亦如是乎아」, 『황성신문』, 1909년 8월 14일.
23 『대한매일신보』, 1909년 7월 24일.

『대한매일신보』에 실린 「쇼년남ᄌ가」. 1909년 7월 24일.

후일적공 세우세

절세영웅 대ᄉ업이

우리 목뎍 아닌가

(2)

신톄를 발육ᄒᄂᆫ 동시에

경징심 주의력 양성ᄒ려고

공긔 됴코 구역 넓은 연기장으로

활발한 나ᄂᆫ 듯이 나아가네

(3)

츙렬ᄉ의 운피슌환 잘되고

독립군의 팔다리 민활ᄒ도다

벽력과 부월 당당ᄒ여도

우리 조곰도 두렴 업네

모두 5절로 이루어진 이 창가의 가사에서 소년은, 경쟁에서 싸워 이기는 강한 근골의 투쟁적 남성으로 형상화됐다. 이런 이미지는 최남선의 시에 나타난 소년의 모습에서도 그대로 드러난다. 「신대한소년」新大韓少年[24]이라는 작품에서는 소년을 다음과 같이(일부 인용) 묘사한다.

> 검불쎄 걸은 저의 얼골 보아라
> 억세게 덕근 저의 손발 보아라
> 나는 놀고먹지 아니한다는
> 표적標的 아니냐.
> 그들의 힘줄은 툭 불거지고
> 그들의 쎄대는 썩버러젓다
> 나는 힘드리난 일잇다는
> 유력한 증거 아니냐
> 올타 올타 과연 그러타
> 신대한의 소년은
> 이러하니라

소년도 이미 진화론적 경쟁의 장으로 표상된 세계 속에서 승리할 몸과 정신을 상징하고 있었다. 당대 계몽운동의 이념에 적합하게 재구성된 소년이 등장하게 된 것이다. 이런 '소년대한'류의 사고방식은 량치차오의 '소년중국'론에서 큰 영향을 받은 것으로 추정된다.[25] 량치차오는 1900년에 저술한 「소년중국설」少年中國說-附中國少年論에서 소년 중국, 즉 젊은 중국의 필요성을 주장하며, "장래의 소년 중국을 만드는 것인즉, 중국 소년의 책임"임을 강조한다. 량치차오의 소년중국론은 현재의 중

---

24 『소년』 1권 2호, 1908, 2쪽.
25 량치차오의 저작이 국내에 소개되고 영향을 미치는 과정에 대해서는 이만열, 「개화기 언론과 중국」, 정진석 등, 『한국 근대 언론의 재조명』, 민음사, 1996 참조.

국을 늙은 '노대제국'老大帝國으로 파악하는 일본이나 서구의 인식을 반박하는 것에서 출발한다. 그러나 근본적으로는 전통적 동아시아 문명을 노년으로 상정하고, 그 반대편에 소년으로서 서구적 근대 문명을 두었다는 점에서는 동일한 논리 구조를 가지고 있었다. 량치차오의 소년중국론이나 우리의 소년대한, 청년대한론은 근대 지향적 문명개화론이 세대론적 비유를 통해 어떻게 스스로를 상징화하는지를 단적으로 보여주는 사례다.[26]

이렇게 청년과 소년이 지칭하는 대상도 유사하고 문명개화 세계를 지향한다는 점에서도 비슷했다. 그런데도 『대한매일신보』의 경우 1908년 이후 청년이 소년보다 세 배 이상 많이 사용되고 있다.[27] 『황성신문』에서도 비슷한 경향이 나타나는데, 이렇게 급속도로 청년이 소년보다 훨씬 널리 쓰이게 된 것은 어떤 이유에서였을까?

'청년'의 확산 : 교육을 통한 '국민' 형성

소년과 달리 이 시기의 청년은 항상 '교육'에 연동되어 있었다. 청년은 처음부터 '학생'과 연계되어 있었고, 애국계몽운동이 고양되면서 이런 표상은 더욱 강화됐다. 전통적으로 소년은 나이가 적은 남자라는 의미로 한정됐으므로 강건한 이미지를 표상하기는 더 쉬울 수 있었다. 그러나 교육의 대상이라는 의미로는 잘 사용되지 않았기 때문에 대한제국기의 언론매체에서 '소년학생', '소년학도', '학생소년'과 같은 단어는 거의 찾아볼 수 없다. 이에 비해 근대 일본에서 비롯된 청년 개념은 그 시초부터 국가의 교육체계와 분리해 생각하기 어려웠다. 대한제국의 언론매체에

---

26 梁啓超, 『飮氷室文集』 下, 上海廣智書局, 1907(량치차오, 신채호 옮김, 류준범·장문석 현대어 옮김, 『이태리 건국 삼걸전』, 지식의풍경, 2001, 152쪽 참조).
27 63쪽 〈표 2〉 참조.

〈표 3〉 『대한매일신보』에 실린 '청년' 관련 기사의 유형별 분포

유형	용례	건수		
청년 교육	청년을 교육, 교수, 권면, 권장, 청년체육	112	교육받는 청년	192 (58.4%)
청년자제	청년자제	55		
청년학도	청년학도, 청년학생	16		
청년시대	청년시대, 청년시기, 청년의 전정	9		
청년들아	청년들아, 청년이여, 청년 제군	17		
우리 청년	우리 청년, 한국 청년, 청년 동포	14	호명되는 청년	52 (15.8%)
유지청년	유지청년, 청년지사, 청년 제씨	11		
청년의기	청년의 의기·기상·지기, 진보하는 청년	10		
외국의 사례	터어키 청년당, 청년 이집트	25	기타	85 (25.8%)
단체 이름	청년동지회, 청년구락부, 권업청년회 등	43		
기타(특정한 의미 없이 젊은 연령을 지칭)	점원 모집 광고, 청년과부, 청년 사망, 시골 청년, 의주부 청년	17		
합계		329		

서도 '청년학생'이나 '학생청년', '청년학도' 등은 아주 흔히 나타나는 어휘였다.

1905년 이후 청년이 소년을 압도하면서 급속히 확산된 것은 당시의 애국계몽운동이 교육, 특히 학교 설립을 중심으로 맹렬히 전개됐기 때문이다. 1907년 이후 『대한매일신보』와 『황성신문』에 게재된 청년 관련 기사를 유형화해서 분석해보면 전체 기사의 약 60퍼센트가 청년을 교육한다거나, 청년학도나 청년자제를 모집한다는 유형의 교육에 관련된 것들이다.

신문뿐 아니라 대한자강회, 대한협회, 서우학회(서북학회), 기호흥학회 등 당시의 학회들은 청년 교육을 최우선 과제로 제기했다. 학회를 조직하는 취지와 목적이 대부분 "일체一切 청년의 교육을 진기振起ᄒ며 동포

유형	용례	건수		
청년 교육	청년을 교육, 교수, 권면, 권장, 청년체육	74	교육받는 청년	165 (60.9%)
청년자제	청년자제	67		
청년학도	청년학도, 청년학생	19		
청년시대	청년시대, 청년시기, 청년의 전정	5		
청년들아	청년들아, 청년이여, 청년 제군	14	호명되는 청년	45 (16.6%)
우리 청년	우리 청년, 한국 청년, 청년 동포	8		
유지청년	유지청년, 청년지사, 청년 제씨	15		
청년의기	청년의 의기·기상·지기, 진보하는 청년	8		
외국의 사례	터어키 청년당, 청년 이집트	21	기타	61 (22.5%)
단체 이름	청년동지회, 청년구락부, 권업청년회 등	24		
기타(특정한 의미 없이 젊은 연령을 지칭)	광고, 청년계, 청년의 신체, 청년 농민 등	16		
합계		271		

* 기사에 따라서는 몇 가지 용례가 동시에 나타나는 경우도 있으나, 주된 논지에 따라 유형화했다.

의 지식을 개발"[28]하는 것에 있었던 것이다.

이 시기 애국계몽운동이 실력 양성의 현실적인 수단으로 생각했던 것이 바로 교육과 식산흥업의 두 영역이었다. 정치적 견해에 따라서 차이는 있었지만 교육과 식산흥업을 생존경쟁의 세계에서 살아남는 유일한 현실적 방도로 인식한다는 점에서는 일치했고, 그중에서도 교육을 더 우선했다.[29] 1906년 이후 학회가 잇달아 설립되고 특히 지방 지회들이 늘

---

28 박은식, 「사설」, 『서우』西友 1호, 1906, 6쪽.
29 박찬승, 『한국 근대정치사상사 연구-민족주의 우파의 실력양성운동론』, 역사비평사, 1992, 31~36쪽; 김도형, 『대한제국기의 정치사상연구』, 지식산업사, 1994, 131~144쪽 참조.

어나면서 학교 설립은 전국으로 확산됐다. 1906년 3월 고종의 흥학 조칙으로 지방관들이 사학 설립을 후원하면서 더해진 학교 설립의 열기는, 애국계몽운동이 고조되면서 들불처럼 번져나갔다.[30] 일제의 통감부에 실권을 모두 빼앗긴 상황에서 고종의 흥학 조칙은 국가 수준의 제도나 정책이기보다는 애국계몽의 사회운동을 자극하는 계기로서 이해해야 할 것이다. 1908년 통감부의 사립학교령 실시 이후 1910년까지 인가된 사립학교만 2,250개에 달했고, 그중에서도 이른바 '각종 학교'만 1,402개에 이르렀다.[31] "세상을 탄식하고 나라를 걱정하는 선비들이 시무의 필요를 말하면 반드시 교육, 교육이라 하니 그러므로 청년자제를 교육하기 위해 곳곳에 학교를 설립한다는 잡보와 광고가 없는 날이 없을" 지경이었다.[32]

이렇게 교육계몽운동이 열렬히 전개되면서 교육받아야 할 대상으로서 청년이 여러 매체에 급속히 확산됐다. 신문의 논설이나 투고 형식으로 청년 교육의 중요성이나 청년의 임무를 집중적으로 강조하는 글도 많았다.[33] 하지만 '잡보'란에 실리는 단신류의 기사도 적잖은 영향력을 지니고 있었다. '어느 어느 지역의 유지신사가 학교를 설립해서 청년자제를 교육하는 데 열심이더라'는 유형의 단신류 기사는 '모씨 열심', '모 군수 열심' 등의 제목에서 드러나듯 학교 설립의 성과를 알리고 칭찬하는

---

30 류한철, 「1906년 광무 황제의 사학 설립 조칙과 문명학교 설립 사례」, 『우송 조동걸 선생 정년기념 논총 2 한국민족운동사연구』, 1997 참조. 고종의 조칙이 내려졌으나 실제로 이를 집행할 학부가 통감부의 통제하에 있었기 때문에 국가 차원의 제도적이고 안정적인 지원이 있었던 것은 아니다.
31 이만규, 『조선교육사』 1, (1947, 을유문화사), 거름 재출간, 1991, 104쪽.
32 "慨世憂國之士가 時務의 必要를 言ᄒ면 必曰教育教育이라 ᄒ니 그런 故로 靑年子弟를 教育ᄒ기 爲ᄒ야 處處에 學校를 設立ᄒ다는 雜報와 廣告가 何日何報에 無日無之라."(「소식」消息, 『서우』 3호, 1907, 43쪽)
33 예를 들어 「나라의 쇠잔홈은 실로 완고혼 로물의 부패심으로 인홈이오, 나라의 흥왕홈은 전혀 청년을 교육ᄒ는 단테력에 잇다홈」(『대한매일신보』, 1908년 3월 25일), 「국민의 교육을 의론홈」(『대한매일신보』, 1908년 5월 15일) 같은 글이다.

글이 대부분이었다.[34]

이런 기사 가운데 특히 자주 등장하는 '청년자제'라는 표현에 주목해야 한다. 당시 지역사회에서 사립학교를 세우고 운영할 만한 사람이라면, 유교적 소양을 토대로 하여 신문물을 수용한 지식인층일 수밖에 없었다. 교육계몽운동이 성공하기 위해서는 우선 이들 개명한 유교 지식인을 학교 설립의 주도자로 끌어들이되, 동시에 그 학교에서는 새로운 문명개화 교육을 실시해야 했다. 이에 따라 근대적 청년과 전통적 자제 개념이 결합된 '청년자제'가 교육의 대상으로 상정됐다. 신문뿐 아니라 각종 학회지에서도 청년자제가 청년학도보다 더 자주 쓰였다.

이 경우 청년자제에게는 새로운 사회와 미래를 이끌어가는 존재로서 막중한 책임이 부여됐지만, 자립적 존재로 인식되지는 않았다. 물론 청년자제를 이끌어가는 사람은 전통적인 부로는 아니었다. 실제 지역사회에서 사립학교 설립을 주도하는 교육계몽운동의 주도자는 '유지선각'有志先覺 또는 '유지신사'有志紳士라고 지칭됐다. '유지선각'이란 당시 여러 학회에 중심적으로 참여하며 언론과 학교 설립 운동에 적극적으로 참여했던 '개명'한 인사를 일컫는다. 당시의 신문에서 학교에 관한 기사는 대체로 이런 유지선각(유지신사)이 뜻을 모아 청년자제를 교육한다는 내용이었다. 계몽운동의 중심을 자처하고 나선 학회 회원들은 스스로를 학문을 갖추고 자산을 소유했으며 경험이 풍부한 신사, 학사, 지사로 규정했다.[35]

즉 당시의 교육계몽운동은 '유지선각−청년자제'로 이루어지는 위계적 구조를 가지고 있었으며, 이런 구도하에서 청년(자제)은 실제로 계몽

---

34 "신수 죠형하, 리건영, 홍종연, 리덕우 졔씨가 그 동리에 신흥학교를 설립하고 고명훈 교수를 고빙흐야 여러 청년을 열심 교슈……"(「신학교 흥왕」, 『대한매일신보』, 1910년 4월 9일)한다는 유형이 가장 일반적이다.
35 윤효정, 「아회我會의 본령本領」, 『대한협회회보』 9호, 1908, 64쪽.

의 과정을 주도하는 개명한 선각자에게 교육받음으로써 '국민'으로 주체화될 수 있었다.[36] 청년은 교육 체계 내에서만 본래의 자기정체성을 가지는 것으로 정의됐고, 전통적 교육 개념과 연계되어 사용됨으로써 소년을 압도하고 '젊은이'를 가리키는 일반적인 말이 될 수 있었다.

그렇다면 이렇게 정의된 청년이 어떤 내용을 갖는지 살펴보자. 러일전쟁 이후 '국망'國亡의 위기의식 속에서 국가 보전을 위한 보국론保國論이 대두하기 시작했다. 이미 1890년대 이후 사회진화론이나 국가유기체설 같은 서구의 정치사상과 국가이론이 본격적으로 보급되고 있었으며, 한국의 지식인은 유교적 국가개혁론의 전통 속에서 이를 수용해 국가 자강 이론과 운동을 전개했다. 이런 애국계몽운동의 공통점은 국민의식을 형성하기 위해 국가사상, 국가정신을 고취한다는 점이었다.[37] 사회진화론적인 생존경쟁의 세계 속에서 문명국가로서 살아남기 위해서는 "국가의 단체에 속한 일분자一分子"로서 인민이 "국민적 공동일치"의 정신을 가져야만 한다고 인식했기 때문이다.[38]

그런데 이전까지 별다른 국민의식 없이 살아온 사람들에게 어떻게 주인으로서의 국민의식을 부여할 수 있을까? 이 시기 애국계몽운동을 이끈 사람들은 우선 각각의 인민을 국가 속에 존재하는 특정한 집단 내의 일원으로 규정했다. 그리고 그 집단에게 국가에 대한 의무를 부여하고 각 개인이 이 의무를 이행함으로써 국민의식을 갖도록 했다. 1900년대

---

36 '국민'國民은 이미 1896년부터 『독립신문』에서 더러 사용되기 시작했으며, 1904년 이후에는 평등권을 지닌 국민 창출을 국가 발전의 기틀로 바라보는 국민론이 국내 언론의 주류를 이루기 시작했다. 류준필, 「19세기 말 '독립'의 개념과 정치적 동원의 용법」, 『역사문제연구』 10, 2003, 67쪽; 백동현, 「대한제국기 신·구학 논쟁의 전개와 그 의의」, 『한국사상사학』 19, 2002, 80쪽.
37 이지원, 『한국근대문화사상사연구』, 혜안, 2007.
38 김익용, 「금일 오등吾等人의 국가에 대흔 의무 및 권리」, 『서북학회월보』 1호, 1908, 27쪽; 조양루주인朝陽樓主人 윤효정, 「국민의 정치사상」, 『대한자강회월보』 6호, 1906, 24쪽.

에 등장하기 시작한 사회, 단체 등의 용어가 바로 이런 국가 속에 존재하는 집단을 표현했다. 예를 들면 박은식이나 장지연은 국가 아래 존재하는 '각종 사회'라는 표현을 사용하는데, 이 각종 사회 속에는 '정부사회', '유지사회', '정당사회', '인민사회', '교육산업 등 각종 사회' 등이 다양하게 존재할 수 있었다.[39] 단체란 말도 사회와 같은 의미로 사용됐으니, '~사회', '~단체'라는 표현은 각 집단을 병렬적으로 위치시킴으로써 각 집단이 마치 동등한 위상을 가지는 것처럼 보이게 했다. 평등한 국민의 일원이라는 의식을 고취할 수 있었던 것이다. 이런 명칭 중에서 특히 '~계'라는 표현이 많이 사용됐다.

'청년계', '사환계'仕宦界, '실업계'實業界, '정당계'政黨界 등 '~계'라는 새로운 공간은 국가 아래로 귀속되는 각 '사회'의 영역이며,[40] 그 속에서 개별 인민에게 '국민'으로서의 의무를 부여하기 위해 설정된 장이었다. 완전히 대등한 것은 아니지만 각각의 계는 국가 밑에 병렬적으로 나열됐고, 이 '계'의 구성원에게는 고유한 직분이 부여됐다. 이 직분을 행함으로써 '부강富强의 실實'을 다져나가는 것이야말로 국가의 위기를 구하는 길이며, 국민의 의무였다. 특히 『대한매일신보』의 '시사평론'란에 게재되거나 투고 형식으로 실리는 창가는 당대 계몽운동의 슬로건을 운문 형태로 제시하면서, 독자에게 각각 어떤 '~계'의 일원으로 지니는 '국민'의 임무를 제시했다.

1908년 11월 6일자 '시사평론'은 먼저 2,000만의 동포를 불러 주의를 환기한 다음에 교육계, 학문계, 농업계, 공업계, 상업계, 재정계의 '군자'들에게 각각의 임무를 부여한다. 예를 들어 농업계 군자에게는 "텰석

---

39 정숭교, 앞의 논문, 1994, 101~104쪽.
40 "교육계, 실업계와 기타 각종 사회면목社會面目이 미불분연변개靡不紛然變改하야……"라는 식으로 '~계'와 '~사회'를 거의 대등한 의미로 사용하는 경우도 있었다(남숭산인南嵩山人 장지연, 「현재의 정형情形」, 『대한자강회월보』 12호, 1907, 1쪽).

궃흔 심쟝으로 귀먹은 줌 마키드키 쥬야불분 경작"할 의무가, 공업계 군
자에게는 "두 주먹을 불끈 쥐고 긔계운동 번기궃치 모든 물건 지어"낼
의무가 주어졌다.[41] 이외에도 여러 가지 '~사회' 또는 '~계'를 나열하고
각각의 구성원에게 독자적인 역할을 부여하는 사례는 자주 나타난다.[42]

청년은 교육계 또는 학문계 속에서 교육과 학문의 의무를 통해 규정됐
다. 학문하지 아니하는 자는 진정한 청년이 아니었다.

청년들아 청년들아 이 강토에 성쟝ᄒ야 국민의무 업슬손가 (……) 교육상
에 열심ᄒ야 익국ᄉ샹 감발ᄒ면 단테력이 주연되니 새정신을 씌어보세[43]

일덤죵을 치고 보니 일년난득 저 봉츈은 청년학싱이 아닌가 이 시ᄃ를 일
치 말고 어서 밧비 공부ᄒ야 대한독립 ᄒ여보쇼[44]

ᄉ랑ᄉ랑 ᄉ랑이야 청년ᄌ데 내 말 듯쇼 (……) 국가형편 엇더흔지 불언
가지 흘터이니 어셔 급히 공부ᄒ야 나라 ᄉ랑 ᄒ여보쇼[45]

이런 일련의 창가는 교육구국론이 어떻게 청년에게 국민의 일원으로
서 교육과 학문의 의무를 부과하는지 잘 보여준다. "국민의 큰 칙임을 엇
긔에 메인 쟈는 곳 뎌 전정이 만리 궃흔 청년들"이며, 청년 스스로도 이

---

41 『대한매일신보』, 시ᄉ평론, 1908년 11월 6일.
42 『대한매일신보』, 시ᄉ평론, 1908년 12월 31일: 『대한매일신보』, 시ᄉ평론, 1909년 2월
5일 등.
43 「청년들께 시험ᄒ야 말 흔마디 붓치노니」, 『대한매일신보』, 1908년 7월 11일: 「문명부강
디긔초가 교육 즁에 잇건마는」, 『대한매일신보』, 1908년 11월 24일: 『대한매일신보』, 시ᄉ평
론, 1908년 7월 18일.
44 『대한매일신보』, 시ᄉ평론, 1908년 12월 10일.
45 『대한매일신보』, 시ᄉ평론, 1908년 10월 27일.

를 자각해야 한다. 그러나 "그 청년들을 잘 인도ㅎ고 청년을 잘 비양"하는 책임은 '션진자', '유지선각'에게 있었다.

그러므로 1900년대 청년은 미래를 준비하는 세대로 규정됐고, 현실의 '사업'은 장년의 몫으로 남겨졌다. 일본에 사법권을 빼앗긴 후 법률학교 학생들이 자퇴를 감행했다. 그러나 『대한매일신보』는 이들에게 훗날의 주역이 되기 위해 오늘날의 굴욕을 참고 학교에서 계속 공부하기를 권고한다.[46] 청년시대에는 학문을 닦아 근거를 준비해야 했고, 그것을 발휘하고 활용하는 사업은 '장건시대'壯健時代에 속하는 것으로 인식됐다.[47] 심지어 의병 활동에서조차 "장정은 의병이 되어 일병과 싸우고 청년자제는 교육을 힘써서 후비병에 보충"[48]해야 한다고 생각할 정도였다.

이들 청년에게는 '영웅'이 이상형으로 제시됐다. 영웅 자체는 전통시대의 성리학적 사유에서도 존재했다.[49] 애국계몽운동이 전개되던 시기에도 영웅을 성현으로 이해하고 공자를 그 대표적 인물로 내세우기도 했다.[50] 그러나 1900년대의 계몽사상이 전파하는 영웅의 상은 두 가지 점에서 전통적인 관점과 차이가 있다.

우선 영웅 사업의 내용이 달라졌다. 성리학적 관점에서 성현의 대사업이란 무엇보다 수신修身을 기초로 하는 데 비해,[51] 새로운 영웅 사업은 결과를 중시한다. 이제 영웅호걸이란 동서양을 막론하고 '흔 가지 큰 스업을 일우워 국가와 샤회로 ㅎ여곰 문명 발달케' 하는 사람으로 정의됐다.[52]

---

46 「법률학싱 제군에게 주노라」, 『대한매일신보』, 1909년 9월 4일.
47 오세창, 「고청년제군」, 『대한협회회보』 4, 1908.
48 「려슌통신 안즁근 우덕슌 량씨의 심문에 딕흔 답변」, 『대한매일신보』, 1910년 2월 23일.
49 "정조는 태양증太陽症이 있어야 능히 영웅 사업을 할 수 있다고 했다"(정옥자, 『정조의 수상록 '일득록' 연구』, 일지사, 2000, 51쪽).
50 「자존과 자만의 이異」, 『황성신문』, 1907년 9월 4일.
51 정옥자, 앞의 책, 2000, 71쪽.
52 무명쇼년, 「위대흔 스업은 젹공ㅎ는 딕 잇느니라」, 『대한매일신보』, 1909년 3월 20일.

영웅은 '사업'이라는 실질적 수단으로 '국가와 사회'라는 대상을 '문명'이라는 목표로 이끌어가는 사람인 것이다. 이들의 사업은 전통적인 수신교화修身教化와 달리 매우 공리적인 일이었다. 즉 "영웅은 비별인非別人이라. 대교육가가 즉 영웅이오, 대실업가가 즉 영웅이오, 대웅변가가 즉 영웅"이니, 영웅이란 상황에 따라 무수히 "응시산출"應時産出할 수 있다는 것이었다.[53]

두 번째는 '무명영웅론'이 대두했다는 것이다. 영웅을 근대 국민국가의 이상적 인간으로 정의하기 위해서는 국민 누구에게나 영웅이 될 가능성이 열려 있어야 했다. 이를 위해 무명영웅 또는 작은 영웅론이 도입됐다.[54] 이런 무명영웅론(작은 영웅론)은 영웅이 '사업'을 통해 실천된다는 정의에 힘입은 바 컸다. 꾸준한 노력과 헌신으로 훌륭한 사업을 이루면 누구나 영웅이 될 수 있기 때문이다. 그 결과 무명영웅론은 국민으로서의 정체성과 국가에 대한 헌신의 감성을 확산하는 데 크게 기여할 수 있었다.

그렇다면 청년은 어떤 사업을 통해 영웅이 될 수 있는가? 앞서 살폈듯이 1900년대의 청년은 '교육'을 통해 주체가 될 수 있었다. 영웅 되기도 마찬가지였다. 청년은 학업을 닦아서, 교육을 통해서만 영웅이 될 수 있었다. 청년은 "경죠흔 스상과 속성코져 ᄒ는 욕심은 일체로 버리고 위대한 적공으로 위대흔 스업을"을 이루어 자기 분야, 즉 '학계'나 '교육계'의 영웅이 돼야 했다.[55] 사람들은 "밤낫으로 근고ᄒ야 제세경륜 연구ᄒ면 영웅호걸 씨잇스랴 새정신을 씌어보세"[56]라든가, "청년즌데 드러보쇼 영웅렬스 씨가 업고 학문 즁에"[57] 있다고 청년을 격려했다. 청년의 영웅 되기

53 「인심숭배人心崇拜의 관계」, 『황성신문』, 1908년 12월 10일.
54 리영훈, 「다수흔 무명씨의 쇼영웅을 구흠」, 『대한매일신보』, 1909년 5월 15일 등.
55 무명쇼년, 앞의 글.
56 『대한매일신보』, 1908년 7월 18일.
57 『대한매일신보』, 1908년 8월 23일.

란 결국 교육을 통해서 국민의 한 사람으로 주체화되는 과정을 좀 더 극적으로 표현한 것일 따름이었다.[58]

1900년대 유학생의 청년론

자각하는 청년 : 청년은 세상에 어떻게 대처해야 하는가?

1900년대 후반 일본 유학생들은 유지신사에 의해 주도된 국내의 청년 상과 다른 독자적인 청년 담론을 형성했다. 당시 일본 유학생들도 자신들의 학회지를 발간했고 영향력 또한 적지 않았다. 국내의 유지신사들이 볼 때 이들은 유학을 보낸 '자제'에 불과했을 것이고, 실제로 현실적인 영향력에는 한계가 있었지만, 이들 스스로는 자신들이야말로 가장 '문명'의 수준에 근접한 집단이라고 생각했다.

이들에게 청년은 자기 자신들의 문제였다. 당시 일본 유학생들은 청년을 어떻게 교육할 것인가가 아니라, "대범大凡 청년은 세世를 여하히 처處ᄒ면 가홀가"[59] 하는 방식으로 문제를 제기했다. 따라서 그들이 펴낸 『태극학보』太極學報, 『대한유학생회회보』大韓留學生會會報, 『대한흥학보』大韓興學報 등의 학회지에서는 청년이 국내의 잡지보다 훨씬 자주 그리고 핵심적인 어휘로 등장한다. 또한 '청년자제'보다는 '우리 청년'(吾輩靑年, 吾

---

58 애국계몽운동에서 영웅론의 핵심을 형성한 무명영웅론은 동아시아 세 나라에서 공통으로 나타난다. 시초는 일본이었다. 일본의 도쿠토미 소호德富蘇峰가 저술한 『정사여록』靜思餘綠에 무명 영웅 이야기가 처음 나타난다. 이 글에서 도쿠토미 소호는 한 사람의 국민적 영웅이 나타나기 위해서는 수많은 무명 영웅이 있어야 한다고 주장했다. 이것을 다시 량치차오가 「무명의 영웅」無名之英雄이라는 글에서 인용해 영웅의 필요성을 강조했다(梁啓超, 「無名之英雄」, 『飮氷室文集』 下, 上海廣智書局, 談叢 篇, pp.38~40). 량치차오의 『음빙실문집』이 우리나라에 소개되면서 영웅론도 급속히 확산됐는데, "시대가 영웅을 만드느냐, 영웅이 시대를 만드느냐"라는 질문과 함께 무명영웅론은 1920년대까지 조선 사회의 대중적 사상 지형에 영향을 미쳤다.
59 호연자, 「청년의 처세」, 『태극학보』 18호, 1908, 3쪽.

儕靑年, 我靑年, 吾靑年, 卽 靑年 우리)이라는 말이 더 많이 나온다. 스스로 청년임을 자처하는 자들이 청년의 관점에서 세계를 바라보기 시작한 것이다.

이들에게도 역시 세계는 진화론적 경쟁의 장이었다. 이들은 한걸음 나아가 여러 나라 간 경쟁의 주역을 청년이라고 상정했다. "금일 경쟁장리競爭場裏에 국國을 유유有有한 청년"이라면 "혁구취신革舊就新ᄒᆞ야 일진무휴日進無休의 방법으로 자임自任"[60]하지 않을 수 없다고 보았다. 이런 의식의 근저에는 자신들과 이전 세대 사이의 단절의식이 강하게 작동하고 있었다. 자신들은 "한국에 생生ᄒᆞ야 한국에서 사死할 시대의 청년"과 "전연히 부동不同"한 "한국에 생生ᄒᆞ야 세계에 활동할 시대의 청년"이라는 것이었다.[61]

따라서 이들은 유지선각의 교육 대상이 아니라 독자적으로 활동하는 청년상을 수립하고자 했다. 그러기 위해서는 청년을 '유지선각이 청년자제를 교육한다'는 도식 속에 제한하지 않도록 해야 했다.

이를 위해 이들은 청년이 직접 영웅으로서 '사업'을 수행하도록 했다. 당시와 같이 "비상非常한 시대"는 무수한 영웅을 만들 시대였고,[62] 청년이 큰 뜻을 품어야 할 시점이었다. 청년은 수동적인 교육의 대상이 아니라, 스스로 "각각 자기의 영웅을 자기자망自期自望"[63] 하여 적극적으로 영웅 되는 사업을 수행하는 주체가 돼야 한다고 여겼다.

인격을 닦고 정신을 수양하는 청년

그러나 이런 영웅 중심의 청년론은 여전히 국가와의 관계 속에서 청년을 정의할 수밖에 없었고, 부로나 선배와의 관계를 근본적으로 재정립하지

60 이승근, 「열국청년列國靑年 밋 한국청년담韓國靑年談」, 『대한흥학보』 6, 1909, 2쪽.
61 이승근, 위의 글, 1909, 3쪽.
62 김지간, 「청년의 역사연구」, 『태극학보』 16호, 1907, 4쪽.
63 김기환, 「한국 금일의 청년사업」, 『대한흥학보』 6, 1909, 20쪽.

도 못했다. 이미 1900년대 말부터 "입으로만 호언장담을 밥 먹듯 하면서 영웅이니 호걸이니 유지니 애국이니 국권회복이니 하는 말로 세상 사람을 놀라게 하는" 청년론에 대한 비판이 유학생 집단 내부에서 제기되기 시작했다.

비판자들은 영웅 대신, 인격[64]과 수양을 통해 청년을 재정의하려 했다. '개인의 완성'이라는 그야말로 근대적 관점에서 청년의 표상이 다시 다루어지기 시작했다. "인人의 표범標範될 만흔 인격을 수양ᄒ며 주지主旨를 확립"하는 "품격 수양이 청년의 제일 선무先務"로 제기됐다.[65] 청년기는 인격을 갖추기 위한 수양의 시기였다. "오인吾人의 금일 시대는 즉 준비 시대요, 수양 시대"이며, 이 "소위 수양과 준비란 것은" "오제吾儕 청년에 완전흔 인격을 준비ᄒ고 건전흔 정신을 수양"[66]하는 것이라는 주장이 제기됐다.

인격과 수양에 의해 청년을 정의하는 관점은 일본에 유학 중인 학생만이 아니라 국내에서도 비슷한 경험과 사상을 소유한 인물들에 의해 나타나기 시작했으니, 1909년 결성된 '청년학우회'靑年學友會가 바로 그것이다.[67] 청년학우회를 주도한 안창호, 기관지 역할을 했던 『소년』少年을 발행한 최남선 그리고 발기인 대표 윤치호, 장응진, 서북 지방의 조직을 맡았던 최광옥 등은 모두 일본이나 서구에서 직접 유학한 경험이 있는 인

---

64 근대적 용어로서 '인격'은 'personality'의 번역어로서 1893~1894년경에 만들어졌다. 이전에 personality는 인품, 품격, 유심자有心者, 영지자각靈知有覺 등으로 번역됐다는데, 그린의 신칸트주의 윤리학을 본격적으로 도입한 나카지마 리키조中島力造가 personality를 어떻게 번역하면 좋을지 당시 일본 철학계의 영수 이노우에 데쓰지로井上哲次郎에게 문의하자, 이노우에가 '인격'을 추천했다고 한다(佐古純一郎, 『近代日本思想史における人格觀念の成立』, 朝文社, 1995, pp.29~45). 이런 점에서 '인격'이란 말의 등장 자체가 일본 근대 윤리학의 성립을 보여주는 징표라고 볼 수도 있을 것이다.
65 곽한칠, 「인격 수양과 의지 공고鞏固」, 『태극학보』 9호, 1907, 17쪽.
66 최호선, 「이상적 인격」, 『대한흥학보』 10호, 1910, 20쪽.
67 청년학우회의 노선이나 신민회와의 관계에 대해서는 박찬승, 『한국 근대정치사상사 연구─민족주의 우파의 실력양성운동론』, 역사비평사, 1992, 99~107쪽 참조.

물이었다.[68]

이들도 청년을 자율적이고 선도적으로 근대 국가를 형성할 주체로 파악했다. "상上으로 선민先民의 유서遺緖를 속속績하야 기단其短을 기기棄하고 기장其長을 보보保하며 하下로 동포의 선구先驅를 작작作하야 기험其險을 월월越하고 기이其夷에 취취就할 자"가 바로 "아我 일반 청년一般靑年"이었다. 청년이야말로 "일국一國의 사명司命이며 일세一世의 도사導師"이니, "유신維新의 청년으로 유신의 기기基를 축축築"해야 할 이 시점에서 가장 중요한 것은 "유지청년의 일대정신단一大精神團을 조직하야 심력心力을 일치하며 지식을 호환하야 실천을 면면勉"하는 일이었다.[69]

그러나 이 청년은 영웅과 구별됐다. 즉 "신대한新大韓을 건설할 일은 기특한 것이 아니라 평범한 것이오, 사람도 신영神英한 자가 아니라 평범한 자"라는 것이었다. 청년학우회의 목적은 "청년학우를 단합하야 (······) 덕德·체體·지智 삼육三育을 연구코 쏘 그 호미好美한 자를 천이踐履하야 건전한 인물을 작성"하는 것이었다. 덕·체·지의 교육을 통해 인격을 갖춘 청년을 양성하는 것이야말로 이들의 주된 목적이었고, "유지청년의 일대정신단"으로서 청년 스스로 지식과 덕성을 계발하는 단체가 돼야 한다고 생각했다.[70]

이들은 건전하고 이상적인 인격을 완성하기 위한 수양이 덕·체·지의 세 영역에 걸쳐야 한다고 보았다. 이렇게 덕·체·지를 구분하고 이 모두

---

68 윤치호는 당시 재일 유학생과 밀접한 교류가 있었고, 최남선은 1907년 와세다 대학을 중퇴하고 귀국해 출판 사업에 종사하는 중이었으며, 최광옥은 일본에 유학하여 태극학회 총무를 역임했고, 장응진은 막 도쿄 고등사범학교를 졸업하고 귀국해 대성학교 교원으로 있었다.
69 「청년학우회 취지서」, 『소년』 2권 7호, 14~15쪽.
70 청년학우회는 "만 17세 이상, 심상중학 이상 정도의 학예學藝를 증수曾受하얏거나 쏘 현수現受하난 자"를 통상회원으로 했고, 청년학우가 아닌 사람은 특별회원으로 규정했다(「청년학우회 설립위원회 정건定件」(적요摘要), 『소년』 2권 7호, 15쪽). 청년학우회는 본격적으로 활동을 전개하지 못했으나, 1900년대 말 유학 경험을 가진 세대가 청년의 경계를 어떻게 설정했는지 보여주는 사례다.

를 갖춘 신사를 양성한다는 교육 사상은 존 로크John Locke에 의해 체계화된 것이다. 로크나 허버트 스펜서Herbert Spencer의 지·덕·체 교육론은 1870년대 말부터 일본에 수입되어 초대 학무대신이 되는 모리 아마네森有禮 등에게 영향을 미쳤다.[71] 우리나라에서는 그중 덕을 가장 우선하여 '덕을 키우고 체를 키우고 지를 키운다'(德養, 體養, 智養)는 것이 이미 갑오개혁 때부터 제시된 문명개화적 근대 교육의 목표이기도 했다.[72]

신교육을 받은 청년. 지·덕·체를 갖춘 청년학우의 모델이다. James S. Gale, *Korea in Transition*, 1909. 강명숙 외, 『침탈 그리고 전쟁: 서양인이 만든 근대 전기 한국 이미지 Ⅲ』, 청년사, 2009, 259쪽.

덕·체·지 교육론 자체는 1890년대 후반 이래 국가 교육의 목표로 이미 정착됐지만, 그것은 주로 국가나 부로가 '(청년)자제'를 교육하고 이끌어가기 위한 목표였다. 그런데 청년학우회는 청년 스스로 단체를 조직

71 권보드래, 『한국 근대소설의 기원』, 소명출판, 2000, 40~43쪽.
72 지·덕·체를 겸비한 전인적 인격 수양이라 해도, 그 각각을 분리해 생각할 수 있다는 것 자체가 도덕과 학문, 지식과 덕성이 함께 가지 않을 수 있음을 의미한다. 이런 점에서 지덕체론은 성리학적 사유와 구분된다. 전통적인 성리학 사상 체계에서 덕·체·지는 따로 분리되어 연마하는 것이 아니었다. 성리학에서는 '수양'보다 '수신'修身이나 '수기'修己라 했으니 근대 교육에서처럼 체육을 따로 강조할 필요가 없었다. 수기는 무엇보다 몸가짐을 바로 하는 것에서 시작하며, 동시에 바른 마음가짐을 가져야 한다. 자세를 바로 해야만 마음이 깨끗해지고 정신을 집중할 수 있으니 비로소 마음을 집중해서 공부를 할 수 있게 된다. 따라서 굳이 덕성을 쌓는 공부와 신체를 단련하는 공부를 따로 생각할 필요가 없는 것이다. 또한 지와 덕은 더욱 구분되지 않는 것이었다. 유자儒者의 공부란 지식의 습득만을 의미하는 것이 아니었으니, 존심양성存心養性을 통해 본심을 기르는 마음의 공부야말로 성리학자가 강조하는 것이었다(정옥자, 『정조의 수상록 '일득록' 연구』, 일지사, 2000, 55·69·70쪽).

하고 자발적인 사업을 통해 이상적 '청년'을 확산시킬 것을 표방했다. 실제로는 원래 구상했던 대규모 조직으로까지 발전하지 못했지만, 청년학우회가 제시한 '인격 수양'의 청년상은 근대적 개인관에 접근한 것으로, 이후 청년 개념이 어떻게 변화해갈 것인지 미리 보여주는 것이다.

1900년대 유학생이 청년을 정의하며 동원한 '인격'이나 '수양'은 주체의 자발적 의지와 노력을 강조하는 개념이었다. 청년학우회 또한 자발적인 의지와 노력으로 정의한 청년을 사회적 조직으로 상승시키려는 시도였다. 1900년대 유학생이나 청년학우회 주도자들은 이런 시도를 통해 '유지선각-청년자제'의 교육 도식에서 벗어나 독자적 주체로서 새로운 청년을 정립하고자 했다. "교육은 개인의 성격을 완성할 뿐"이며 "그 (성격)의 진보와 향상"을 위해서는 "교육 이외에 수양"이 반드시 필요할 것이라는 주장이 제기됐다. 그런데 여기서 수양이란 "스스로 교육"하는 것이며, 인생의 전 과정 중에서도 청년시대에 가장 필요하다고 했다.[73]

그런데 근대 문명 수용의 통로가 일본으로 고정되어 있었던 당시, 근대화의 모범을 일본에서 찾을 수밖에 없다는 인식은 유학생뿐 아니라 한국 사회에서 일반적인 것이었다.[74] 인격과 수양을 중심으로 청년을 정의하는 유학생의 논의 또한 당대 일본의 사상계에서 많은 영향을 받았다. 지·덕·체의 교육 이념도 로크의 사상을 바로 수용했다기보다는 일본의 모리 아마네 등을 통한 것이었을 가능성이 크다. 또한 아직 본격적이지는 않지만 1900년대 이래 일본에 폭넓게 유포된 문화주의 철학과 T. H. 그린Green 윤리학의 영향도 조금씩 나타나고 있었다.[75]

---

73 포우생抱宇生, 「수양의 시대」, 『태극학보』 21, 1908, 2~3쪽.
74 권태억, 「자강운동기 문명개화론의 일본 인식」, 『한국 근대사회와 문화 1: 19세기 말에서 20세기 초를 중심으로』, 서울대학교출판부, 2004, 477쪽.
75 이에 대해서는 北村三子, 『靑年と近代-靑年と靑年をめぐる言說の系譜學』, 世織書房, 1998, pp.77~110; 筒井淸忠, 『日本型 '敎養'の運命』, 岩波書店, 1995 등을 참조. 그러나 1900년대 문화주의나 인격 개념의 수용은 아직 유학생 중 일부 지식인에게 한정된 것이었으며, 문화주

그러나 1910년까지 도쿄 유학생이나 청년학우회 등에서 나타나는 청년 개념은 매우 혼란스럽고 정리되지 않은 상태로 다양한 관점과 시각이 혼재되어 있었다. 이런 혼란은 근대 학문의 여러 체계 속에 존재하는 청년에 대한 서로 다른 시각들이 명확히 구분되지 않은 상태에서 막 도입됐기 때문이기도 했다. 일부에서는 덕·체·지를 고루 갖춘 인격을 완성해나갈 윤리적·계몽적 주체로서 청년을 정의하려는 시도가 시작됐지만, 아직 인격은 개인의 개성적 내면으로서가 아니라 '인人의 표범標範될 만혼' 품격이나 도덕성 정도로 사용되는 사례가 더 많았다. 더구나 이 시기 인격과 수양의 청년 논리는 별다른 매개 없이 바로 국가에 대한 관계(愛國)로 귀착돼버리는 경우가 많았다. 아직 사회와 개인의 문제를 해결할 준비가 되지 않았던 것이다. 근대적 개인으로서, 민족적 주체로서 청년은 국망과 식민지의 절망적인 상황 속에서 비로소 다시 정의될 수 있었던 것이다.

의에 입각한 세계관의 형성에까지 나아간 것은 아니었다. 이광수도 1910년대 중반까지 '문화'와 '문명'을 혼용하고 있었다(김현주,「이광수의 문학 교육론」, 김철 외,『문학 속의 파시즘』, 삼인, 2001, 138쪽).

4장_ 부형도 없고 선배도 없어라

: 1910년대의 청년론

본격적인 근대인으로서의 청년의 부상

대한제국이 국권을 상실하고 난 다음 기존 교육구국의 도식은 근본적으로 변화하지 않을 수 없었다. 계몽운동으로 실력을 갖춘 '국민'을 양성함으로써 근대 국민국가를 형성하려던 시도는 무산됐으며, 현실을 지배하는 국가는 일본제국이 됐다. 이런 식민 지배의 현실 속에서 '민족'이 정치사회적 여러 문제를 해결하는 기본 단위로 떠오른다.

한편 일제강점으로 국권을 상실하는 과정에서 유지선각 집단은 분열하여 일부를 제외하고는 급격히 사상적 영향력을 상실했다. 1900년대에 계몽운동을 주도했던 각 무리는 1910년 대한제국이 일본에 강제 병합되면서 그 내부의 노선 차이가 극명하게 드러났다. 상당수의 유지는 운동에서 탈락하거나 심지어 친일파로 변신했고, 그렇지 않은 지도자는 투옥되거나 망명했다.[1] 대한학회나 서북학회 등 주요 단체의 중심인물 중 다

---

1   박찬승은 1900년대의 계몽운동 주도층을 대한협회 계열, 황성신문 계열, 대한매일신보 계열, 청년학우회 계열로 나누었다. 이 중 대한협회 계열은 대부분 운동에서 탈락했고, 박은식을 제외한 황성신문 계열도 마찬가지이며, 대한매일신보 계열은 국외로 망명하거나 신민회 사건으로 투옥됐으며, 청년학우회 계열도 신민회 사건으로 상당한 타격을 입었다(박찬승, 『한국근대정치사상사 연구-민족주의 우파의 실력양성운동론』, 역사비평사, 1992, 110쪽).

수는 일제의 관리가 되거나 은행이나 언론사에 취직하는 등 사회운동에서 탈락해 다시 등장하지 않았다. 설태희처럼 예외도 있지만 해외로 망명하거나 투옥된 신민회 회원을 제외한 계몽운동기 주요 인물 다수가 운동에서 탈락해 사회적 영향력을 잃었다.[2] 이렇게 1900년대의 유지선각이 사라진 빈자리에 일본 유학생을 중심으로 하는 이른바 '신지식인'이 들어와 성장하기 시작했다.[3] 1910년대는 이들 유학생 무리의 새로운 청년, 즉 본격적인 자본주의적 근대 인간형으로서의 청년이 부상하기 시작하는 시기였다.

『학지광』 그룹의 청년론

'자수자양'自修自養 세대: 민족을 계몽하고 조직화하는 주체가 되어라

1910년대 도쿄 유학생의 세대 인식을 가장 잘 보여주는 것이 이광수의 「금일 아한我韓 청년의 경우」라는 논설이다.[4] 1910년 6월『소년』 3권 6호에 고주孤舟라는 필명으로 발표한 이 글에서 이광수는 "청년시대는 곧 수양시대修養時代"라고 정의했다. 수양시대에는 "마땅히 부로와 선각자의 인도와 교육"을 받아야 한다. 청년은 "자립하는 시대가 아니오, 이끔을 받는 시대"이기 때문이다. 그러나 그 부로의 "대다수는 거의 '앎이 업난 인물', '함이 업난 인물'"이므로, "금일 아한 청년"은 다른 나라, 다른 시대의 청년과 달리 피교육자가 되는 동시에 교육자가 돼야 하고, 학생

---

2   이에 대해서는 이태훈, 「1920년대 초 자치청원운동과 유민회維民會의 자치구상」, 『역사와 현실』 39, 2001, 39·75~82쪽 참조.
3   박찬승, 앞의 책, 1992, 167쪽.
4   이 글 자체는 일본이 대한제국을 강제 병합하기 직전인 1910년 6월『소년』 3권 6호에 발표됐다.

이 되는 동시에 사회의 일원이 돼야 한다는 것이 이광수 청년론의 핵심이었다. 이를 일컬어 이광수는 청년의 '자수자양'自修自養이라 했는데, 결론적으로 "금일 아한 청년은 자수자양할 경우"에 있다는 것이었다. 자수자양을 선언함으로써 청년은 유지선각으로부터 완전히 독립할 수 있었고, 수양을 통한 인격의 완성으로 청년을 정의함으로써 '영웅적' 사고방식에서도 벗어날 수 있었다.

이광수의 이 글은 이후 1910년대 일본 유학생이 생각하던 청년을 단적으로 보여주는 것이 됐다. 이미 멸망해버린 식민지 국가의 지식인이지만, 그러나 민족의 가장 선진적인 집단으로 자처한 이들은 '우리 위에는 선각도, 힘 있는 이도 없으니, 어른 노릇도 우리가 하고 힘 있는 이의 노릇도 우리가 해야' 한다고 주장했다.[5] 이런 자기인식이야말로 1910년대 일본 유학생들이 발행했던 잡지『학지광』學之光을 이끈 기본적인 동력 중 하나였다.

> 우리는 우리의 동창 되는 일본 청년들과 경우가 다릅니다. 그네는 정돈整頓흔 사회, 구비具備흔 사회에서 낫서요. 그네에게도 파괴흘 것이 잇고 창설흘 것도 잇지마는 그러나 그네에게는 수성흘 것이 더 만하요. 그러나 우리는 엇더흐오? 우리는 만사만물을 다 창조흐여야 흘 것이외다. 우리의 자손으로 흐여곰 수성케 흘 모든 것을 창조흐여야 흘 것이외다. 그럼으로 일본 청년은 학자가 되고 사무가가 되면 그만이로대 우리는 선지자가 돼야 흐고 도사導師가 되여야 흘 것이외다. 우리는 현대의 일본 청년과 갓흘 것이 아니라 사오십 년 전의 일본 청년과 갓하야 흘 것이외다. 우리의 고통이 여긔 잇거니와 우리의 행복과 자랑이 쏘흔 여긔 잇는 것이외다.[6]

---

5   현상윤, 「말을 반도 청년의게 붓침」, 『학지광』 3호, 1914, 14쪽.
6   「네 책임」, 『학지광』 15호, 1918, 6쪽.

결국 40~50년 전의 일본 청년, 즉 메이지 유신을 주도한 이들처럼 자신들도 민족을 이끌어가는 주체를 자칭한다. 그런데 이런 민족의 주체로서의 청년, 당시 조선이 "구하는 바 청년"은 바로 "유학생 제군"으로 한정됐다.[7] 왜냐하면 이들이야말로 "다금다전多金多錢의 부호 자제이며, 남보다 먼저 신학문을 배웠고 남다른 재질 능력의 총준聰俊 청년"이기 때문이었다. 따라서 "이 사회의 신개척"은 유학생의 몫이며, "반도 사회는 제군의 전유물"이 됐다. 이들에게 청년은 유학생 중심의 엘리트 지식인 무리를 지칭하는 말이었다.

이들 1910년대 도쿄 유학생은 일본에서 국가가 청년단 조직을 국가 중심의 체제로 재편해가는 과정을 직접 목격했다. 근대 국민국가를 위해 동원되고 조직화되는 청년의 역동성을 보면서 이들은 자연스럽게 민족을 계몽하고 조직화하는 주체로서 '청년'을 상정하게 됐다. 조선으로 돌아온 후 이들이 일본이나 다른 나라에는 "청년단이 촌촌리리村村里里에 보급되야 태始히 지주망蜘蛛網과 가치 배열排列한 상태"[8]에 있다고 했던 것도, 유학시절 직접 경험한 것이 있기 때문이었다.

그러나 이들은 또한 조선과 일본의 차이를 매우 명료하게 인식했다. 실제로 일본의 청년단은 청년을 국가의 통제하에 끌어들여 그 힘을 조직화하기 위한 것이었고, 따라서 청년론의 헤게모니는 철저히 국가가 장악했다. 그리고 국가가 주도권을 장악한 가운데 만들어진 청년상이란 훈육과 통제의 대상으로 정의됐다.[9]

이에 비해 유학생 집단의 조선 청년은 민족의 근대화 과정에서 독자적인 헤게모니를 장악할 수 있는 주체여야 했다. 따라서 이들은 끊임없이

---

7 현상윤, 「구하는 바 청년이 그 누구냐?」, 『학지광』 3호, 1914, 6쪽.
8 「조선청년연합회 2주년 기념-사명使命의 전도前途와 현재의 곤란」, 『동아일보』, 1922년 12월 1일.
9 이에 대해서는 112쪽 '민족의 선도자로서의 청년'에서 자세히 다룰 것이다.

청년을 강조했지만, 그것은 현실의 일본 청년보다는 "40~50년 전의 청년", 즉 "메이지 초년의 일본 청년" 또는 "19세기 초두의 독일 청년"과 같은 자율적인 주체였다.[10] 게다가 이 청년이 조선에 근대 문명을 도입해야 할 주체였으므로 청년은 자신과 세계를 명료하게 각성한 윤리적, 이성적 주체여야만 했다.

각성한 '개인'(인격)으로서의 청년

이에 따라 청년은 당대 일본 사상계를 풍미한 인격주의[11]를 토대로 하여 확고한 자의식을 지닌 근대적 주체로 재구성됐다. 이전의 부랑영웅浮浪英雄은 물론이고 자신의 처지를 자각하지 못한 젊은 유학생은 더 한층 맹렬한 비판을 받게 됐다.

> 자칭 청년신사라 져들은 명월관明月館이나 장춘관長春館이며 기타 요리점에서 1일 3식을 하다십히 하고 불우영웅不遇英雄 자처하며 영웅은 호색이라 하야 (……) 청년 중에도 학생 된 우리들은 타인의 장처長處를 빈호고 단처短處를 곳침이 맛당하다 하겟난듸 이러한 풍조에 투족投足하난 자 유有하니 어찌 한심하고 해괴치 아니리오.[12]

『학지광』이 표상한 청년은 무엇보다 스스로의 위상과 사명을 뚜렷하게 인식하는 존재여야 했다. 조선 청년이 진정한 주체로서 자기 자리를 찾기 위해서는 먼저 각성, 즉 명징한 자기인식이 전제돼야 했다. 깨달음이란 무생물적·무의식적 생활로부터 생물적·의식적 생활로 들어간다는

10 소성小星 현상윤, 「조선 청년과 각성의 제일보」, 『학지광』 15호, 1918, 12~13쪽.
11 미야카와 도루 외 엮음, 이수정 옮김, 『일본 근대철학사』, 생각의나무, 2001, 제3장·제4장 참조.
12 박승철, 「조선 청년의 사치를 논함」, 『학지광』 12호, 1917, 22~23쪽.

것을 말하며, 곧 우리가 누구인지, 우리가 무엇을 해야 하는지[13] 각성해야 한다는 것이다.

주체로서 자신을 각성한 청년은 이제 그 자신의 인격을 완성할 의무를 지니게 됐다. 왜냐하면 사회의 발전력을 대표하는 자로서 청년은 새 사회를 건설하는 이상을 실현하는 존재였고, "그 이상의 내용은 (……) 인격의 존엄"이었기 때문이다.[14] 청년이 '인격' 개념을 통한 근대적 개인으로 확고히 정의되기 시작한 것이다.

1900년대에도 청년의 임무로 '인격'을 갖추는 것이 제기됐다. 그러나 그때 인격이란 "근본적 교육"으로 양성해야 할 "모험용진冒險勇進의 지기志氣와 인내불굴忍耐不屈의 성질"을 의미하거나,[15] 인격이 높아지면 그 사업도 한 단계 나아진다는 설명에서 볼 수 있듯이 "인간의 격조"나 "품격"을 뜻하기도 했고,[16] 심지어 "인물"이나 "인재"라는 뜻으로 사용되기도 했다.[17] 그러나 『학지광』 세대에게 '인격'이란 '자각'한 주체로서의 인간의 개성과 내면을 의미했다. 장덕수는 자각한 인격의 소유자로 청년이 다음과 같아야 한다고 주장했다.

우리 청년이여 우리는 기가 아니라 우리는 도야지가 아니로다. 자기의 존엄과 명예를 천지에 대흐야 자랑하는 자각 잇는 사람이라 우리 가슴에는 열화 갓흔 뜻을 품엇스니 일편 기계가 아니오, 우리 머리에는 창천蒼天 갓흔 심령心靈을 포용하얏으니 다 못한 육괴肉塊에 지나지 못하는 것이 아니다. 오호라, 우리의 전적全的 사람을 실현치 못하고 다못 편적片的 사람 되는 것!

---

13 소성 현상윤, 앞의 글, 1918, 7~8쪽.
14 장덕수, 「졸업생을 보내며」, 『학지광』 6호, 1915, 5쪽.
15 「인격 양성이 제일 필요」, 『황성신문』, 1908년 11월 22일.
16 「인격이 급어학문急於學問」, 『황성신문』, 1907년 6월 30일.
17 「인격 양성의 필요를 신론申論홈」, 『황성신문』, 1910년 6월 11일.

이와 갓치 사람의 광휘光輝와 존엄을 훼손ㅎ는 자가 다시 어데 쏘 잇깃나요? 우리 청년이여 모든 것을 다 바리고 위선爲先 사람이 되라, 전적全的 사람 될지로다. (……)

그러나 우리 청년이여 늬의 바라는 바 사람은 (……) 진실로 내적內的인 inner man의 자각을 가라침이니 (……) 늬의 바라는 바 사람은 거죽 눈을 슬즉 감고 영안靈眼을 말게 써서 만물의 진상眞相을 통관通觀하고 자기自己의 선 곳을 씌달으며 자기의 갈 길을 알고 자기의 가치를 인식ㅎ야 자기의 사명을 다함으로서 천지의 화육化育을 찬찬贊ㅎ고 여천지與天地로 참참參하는 자가 즉 그 사람이라.[18]

사람의 광휘와 존엄을 훼손치 않는 자각 있는 사람이 되기 위해, 청년은 마땅히 편적片的 사람이 아니라 전적全的 사람, 내적인 사람inner man이 돼야 했다. 청년은 자신의 존재를 성찰하고 그 사명을 깨달음으로써 자신이 선 곳을 자각하고 나아갈 목적을 확정할 수 있는 것이니, 이를 통해 종이 아니라 주인이 될 수 있는 것이었다.[19] "먼저 우리는 굳세고 풍부한 개성들"과 "철저한 '나'를 건설하며 완전한 인격을 건설"해야 한다는 주장이 제기됐다. "내가 없이 무엇을 왜 하며 내가 불완전하고 무엇을 능히 하리오"라는 것이었다.[20]

이런 주체로서의 인격이 근대적 '개인'의 기반이며 인격의 완성이 개인의 목적으로 설정됐다. 개인과 사회의 관계를 설정할 때도 개인의 가치와 목적은 "자기의 생존과 인격 완성"으로 규정됐다.[21] 특히 이 점에서 "개인이 가족선을 경유ㅎ야 사회에 도착홀 것이 아니라 직선으로 사회를

---

18 장덕수, 「의지의 약동」, 『학지광』 5호, 1915, 40~41쪽.
19 장덕수, 위의 글, 1915, 42쪽.
20 전영택, 「구습의 타파와 신도덕의 건설」, 『학지광』 13호, 1917, 56쪽.
21 설산雪山(장덕수), 「사회와 개인」, 『학지광』 13호, 1917, 11~19쪽.

관통흐게 흘 것"이라는 송진우의 주장은 주목할 필요가 있다. 이제 개인은 공동체, 가족 등의 매개 없이 직접 사회, 국가 등과 대면하게 됐고, 이런 관점에 입각하면 사람 사이의 관계도 공동체나 가족에 의해 매개되지 않는 개인 대 개인이 직면하는 문제로 전환된다. 인격의 완성은 사람과 사람, 사람과 사회의 새로운 관계를 위한 이상적인 개인의 목표로 상정됐다.

이렇게 인격과 수양의 논리를 근대적 개인으로서의 '개성', 주체적 자아로서의 '내면'으로까지 상승시킴으로써 청년은 본격적인 근대적 개인의 표상이 될 수 있었다. 이런 관점에 입각하면 청년은 준비 시기라기보다는 실제 활동의 측면이 두드러지게 된다. 앞서 언급한 이광수의 자수자양론自修自養論이 그 단적인 사례겠지만, 『학지광』의 젊은이에게 청년이란 "해야 할 일 많고 분주한 활동시대"有爲多忙活動時代였던 것이다.[22]

그러나 1900년대 말 국내의 애국계몽운동론적 청년이 현실의 교육운동과 긴밀히 관련되어 있었음에 반해, 유학생들은 현실에 발을 딛고 있지 못했다. 아직 식민지의 현실적인 젊은이 집단과 괴리되어 있었던 것이다. 이들은 스스로 민족의 가장 선구적인 존재라 자처했고 그 사상적 영향력 또한 작다고 할 수는 없었지만, 자신들이 사회 속에서 현실화시킬 운동의 기반은 전혀 확보하지 못한 상태였다. 그러던 이들이 현실에서 자신들의 청년상을 구현하게 되는 것이 바로 1920년대의 문화주의 청년운동이었다.

22　최학송, 「우후雨後 정원에 월광月光」, 『학지광』 15호, 1918, 77〜78쪽.

청년, 일상으로 정착하다

한편 국내에서는 국권상실 이후 교육계몽운동을 주창하던 유지선각 내부의 분화가 급격히 진행되면서 기존 '유지선각-청년자제'의 청년 담론은 그 힘을 잃고 있었다. 그사이 제국주의 권력의 시각을 단적으로 대변하는 발달심리학, 청년심리학의 관점이 『매일신보』를 비롯한 국내의 청년 담론에 일부 영향을 미치기도 했다. 『매일신보』는 청년기를 '미완성의 시대', '불안정한 시대'라고 규정했다. 청년시대는 정사正邪, 선악의 판단력이 부족해 위험한 길에 빠지기 쉬우므로 항상 "사장師長이 재상在上하야 선도善道"로 이끌어가야 한다는 것이었다.[23] 또 청년의 미래와 가치를 현실적인 성공과 입신양명 등으로 제한하고, 성공을 위한 덕목으로서 근면과 인내를 강조하는 경향 또한 두드러졌다.[24] 이런 청년상은 지역사회에 제대로 정착하지 못하고 방황하는 이른바 '부랑청년'浮浪靑年에 대한 비판을 통해 강화됐다. 1910년대 『매일신보』에 이 부랑청년을 비난하고 경계하는 글이 종종 실린 것은 이 때문이었다.[25] 또한 애국계몽기와 같이 청년을 노년이나 구세대와 대립하려는 시도 대신에 신·구, 노년과 청년의 조화를 강조한 것도 이 시기 『매일신보』 청년론의 특징이다.[26]

그러나 전반적으로 국내의 청년 담론이 침체된 상황에서 총독부 스스로 권력의 청년상을 확산시킬 시급한 필요도 강하게 느끼지 않았으며,

---

23 한만희, 「유위有爲의 청년 됨에는 학문 수양이 필요홈」, 『매일신보』, 1915년 1월 3일.
24 하몽생, 「농촌청년에게」, 『매일신보』, 1913년 2월 26일; 강대운, 「해외 유학하는 청년 제군」, 『매일신보』, 1915년 3월 19일.
25 김성진, 「부랑청년에게」, 『매일신보』, 1915년 1월 8일; 청운거사靑雲居士, 「부랑청년 제군에게 일언一言」, 『매일신보』, 1919년 7월 3일. 1910년대까지 '부랑청년'이란 대체로 유흥과 오락, 음주 행각 등으로 금전을 낭비하는 젊은이를 주로 일컬었지만, '부조'父祖의 뜻을 거스르는 젊은 세대도 이 부류에 묶이게 됐다. "허다 사업"許多事業을 두 어깨에 짊어지고 나가야 할 청년에게는 어떤 일탈도 허용되지 않았던 것이다.
26 진해震海, 「노인과 청년」, 『매일신보』, 1919년 8월 14일.

그럴 만한 준비도 갖춰지지 않았다. 따라서 권력의 청년상도 그리 강한 영향력을 발휘하지는 못했다.[27]

『매일신보』와 같은 관영 매체를 제외하고 국내에서 명맥을 유지할 수 있었던 것은 기독교와 천도교의 종교단체 기관지였다. 그중에서도 조선중앙기독교청년회에서 발간한 『청년회보』는 청년의 운동과 담론이 명맥을 유지할 수 있는 중요한 기반이 됐다. 1910년대 기독교청년운동이 제시하는 청년은 『학지광』이 제시한 도덕적 주체로서 독자적인 판단 능력을 갖춘 신시대 젊은이로서의 모습과, 아직도 위험한 시기에 있는 불안한 존재로서의 모습을 모두 가지고 있었다. 청년이란 "유년이 이과已過ᄒ야 지두방개智竇方開ᄒ고 장년壯年을 불급不及ᄒ야 혈기미정血氣未定"한 시기이므로 옳은 길로 이끌면 귀중한 지위를 차지하겠지만, 자칫 "위험에 함락ᄒ야 멸망을 자속自速"할 수 있다고 한 점에서 얼핏 권력의 청년상과 유사한 면이 있다. 그러나 이 청년을 올바로 인도하는 것은, 청년 스스로 '인격'을 완성함을 통해 가능하다고 했다. 청년회의 사명은 청년이 온전한 '인격'을 갖추도록, 즉 지·덕·체 세 가지를 모두 갖추도록 하는 데 있다는 것이었다. 이를 통해 인격을 갖춘 우리 청년은 "군자와 영웅이라 ᄒ는 위대 인물"이 될 수 있었다.[28]

그러나 1910년대 기독교청년운동에서 나타나는 청년은 세대로서, 사회 집단으로서 정체성을 형성하지 못했다. 이들 청년이 추구하는 인격의 완성이란 '자기 절제' 수준에 머물렀고, 새로운 세대로서 기성세대와 확연히 구분될 만한 특별한 쟁점을 부각하지도 못했다. 이들은 근대화의 필요성을 절감하는 집단이었지만, 유학생 집단처럼 청년을 민족을 이끌

---

27 총독부의 청년 담론과 청년 통제에 대해서는 이 책의 3부 「제국주의 권력과 '청년' 개념의 변화: 1930~1940년대」에서 자세히 다룰 것이다.
28 「청년회의 필요」, 『중앙청년회보』 9월호, 조선중앙기독교청년회, 1914, 3~6쪽.

어가는 선구자 집단으로 정의하지는 않았다. 또 기성세대와 청년의 관계에서도 유학생처럼 부로와 청년 자신을 확연히 구분하지도 않았다.

한편 1910년대에 청년은 점차 일상적인 용어로 정착했다. 우선 학제 등 제도와 일상생활에서 청년이 점차 자리를 잡아가기 시작했다. 극히 빈약하나마 연령에 따른 학제가 실시됐고, 이에 따라 성장 단계를 구분하기 시작하면서 사람들의 인식 속에서 청년과 소년이 분리됐다. 물론이것은 1900년대에 청년과 관련한 논의가 활발해지면서 청년이 장성한젊은이 일반을 지칭하는 용어가 됐기 때문이다. 청년이 젊은이 일반을가리키게 되면서 소년은 그보다 어린아이를 가리키는 말이 된 것이다.

이런 현상은 당시 소설 속의 대화와 용어에도 반영됐다. 신소설과 최초의 근대소설인 『무정』에 이르기까지 여러 소설 속에서 청년과 소년이어떻게 사용되는지 검토해보자.

최초의 신소설인 이인직의 『혈血의 누淚』나 『귀鬼의 성聲』에서는 청년이란 말을 찾아볼 수 없다. 이인직이 이 소설을 쓴 시기가 청년 담론이활발해지기 전인 1906년이기는 하다. 그러나 이인직이 일본에 유학하던1900~1903년은 일본 전역에서 청년의 정치사회운동이 고조되는 시점이었으며, 그가 친일단체 동아청년회의 위원이기도 했다는 점에서 이 시점에 누구보다 '청년'에 익숙한 사람이었을 것이다. 그러나 그의 소설에는 청년이란 표현이 쓰이지 않았고, 대신 "최 주사 집의 서기 보는 소년"(『혈의 누』)이나 "어느 집 사랑에는 젊은 소년들이 한 방이 툭 터지도록 모였는데"(『귀의 성』)와 같이 소년이 젊은이라는 의미로 사용됐다.[29] 이것은

---

29 계몽적 청년 담론의 대표적 언론매체인 『대한매일신보』가 당대의 신소설에 대해 "차此 소설도 회음소설誨淫小說이오, 피彼 소설도 회음소설이라"라고 비판하고(「소설가의 추세」, 『대한매일신보』, 1909년 12월 2일), 그중에서도 특히 이인직에 대해서는 "귀신의 소리라는 소설 등을 저술하여 사회상에 도덕을 해롭게 하며 보는 사람으로 하여금 정신을 혼미케" 하여 책값 몇백 환으로 밥값이나 해왔다고 맹렬히 비난(「연극장에 독갑이」, 『대한매일신보』, 1908년 11월 8일)한 일은, 이 점에서 매우 시사적이다.

당시 일반적으로 젊은이라는 의미로 청년보다 소년을 사용했음을 보여준다.

반면 애국계몽운동, 특히 교육운동이 정점에 달하는 1908년에 발표된 이해조의 『자유종』自由鐘에서는 소년은 보이지 않고, 청년이 자주 등장한다. 『자유종』은 네 명의 부인이 모여 문명개화에 대해 각자 의견을 피력하고 토론하는 극히 계몽적인 신소설이다. 소설에서 청년이 등장하는 것은 교육문제를 놓고 토론하는 대목이다. 부인들은 "내 나라 청년을 아무쪼록 교육하여 우리 어렵고 서러운 일을 그 어깨에 맡기자"라고 하는데, 이것은 대체로 당대 애국계몽운동이 주창하던 청년상과 일치한다.[30] 그런데 이해조가 1911년 『매일신보』에 연재하고 1912년 발간한 『화花의 혈血』에서 청년이 다시 사라진다는 점은 매우 시사적이다.[31] 『자유종』과 달리 『화의 혈』이 '재미가 진진한' 소설을 추구하면서, 계몽 상황이 아닐 때는 청년이 등장하지 않는 것이다. 이 사실은 당시의 청년이 현실의 젊은이를 뜻하는 말로 일상적으로 쓰이는 경우가 드물었고, '교육'을 강하게 의식하고 사용된 계몽적이고 관념적인 지칭이었음을 방증하는 것으로 볼 수 있다.

이후 등장하는 1910년대 초반의 신소설 또는 번안소설에서는 서서히 소년과 청년이 공존하는 양상을 보인다. 이 즈음부터는 청년이 일상적인 용어로 사용되기 시작한 듯하다. 1912년 간행된 최찬식의 『추월색』秋月色 첫 장면에서 여주인공 정임을 짝사랑하는 강한영은 "술이 반쯤 취해 노래를 부르고 (……) 바른손에는 반쯤 탄 여송연을 손가락에 감아쥐고 왼손을 단장"을 든 '하이칼라 소년'으로 출현한다. 이후 최찬식은 이 장

---

30 이해조, 「자유종」, 『한국 소설문학 대계』 1, 동아출판사, 1995, 411~439쪽.
31 청년 대신 소년이 단 한 번 쓰였다. "개돼지 모양으로 난잡히 행동을 하다가 남의 소년 자제를 수없이 버려주고……." 이해조, 「화의 혈」(이용남, 『신소설 바로 읽기』, 국학자료원, 2001, 143쪽에서 재인용).

면 전체에 걸쳐 강한영과 정임을 각각 '소년'과 '여학생'으로 지칭했다. 한편 소년 강한영이 여학생 정임을 찌르는 순간에 정임의 예전 정혼자 김영창이 나타나는데, 그는 "중산모자를 쓰고 프록코트를 입은 청년 신사"로 등장한다.[32] 그러나 『추월색』에서도 아직 소년이 청년보다는 빈번하게 사용된다.

한편 1913년 『매일신보』에 연재된 번안소설 『장한몽』長恨夢(「이수일과 심순애」로 더 유명하다)에서는 젊은이를 가리킬 때 소년과 청년이 거의 비슷하게 사용된다. 20대 후반의 김중배는 어떤 곳에서는 "장래가 유망한 일개 청년 신사"[33]로 묘사되고, 어떤 곳에서는 "양복 입고 단장 짚은 일위 소년 남자"라 하기도 했다. 이수일을 일러 "30이 다 차지 못한 소년"이라고 하는가 하면, "학교에 있을 때에도 여러 학생 중에 노실老實한 청년으로 공경을 받던 터"라는 표현에서처럼 10대 후반의 학생을 청년으로 서술하는 대목도 나온다.

그러나 1917년 이후 『매일신보』와 『청춘』에 발표된 이광수의 여러 소설에서는 더 이상 이런 혼용이 나타나지 않는다. 「금일 아한我韓 청년의 경우」를 쓸 때 이광수는 청년과 소년을 확연히 구분해 사용했다. 그리고 그의 소설은 주로 청년의 이야기였다. 1917년 발표된 이광수의 단편 「소년의 비애」에서 18세의 주인공 문호는 "아직 청년이라 부르기를 슬혀하고 소년이라고 자칭"하며 "소년의 천국"이 지나간 것을 자탄하는 인물이다.[34] 여기서 소년의 시대와 청년의 시대는 명확히 구분되며, 청년은 소년보다 훨씬 이지적으로 사물을 판단하는 존재로 부각된다. 소년과 청년이 명확히 대비되는 것은 이광수의 대표작 『무정』이다. 1917년 『매일신

32 최찬식, 『추월색』, 회동서관, 1912(이용남, 위의 책, 429~435쪽에서 재인용).
33 조중환, 『장한몽』 5, 『매일신보』, 1913년 5월 17일.
34 이광수, 「소년의 비애」, 『청춘』 8호, 1917, 106쪽.

보』에 연재된『무정』에서 "경성학교 영어교사 이형식"은 "순결한 청년",
"과도기의 청년"(조선 청년)[35]이었고, 그 제자들은 "여러 소년"[36]이었다.
소년과 청년의 경계에 놓여 있는 고학년 학생들은 스스로 청년을 자처했
다. 형식의 제자 중 최고학년인 4학년은 "200여 명 용감한 청년"[37]을 자
처하기도 했지만, 그것은 그들이 "1년 급부터 4년 급이 되면서", "아해
로부터 어른이 됐"다고 생각하기 때문이었다.[38] 청년은 젊은, 에너지에
넘치는 존재이자 동시에 어른이었다.[39]

어쨌거나 이렇게 소년과 연령적으로 분리되면서 사회를 변화시키는
청년의 운동이 가능해졌다. 1920년대는 청년 자신이 중심이 되는 사회
운동이 가능한 사회적 인식과 실천의 조건이 형성된 것이다.

---

35 김철 교주,『바로잡은「무정」』, 문학동네, 2003, 619쪽.
36 김철 교주, 위의 책, 411쪽.
37 김철 교주, 위의 책, 145쪽.
38 이광수에게 소년은 '12~13세 이상 20세 내외의 남녀'를 의미했다. 노아자魯啞子 이광수,
「소년동맹과 조선 민족의 부활」(「소년에게」 4),『개벽』 20호, 1922.
39 『무정』이나「소년의 비애」뿐 아니라「윤광호」尹光浩(『청춘』 13호, 1918) 등에서도 비슷
한 용법으로 사용됐다.

2부

'청년' 개념의 발달과 분화

1920년대

1장_ 민족과 청년: 민족주의 청년론

1920년대 전반기의 사회운동과 청년

'개조'와 '문화'

러시아 혁명, 제1차 세계대전과 같은 1910년대 말의 세계사적인 변화는 조선의 지식인에게도 큰 영향을 미쳤다. 민족해방운동은 새로운 이념과 목표 속에서 활력을 얻었으며, 이는 3·1운동으로 표출됐다. 3·1운동 이후 일제는 기존의 지배 정책을 전면 수정해 이른바 '문화정치'를 실시했다.[1] 극히 제한적이나마 언론과 집회, 결사가 허용됨으로써 조선 사회는 합법적인 사회운동 공간을 확보할 수 있었다.

한편 식민지 조선의 지식인은 3·1운동을 통해 새로운 사회를 형성해 갈 기본 단위로서 민족의 정치적, 사회적 가능성을 확인했다. 민중혁명과 민족자결의 새로운 시대적 조류가 조선에서도 실현될 수 있다는 것을 체감했다. 또한 3·1운동을 경험한 대중의 정치사회적 관심이 급격히 고양됐다. 그리하여 1920년대 초반 식민지의 정치적 공간은 1910년대와

---

1   이태훈, 「1920년대 전반기 일제의 '문화정치'와 부르주아 정치세력의 대응」, 『역사와 현실』 47, 2003, 5~13쪽.

는 비교할 수 없을 정도로 확장됐다.[2]

이렇게 식민지 조선 사회의 정치적, 사회운동적 관심이 급격히 고조되면서 변화의 여러 열망은 '개조'改造라는 말 속에 통합됐다. '개조' 속에 혼재되어 있던 여러 가지 근대의 다양한 방향 가운데 1920년대 초반 주도권을 장악한 것은 문화운동이었다.

문화운동은 '문화' 영역에서 계몽활동을 통해 조선을 급속히 문명화, 근대화된 사회로 이끌어가고자 한 근대화의 기획이었다. 그런데 여기서 문화적 계몽활동은 관념적 활동이 아닌 사회적 기반 마련을 위한 전략적 실천의 의미를 띠었다.[3] 조선총독부가 이른바 문화통치를 내세우고는 있었지만, 참정권이 없는 식민지 국민에게 정치적 참여의 기회는 없었다. 그러나 조선인 부르주아 계급은 문화정치의 공간 속에서 적극적으로 사회적 영향력을 강화하고자 했고, 이것이 1920년대 전반기의 문화운동이었다.

1900년대의 애국계몽운동이 국가의 보존과 국민의 형성이라는 과제를 기축으로 해서 급격한 계몽적 동원을 시도했다면, 1920년대의 문화운동은 '민족'을 새로운 정치적 단위로 하여 전개됐다. 민족주의가 급격히 고양되는 가운데, 문화는 우선 강대국의 지배하에서 민족의 독자성과 독립성을 유지하는 근거로 기능했다.[4] 동시에 문화는 이전의 '문명개화'를 대신해 민족이 도달해야 할 '이상적 근대 사회'를 의미했다. 다시 말해서 문화는 "외적 물질문명과는 다른 내적 정신문명"의 총체, "자연과 대립되고 현실적 요소와도 대립되는 정치·법률·경제 등과는 구별되는

2 3·1운동 전후 민주의 사회심리적 상황에 대해서는 임경석, 「3·1운동 전후 한국 민족주의의 변화」, 『역사문제연구』 4, 역사문제연구소, 2000, 87~93쪽 참조.
3 이태훈, 앞의 글, 2003, 24~25쪽.
4 이지원, 「일제하 민족문화 인식의 전개와 민족문화운동-민족주의 계열을 중심으로」, 서울대학교 박사학위 논문, 2004, 149쪽.

이상적이고 가치적인 사고"로서 인식됐다.[5] 따라서 문화운동론은 "정치, 법률, 경제" 등과 구분되는 문화 요소, 어떤 면에서는 비정치적이라고 할 수 있는 분야에서 민족적 각성과 단결을 강조했다. 문화운동은 풍속 개량, 개인의식 개혁, 신지식 보급 등을 포함했고, 최종적으로는 민립대학 설립운동, 물산장려운동 등으로 귀착됐다. 이는 궁극적으로 근대화 과정에서 부르주아의 주도권을 강화하려는 시도였다.

결국 문화운동의 전략이란, 직접 정치를 표방하지는 않으면서 민족을 정치적 단위로 재조직화하고 강화하기 위한 선택이었다. 실업, 교육, 풍속 개량 등 정치와 무관해 보이는 분야의 근대화운동을 통해 실제 사회적 헤게모니를 장악하고자 했다는 점에서, 문화운동의 시도를 '비정치의 정치화'라고도 할 수 있을 것이다. 1920년대 초반 사회운동의 주도권을 장악한 민족주의운동의 주류는 문화운동을 통해 서구적 근대화를 추진했다. 그리고 이들은 청년을 문화운동을 추진할 사회적 주체로서 재정의했다.

문화운동과 청년

문화운동을 주도하면서 1920년대의 언론과 사회운동을 이끌어간 인물 중 상당수가 1910년대에 일본 유학을 다녀온 『학지광』 출신이었다. 1920년대에 가장 영향력 있는 언론매체라면 신문 중에는 『동아일보』, 잡지 중에는 『개벽』을 들 수 있다. 그런데 『동아일보』의 주축을 이루었던 송진우, 장덕수, 진학문, 장덕준, 이광수 등은 『학지광』의 창간 멤버거나 중심 필진이었다.[6] 그중에서도 장덕수와 이광수는 1910년대부터 민족을

---

5 김현주, 「이광수의 문학교육론」, 김철 외, 『문학 속의 파시즘』, 삼인, 2001, 141쪽.
6 박찬승, 『한국 근대정치사상사 연구─민족주의 우파의 실력양성운동론』, 역사비평사, 1992, 167쪽; 정진석, 『한국언론사』, 나남, 1990, 401~412쪽.

이끌어갈 새로운 세대의 표상으로서 청년에 주목했다. 한편 『개벽』은 이돈화, 김기전, 박달성, 차상찬 등이 중심이 되어 발간했는데, 이들은 유학파는 아니지만 유학생 출신과 긴밀히 교류하면서 문화주의 등 새로운 사조의 수용에 적극적이었다.[7] 따라서 이들이 실제 조선 사회의 여론과 운동을 주도하게 되면서 자연스럽게 청년을 주체로 하는 문화운동을 주창하게 된 것은 어쩌면 당연한 일이다.

하지만 1920년대 들어 청년과 민족의 단위가 사회운동의 주체로 제기될 수 있었던 것은 사회조건과 운동 이념상의 변화가 있었기 때문이다. 우선 1920년대 초반이라는 시점에 주목할 필요가 있다. 이 시기 조선 사회에 청년으로서 동질적인 세대의식을 가지는 집단이 형성될 조건이 처음으로 갖추어졌다. 1920년대 초반은 1910년대 일본에 유학한 신지식인층이 귀국해 본격적으로 활동하기 시작하고, 1900년대 말 10대 초중반으로 신학문의 세례를 받은 젊은 층이 20대 중후반에 접어들어 왕성한 활동력을 보이는 시기였다. 1900년을 전후하여 태어나 본격적인 근대 교육을 이수한 세대가 막 중등학교를 졸업하는 시점이기도 했다.[8]

또한 이들은 모두 3·1운동을 직접 체험하고 그 경험을 공유한 세대라는 공통점을 지닌다. 3·1운동은 조선 사회 전반에 걸쳐 이들 청년층

7　이에 대해서는 박찬승, 위의 책, 167~185쪽; 윤해동, 「한말 일제하 천도교 김기전金起田의 근대 수용과 민족주의」, 『역사문제연구』 창간호, 역사문제연구소, 1999; 허수, 『이돈화 연구』, 역사비평사, 2011; 최수일, 『개벽 연구』, 소명출판, 2008 등 참조. 특히 『개벽』의 중심인물 중에서 방정환이나 박사직 등은 언론 활동에 종사하다가 1920년대에 일본 유학을 다녀오기도 했다.

8　1900년생인 박헌영은 1912년 13세에 보통학교에 입학해 1919년 20세에 경성고등보통학교를 졸업했다. 1910년대 보통학교의 취학률은 낮았지만 교육열 자체는 여전히 높았으니 서당 취학률이 1912년에서 1918년 사이에 두 배 정도 늘어난 것에서도 확인할 수 있다(오성철, 『식민지 초등교육의 형성』, 교육과학사, 2000, 34쪽). 이 시기 서당은 이미 부분적으로 신학문 교육을 하고 있었으므로 이들 중 상당수가 '신문화'를 수용한 청년의식을 공유했을 가능성을 지니고 있었다.

의 중요성을 뚜렷이 각인하는 계기가 됐다.[9] 만세운동이 전 민중적인 저항운동으로 발전하기까지 현장에서 이를 이끌어나간 것은 청년학생이었다. 3·1운동의 경험은 시위를 현장에서 주도하고 적극적으로 참여한 학생은 물론이거니와, 근대 교육을 제대로 받지 못한 젊은이까지도 청년의식을 공유할 수 있는 계기가 되었다.

문화운동이 매우 적극적으로 '신시대'를 강조하고, 이런 새로운 시대를 열어갈 사회적 중심을 창출해야 했다는 점도 청년에 주목할 수밖에 없는 원인이었다. 1920년대 초 문화운동은 3·1운동으로 촉발된 '개조' 열풍의 연장선상에 놓여 있었다. 그리고 개조는 "영웅적 압박시대"인 구시대를 "평민적 평화시대―신시대"로 열어가는 과정이었다.[10] 이렇게 적극적으로 새로운 시대를 표방한 문화운동의 주창자는 신시대와 구시대를 세대 간(청년과 노인)의 대립으로 도식화했다. 즉 "구舊한 현상을 그대로 가지고 잇는 노인파와 신新한 현상을 음미하는 청년파의 사상 충돌"로 당시의 역사적 상황을 설명했다.[11] 문화운동론자는 신·구를 청년과 노년의 세대 문제로 연결한 다음, 청년을 운동의 주체로 내세움으로써 자신의 지향과 목표를 더욱 뚜렷이 하는 효과를 거둘 수 있었다.

또 다른 한 가지는 (실제 문화운동의 청년 표상이 아무리 계급적일지라도) 형식적으로 청년은 일정한 연령에 이른 모든 사회구성원이 자연스럽게 포괄되는 '세대' 개념이라는 점이다. 따라서 청년은 민족 전체를 포괄할 수 있는 통합적 주체로 표상될 수 있었다. 지역적, 신분적, 계급적 차이를 넘어서서 민족을 이끌어가는 새로운 통합적 주체로서 청년보다 더 적합한 것을 찾기는 어려웠을 것이다.

---

9   3·1운동의 경험이 이후 세대에 미친 영향에 대해서는 박헌호·류준필 편, 『1919년 3월 1일에 묻다』, 성균관대학교 출판부, 2009 참조.
10   「신시대와 신인물」, 『개벽』 3호, 1920, 17쪽.
11   오태환, 「급변하야가는 신·구 사상의 충돌」, 『개벽』 1호, 1920, 80쪽.

그리하여 1920년부터 『동아일보』와 『개벽』에는 문화운동의 주역으로서 청년을 부각하는 기사가 속속 실리기 시작했으니, 대표적인 것이 다음의 사설이다.

대개 조선 청년이 혹종或種 정치적 목적을 달達코자 함은 하고何故오. 그로 인하야 조선의 신성한 기초를 확립하며 원만한 문화를 수립코자 함이니, 연즉然則 그 희망과 목적의 최후 도달점은 문화에 재在하고 정치에 재在하지 아니하며 또한 혹종의 정치적 목적을 달達하랴 할지라도 그 방법에 문화의 역力이 절대로 필요함을 각覺하나니, 이 의미에 재在하야 문화는 '알파' 오 '오메가'라 함이 가하도다. 이 실實노 금차今次 동경東京에 유학하는 청년이 대거大擧하야 조선 대지에 문화적 일대선전을 포고하는 소이所以로다.

현금現今 조선 사회에 재在하야 고루한 구각舊殼을 타파하고 청신한 생명을 환발喚發하야써 차此 목적을 달達하는 대임大任을 부負할 자 과연 수誰오. 그 임任이 중重하고 또 그 도道가 원원遠한지라, (……) 연즉 불가불 청년이 자임自任하여야 할지니…….[12]

문화야말로 모든 현재 운동의 "'알파' 오 '오메가'"인데, 이 문화운동을 주도할 자는 청년이 아닐 수 없다는 것이다. 조선에서 과거와 급격히 단절하면서 새로운 생명을 불러일으키는 사명을 달성할 사람은 '용감하고 지혜롭고 고결한' 청년밖에 없다. 귀족사회는 기력이 없으며, 유생계급은 문명의 관점이 없고, 부형은 인습에 얽매여 있었다. 고로 청년이 "실로 문화운동의 선봉대"가 돼야 하며 "조선 문화운동의 제일진"이어야 한다는 것이다.

『동아일보』와 『개벽』은 청년이 올바른 주체가 되기 위해서는 조직화

12 「학우회 순회강연—문화운동의 제일진第一陣」, 『동아일보』 사설, 1920년 6월 29일.

되어 체계적으로 운동을 전개해야 한다고 주장했다. 『동아일보』는 청년단체가 없는 지역의 청년에게 청년회를 조직할 것을 호소하는 한편, 기왕 조직된 청년회에 대해서는 전 조선 청년회의 연합을 제안했다. "각 지방의 건실한 기초를 전국에 통일하야 맛치 일신一身의 지체는 허다하나 그 체體는 오즉 '한 덩어리' 됨과 갓치함이 쏘한 아름답지 아니"하냐는 것이었다.[13] 이어 1920년 6월 전조선청년회연합기성회가 결성되자 7월 9일 다시 한 번 각지 청년회에 연합할 것을 호소하는 사설을 게재했다.[14] 1920년 12월 드디어 조선청년회연합회가 결성된 이후에도 『동아일보』는 문화운동의 주역으로서, 청년과 그 조직으로서 청년회의 적극적인 활동을 계속 호소했다. "지방에 교육열을 완성케 하며 신사상을 확립케 하며 경제적 권리를 회복게 하는 모든 운동의 중심이 무엇인가 하면 곳 청년이며 그 청년의 단체라"[15]라는 것이었다.

한편 『개벽』도 스스로 '청년단체가 일어나자 따라서 그의 호반려好伴侶 되는 이 『개벽』 잡지가 출생했다'고 할 정도로 적극적으로 '청년'의 확산에 참여했으며, 조선청년회연합회의 성립을 열렬히 환영했다. 『개벽』의 주간 이돈화는 "조선 각지의 청년단체가 조선청년회연합회라 하는 아름다운 명목하에 거룩한 연합의 사업"을 이루었다고 하면서, 조선청년회연합회를 "조선 유사 이래 초유의 사事"라고까지 평가했다.[16] 이들에게 조선청년회연합회는 단순한 청년조직의 연대를 넘어서 문화운동의 전국적인 중심체를 지향하는 것이었기 때문이다.

청년 논의를 주도한 것은 『동아일보』와 『개벽』이었지만, 『조선일보』나 『시대일보』 등 거의 모든 매체가 청년 열풍에 적극 참여했다. 개조와 계

13 「각지 청년회에 기숨하노라」, 『동아일보』, 1920년 5월 26일.
14 「청년회연합에 대하야 각지 동회同會에 경고하노라」, 『동아일보』, 1920년 7월 9일.
15 「지방 발전과 청년회의 관계-활력의 근원」, 『동아일보』, 1922년 5월 27일.
16 이돈화, 「조선청년회연합회의 성립에 취就하야」, 『개벽』 7호, 1921, 33~34쪽.

1920년대 『동아일보』는 '각지 청년단체'라는 이름하에 청년회 관련 기사들을 4면쯤에 모아 전하곤 했다.

몽의 열기 속에서 청년은 새로운 시대를 상징하는 키워드로 급격히 확산됐다. 가히 청년의 시대라 해도 과언이 아닐 정도로 매체마다 청년이 넘쳐나기 시작했다. 1920년대 초의 신문은 보통 1면은 사설과 논설, 2면은 정치·국제관계, 3면은 사회, 4면은 투고와 지방 기사로 구성됐다. 대부분 신문의 4면은 거의 매일 각지 청년회의 조직과 근황, 각종 강연과 행사 소식 글로 도배되다시피 했고, 1면의 사설에서도 청년회와 청년의 역할을 논하는 경우가 많았다.

위의 기사는 1921년 6월 3일자 『동아일보』 4면 하단에 실린 것이다. 1920년 4월에 창간한 『동아일보』는 창간 직후에는 4면의 '지방통신'란에 청년회 등에 관한 소식을 실었다. 그러나 청년회 관련 기사의 비중이 점점 커지면서 1920년 6월 17일 이후에는 신문의 4면 하단을 '각지 청년단체 소식'으로 묶고 청년단체의 창립과 활동을 소개했다. 이 '각지 청년단체 소식'란은 1923년 11월 27일까지 매일 개설됐으므로 『동아일보』에서 청년이라는 말의 출현 빈도는 오늘날 신문보다도 더 많을 수밖에 없었다. '각지 청년단체 소식'이 사라졌다고 해서 청년의 빈도가 급감한 것은 아니었다. 1920년부터 1926년까지 『동아일보』 독자투고란 '자유종'에 실린 752편의 글 가운데 청년회, 청년단체, 농촌청년 등을 다룬 글이 79편으로 10.5퍼센트를 차지한다.[17] 청년이라는 단어의 출현 빈도를 따지는 일이 거의 의미 없는 수준에 이르게 된 것이다.

실제 청년회 수는 놀라울 정도로 급속히 늘어나 1920년에서 1921년 사이에 1,300개 이상의 청년회가 생겨났다. "거개擧皆 각 군·면에 청년회 조직이 수일遂日 증가"하는 상황이 되었다. 이를 표로 정리해보면 다음과 같다.

〈표 5〉 1920년대 초반 청년회 현황

연도	일반 청년회	일반 종교 청년회	민족종교 청년회	합계
1920	251	98	345	694
1921	446	226	1,396	2,068
1922	488	271	1,245	2,004

* 이 표는 여성 청년회를 제외한 통계다. 안건호, 「1920년대 전반기 청년운동의 전개」, 한국역사연구회 근현대청년운동사연구반, 『한국근현대청년운동사』, 풀빛, 1995, 59쪽에서 인용하여 재작성.

일반 청년회는 종교단체와 관련 없이 지역별로 조직된 청년회를 말하며, 주로 지역 유지를 중심으로 조직됐다. 일반 종교 청년회는 주로 개신교, 가톨릭, 불교 계열에서 조직한 청년회를 말하는데, 그중에서도 개신교의 각 교파가 조직한 엡윗청년, 면려청년회 등이 다수를 차지했다. 민족종교 청년회는 주로 천도교 계열의 청년회를 가리킨다.

청년회 수가 2,000개가 넘어가면서 한 고장에서도 기독교, 천도교, 남자, 여자 등의 범주에서 몇 개씩의 청년회가 만들어졌다. 진남포 한 곳에만 아홉 개의 청년회가 설립될 정도였다고 하니 가히 "각 지방 청년회의 흥기는 실로 우후죽순의 세勢오 풍전사기風前沙起의 관觀"이라 할 만했다.[18] 이렇게 청년회가 급격히 늘어나고 청년회 주관의 강연, 운동회, 야

---

17 이기훈, 「1920년대 언론매체와 소통 공간-『동아일보』의 '자유종'을 중심으로」, 『역사학보』 204, 2009, 7~8쪽.

학 등이 활성화되면서 농촌 사회의 저변에까지 '청년회'라는 새로운 문명기관과 그 주역으로서 청년이라는 개념이 확산되지 않을 수 없었다.

이런 속에서 청년은 미래에 대한 낙관과 희망의 상징으로 정착해갔다. "실력주의實力主義를 가지며 강력주의强力主義를 가지며 자조주의自助主義를 가지며 자아주의自我主義"를 가질 우리 청년의 자각과 활동이 천하의 누구에 못지않으니 조선은 장차 "세계의 낙원"이 되리라는 소망 간절한 예측까지 나타날 지경이었다.[19]

한편 민족의 운명을 선도하는 청년의 이미지는 대중에게도 급격히 확산됐다. 당시 언론의 독자투고란에는 "우리 사회의 개조와 발전과 활로가 (청년) 제군의 장중掌中에" 있다거나,[20] "사회를 개혁함도 우리 청년의 할 일이며 사업의 개발을 기도함도 역시 청년 제군의 할 일"이므로 청년이야말로 "문명의 유도자이며 사회를 혁신"[21]하는 주역이라는 주장을 쉽게 찾아볼 수 있었다. 그렇다면 이제 당시의 민족주의 청년 담론을 주도한 지식인이 청년을 어떤 개념을 통해 정의하고 청년에게 어떤 역할을 부여했는지 살펴보자.

조선의 청년, 청년의 조선

민족의 선도자로서의 청년

1920년대 청년의 운동과 사상이 급속도록 확산되면서, 청년의 의미를 재정립하는 것이 중요한 과제로 대두됐다. 첫째, 청년은 '새로움'을 의미

---

18 북청北靑 조우趙宇, 「조선청년연합회 조직에 대하야」, 『동아일보』, 1920년 7월 12일.
19 박달성, 「급격히 향상되는 조선 청년의 사상계」, 『개벽』 2호, 1920, 29~30쪽.
20 박창옥, 「청년회 제군에게」, 『동아일보』, 1920년 7월 31일.
21 신원철, 「아我 반도 청년 제군의게 격고문檄告文」, 『조선일보』, 1922년 12월 7일.

했다. 여기서 새롭다는 것은 옛것과의 대조를 통해 더욱 극명해졌다. 즉 신新과 구舊, 청년과 노년을 대조·비교함으로써 청년의 의미는 명확히 규정됐다. "금일의 조선 사회에는 엄연한 2대 사상이 상대相對"하여 있으니, "일—은 노년의 사상이오 타他는 청년의 사상"이라는 박사직의 논리도 청년 대 노년의 분리 구도 위에 있는 것이었다.[22]

이런 구분은 1920년대 초반 당시 지식인이 사회를 바라보는 일반적인 시각으로 확산되고 있었다. "근일 사회에서 부로와 청년을 지칭함은 단單히 년기의 노소만 거흠이 아니라 신구사상의 분기점"라는 인식이 일반적이었다.[23] 청년-노년을 비교하며 청년성을 정의하는 것이 굳이 1920년대 조선만의 특징은 아니었다. 1900년대 대한제국의 청년 담론에서 나타나는 것은 물론, 1887년 도쿠토미 소호德富蘇峰의 『신일본 청년』新日本之靑年 서문에서부터 '신일본의 청년'과 '구일본의 노인'을 비교하고 있으니, 어떤 점에서는 근대 청년 담론 자체의 특징이라고 할 수도 있을 것이다.

그러나 1920년대 청년 담론에서 청년이 상징하는 새로움이란 '신문명'의 건설이었다. 단순히 근대적 요소의 도입만을 의미하는 것이 아니라, 어떤 점에서는 초기적인 자본주의화가 초래한 근대 사회의 문제점을 해결하고자 하는 일체의 시도, 즉 개조의 최종적 목적지가 신문명으로 표상됐다. 따라서 이 시기의 노년과 청년의 대립 구도는 세대 간 차이 이상의 의미를 지닌 것이었다.

보수적保守的을 대표한 노인의 사상과 진취적進取的을 대표한 청년의 사상은 단 노소老少라 전云하는 연령의 관계로부터 생生할 뿐만 안이오, 이른

---

22 박사직, 「조선 사회의 수양 문제」, 『개벽』 2호, 1920. 48쪽.
23 「부로와 청년 1」, 『조선일보』, 1920년 12월 1일.

바 계급적 정도의 상上에도 그가 표현되엇다. 예하면 강자 대 약자强對弱者 문제, 부자 대 빈자富對貧者의 문제에도 더욱 실현이 되엇다.[24]

청년과 노인 문제, 진취성과 보수성 문제는 부와 권력의 불평등과 같은 문제, 즉 어떤 점에서는 자본주의 생산양식이 확산되면서 더욱 심각해지던 사회적 갈등까지 포함하고 있었던 것이다. 따라서 청년을 신문명 건설의 주체로 상정할 때 '거의 항상'이라고 표현해도 좋을 만큼 '세계사의 전환'이라는 문제가 제기됐으며,[25] 20세기 청년 또는 (20세기) 현대 청년이 강조된 것도 이런 전환을 부각하기 위해서였다. 즉 1920년대 사회적 담론의 중심에 청년이 있을 수 있었던 것은 청년의 진취성, 신사상이 문명적 개조라는 문제 해결 방식의 전환 그 자체를 의미했기 때문이다.

그런데 이렇게 청년을 신문명의 주체로 강조하면서 청년 외의 조선 인민 전체는 옛것, 낡은 것, 궁극적으로 계몽해야 하는 대상이 된다. 청년이 주도하는 문화운동에서는 조선을 '청년조선', '소년조선'으로 변화시키는 것이며, 계몽되지 못한 과거 전체는 배제돼야 하는 옛 조선, 낡은 조선으로 지칭했다. 옛 조선의 인민을 "조로早老의 국민"으로 평가했고, 청년은 이런 옛 조선을, 그 "부패와 불의와 빈약貧弱과 고루와 인습과 악독과 허위와 허례를 타파"해야 했다.[26] 조로의 조선을 타파한 후에 새로운 "소년조선은 청년의 원기에 의하야 건설"될 수 있다는 것이었다.[27]

"계몽시대의 초기를 버서나지 못한 형편"에 있는 조선 사회는, "신사상을 포지抱持한 청년 그네"가 깨우쳐 문명의 세계로 이끌어가야 한다.[28]

24   박사직, 앞의 글, 1920, 49쪽.
25   신종석, 「현대 청년의 가치」, 『서광』 2호, 1920, 23~24쪽. 신종석은 20세기 신문명이란 "인人이 인적 본위본위에서 물질을 지배하난 제도를 건설"하는 것이며, "이십세기 신청년"이 그 적임자라고 규정한다.
26   「청년회연합에 대하야 각지 동회同會에 경고하노라」, 『동아일보』, 1920년 7월 9일.
27   이돈화, 「경신년을 보내면서」, 『개벽』 6호, 1920.

현재 "다수의 민중은 아즉도 迷에 방황하는 형편"으로, "아즉도 계몽시대의 초기를 버서나지 못한 형편이다. 이러한 계몽시기에 잇서 소위 지도자로 자처하는 이들은 실로 민중의 의사意思(민중의 완고한 의사)와 걸어 나아갈 만한 수양이 업어서는 안 될 것"이니 "신사상을 포지한 청년 그네"가 몽매한 옛 조선을 깨우쳐 문명의 세계로 나아가야 했다. 조선 사회는 "신사상을 가진 청년을 제除한다 하면 맛치 생혼生魂이 업는 일―거대한 시체"에 지나지 않는다는 극단적인 표현도 새삼스럽지 않았다.[29] 청년은 새로운 사회정치적 구성체로서 민족 그 자체를 상징할 뿐 아니라, 현실적으로도 민족의 운명을 좌우하는 지도적인 사회집단을 의미하게 됐다.

둘째, 청년은 조선 민족과 사회의 운명 그 자체와 동일시됐으며, 조선 민족과 사회에 대한 책임이 항상 강조됐다. 국민 또는 사회에 대한 책임과 의무는 청년 개념이 도입될 당시부터 강조된 것이었지만, 1920년대의 청년은 미래의 주역만이 아니라 현실적인 '중견'이자 새로운 개혁을 추진할 핵심으로서 의무와 책임을 지는 존재로 각인됐다. 조선은 조선 청년이 짊어져야 할 대단히 무거운 짐이며[30] "반도의 청년으로 반도의 주인이 되랴는" 청년이 조선 사회에서 신문명을 건설할 자였다.[31]

우리 사회의 묵은 제도를 개혁할 책임이 잇으며 구문명을 파괴하고 신문명을 건설할 책임이 잇으며 철저치 못하고 원만치 못한 묵은 생활의 제도를 일일이 파괴하고 원만하고 철저한 새로운 생활을 건설할 책임도 잇으며 부조리, 불공평의 구제도, 구규모를 근저로부터 개혁(……)[32]

28 이돈화, 「현대 청년의 신수양新修養」, 『개벽』 51호, 1924, 6쪽.
29 이돈화, 위의 글, 6쪽.
30 원인, 「조선 청년의 무거운 짐」, 『서광』 1호, 1919, 13쪽.
31 박준표, 『현대 청년 수양독본』, 영창서관, 1923, 6쪽.

해야 하는 모든 일의 책임이 "민족의 중견되는 청년 유지有志"[33]에게 있었다. "청년은 사회의 중견"이므로 "청년의 품위와 정신 여하에 쌀하서 그 사회가 향상 진전"[34]한다는 인식이 지식인 대중 사이에 급격히 확산됐다. 그리하여 일반 독자나 학생 투고에서도 청년을 "2,000만의 승객을 실흔 근화환槿花丸 조혼배의 키(柁)를 쥐고 망망한 악마양惡魔洋을 진행케 하는 사공"으로 묘사하면서 "2,000만의 생명은 제군의 수중에 잇고 4,000년 오래인 근화환의 운명도 또한 제군의 장중掌中에 노혓다"라는 식으로 표현한 것을 어렵지 않게 찾을 수 있다.[35] 그리하여 어떤 면에서는 다음과 같이 평가하기에 이르렀다.[36]

우리 청년이 장년만으로는 절대 불가능한 운동을 하여서 그 기운과 기능이 여하한 것을 실제로 표시하엿슴으로 내외인이 모도 다 조선의 현재와 미래는 청년에게 잇다는 것을 공인하게 되엿다. 물론 실지實地에 잇서서 재산상 권력이 장년 이상에게 잇스니 사회의 실력이 장년 이상에게 잇는 것은 사실이나 그러나 적어도 일시一時는 그 장년 이상에 잇는 실력이 청년의 의사에 의하야 운전……

식민지 조선에서의 청년론의 특징은 일본의 경우와 비교해볼 때 더욱 두드러진다. 일본에서는 러일전쟁 전후 청년단 체제가 정비되면서 청년에 대한 통제 정책과 국가주의 청년 담론이 본격적으로 틀을 갖춘다. 일

32 김의진, 「청년에게 기촉함」, 『천도교회월보』 116호, 1920, 107쪽.
33 이돈화, 「진리의 체험」, 『개벽』 27호, 1922, 42쪽.
34 「철원 청년에게」, 『시대일보』, 1924년 9월 23일.
35 김영희(연희전문학교), 「청년 제군에게 시간의 귀함을 고함」(현상문 발표 논문 3등), 『개벽』 13호, 1921, 4쪽. 독자 투고에 나타나는 신사회, 신문명 건설의 주체로서 청년론의 확산에 대해서는 이기훈, 앞의 논문, 2009, 11~12쪽 참조.
36 「금일의 청년운동」, 『동아일보』, 1925년 1월 30일.

본의 청년정책은 기본적으로 성장 과정에 있는 모든 국민을 국가의 통제하에 둔다는 것이었다. 러일전쟁 이후 일본 정부는 각지의 청년회, 청년단 등을 통합하고 정리하기 시작했으며, 1915년에는 전국의 청년단을 체계화해 대일본청년단을 조직하기에 이르렀다.[37]

1900년대 이후 일본의 주류 청년 담론은 젊은이들의 폭발적 행동력을 국민국가 체제 내로 끌어들이면서 '착실한' 청년상을 구축하는 데 주력했다. 청년에게 사회를 변화시키는 계몽적 전위집단으로서의 역할 같은 것은 전혀 부여하지 않았다.[38] 반대로 일본의 청년은 국가와 지역사회의 통제 아래서 기존 사회의 가치관을 체득하는 존재로 표상됐다. 이 무렵 일본에 스탠리 홀Granville Stanley Hall 등의 발달심리학이 본격적으로 도입되면서, 청년기는 지적 성숙이 이루어지는 시기지만 감정의 변화가 격렬한 불안정한 시기, 현실의 모순에 봉착해 번민과 회의에 빠지는 위험한 시기로 규정됐다.[39] 청년기를 위험하고 불안정한 시기로 규정한 청년심리학의 시각은 젊은이 집단을 훈육, 통제함으로써 기존 사회체제 내로 편입하고자 하는 천황제 국가의 의도와 일치했다. 따라서 1910년대 이후 청년단의 체제에서 청년은 '불안정하고 위험한', '훈련받고 지도받아야 하는' 존재였다.

이에 비해 조선의 청년은 앞서 살펴보았듯이 부로父老 세대와 자신들을 극적으로 대비함으로써 스스로를 정의했다. 기성세대 또는 기성세대

---

37 熊本辰治郎, 『大日本青年團史』, 1942, p.116. 처음에는 입영 연령인 만 20세까지를 단원으로 했다가 이후 공민권을 획득하는 25세까지로 연장했다.
38 일본의 모든 청년론이 기존 가치관의 답습에 매몰되어 있었다고 정의할 수는 없을 것이다. 1900년대에 좌파 청년론을 제외하고 시민사회 내에서 생산되는 일반적인 청년론은 천황제 국가의 가치관을 안정적으로 재생산하는 데 주력했다고 봐야 할 것이다. 北村三子, 『青年と近代-青年と青年をめぐる言說の系譜學』, 世織書房, 1998, pp.197~275; 筒井清忠, 『日本型 '教養'の運命』, 岩波書店, 1995; 김종식, 『근대 일본 청년상의 구축』, 선인, 2007 등 참조.
39 北村三子, 위의 책, 114쪽.

의 가치관과의 단절은 1910년대부터 청년을 정의하는 가장 중요한 기준이었다. 이미 1910년 이광수가 이런 단절을 선언하기도 했다.[40] 앞서 살펴보았듯 그는 부로의 "대다수는 거의 앎이 업난 인물", "함이 업난 인물"이니, 조선의 청년은 스스로 피교육자가 되는 동시에 교육자가 돼야 하고, 학생이 되는 동시에 사회의 일원이 될 수밖에 없다고 했다. 이광수는 이를 일러 '자수자양'이라 했거니와, 1920년대는 자수자양 하는 청년을 현실 속에서 구현하려는 노력이 본격화되는 시대였으며, 그것은 청년회운동으로 구현된다.

다음으로 조선의 청년은 헌신을 통해 대중의 사회정치적 힘을 집결하는 역할을 수행하는 존재로 규정됐다. 새롭게 부각되는 '민족' 내부의 힘을 결집하고 이끌어가기 위해서 청년은 희생과 헌신을 마다하지 않아야 했다.

> 조선 민중의 운명을 개척할 자者이 수誰인고. (……) 시세가 쏘한 절박하얏도다. 제군이 엇지 구안苟安을 도盜하며 처자로부터 환락을 공히 할 바ㅣ리오. (……) 안安을 취取하고 난難을 피避하며 가정의 화락和樂과 처자의 애정에 심취하는 것이 엇지 인정人情의 본연本然이 아니리오만은, 오인吾人의 처지와 경우는 차此를 불허하는도다. (……) 조선 민중 억만대의 광영을 위하야 오인의 고난과 박해와 기아와 동한凍寒이 필요하다면 아-오인의 안일을 기棄함이, 오인의 난포暖飽를 기함이, 오인의 구구苟苟한 애정을 기함이 엇지 폐리弊履를 기함과 수이殊異할 바이 유有하리오.[41]

---

40 고주, 「금일 아한我韓 청년의 경우」, 『소년』 6호, 1910.
41 「청년의 기개가 여하오-무의無意의 생生보다는 영녕寧히 유의有意할 사死를 취할지어다」, 『동아일보』, 1922년 1월 9일.

1922년 1월 9일자의 이 사설은 조선의 선각자인 청년에게 절박한 시세 속에서 일신의 안일을 기꺼이 버리고, 심지어 가정마저 버리고 조선 민중의 운명을 개척할 운동의 대열에 투신할 것을 요구한다. 기성 가치관에 의해 행동을 통제받아야 하는 존재, 따라서 극히 현실적이어야 하는 일본의 세이넨과는 상당히 거리가 먼 강개慷慨와 헌신의 낭만적 정조가 강조됐다.

물론 대중의 정치적 힘을 결집하는 행동적 주체라고 해도, 문화운동론에서 청년의 실천이란 철저히 실력 양성과 계몽에 국한된 것이었다. 많은 논자들이 청년 제일의 임무는 파괴라는 식의 과격한 언사를 남발했지만, 실제 옛 조선의 파괴나 타도라는 것도 결국 정신과 문화의 문제, 즉 계몽적 실천의 문제였다.

> 그리하야 세계 개조의 벽두에 선봉인 민족자결의 대제하大題下에서 실력 양성이 문제의 해석인 줄 각오하고, 혹은 회사·은행의 실업기관으로, 혹은 신문·잡지의 사상 고취 기관으로 모다 진심갈력盡心竭力한 결과, 제諸방면의 진보 발전이 괄목쇄신이 된 중에 더욱이 각 지방 청년회의 흥기는 실로 우후죽순의 세勢오, 풍전사기의 관觀이니 장재쾌재라 시是가 우리에게 집회 자유의 동기動機오, 결사結社 임의任意의 맹아이니 엇지 당금當今의 대환영할 바 아니며 장래의 대희망이 되지 안일가?[42]

이들은 혁명조차도 문화주의적 계몽과 실력 양성으로 해석했다. 혁명이란 세력 없이는 불가능하며 세력을 양성하기 위해서는 교육을 통해 지식을 발달시키고 노동자의 수양과 훈련을 통해 생산능력을 증대해야 한다는 것이었다.[43]

---

42 조우, 앞의 글, 『동아일보』, 1920년 7월 12일.

1920년대 전반기 청년론에 투영된 강개와 헌신의 요소는 현실에 존재하는 젊은이 집단의 민족적 정서를 자극해 이들을 문화운동의 영역으로 끌어들이는 데 중요한 역할을 했다. 이렇게 헌신을 강조하면서 형성된 1920년대 전반기 청년의 낭만적 경향은 민족주의 청년론이 총독부 권력과 거리를 유지하는 데도 일정한 역할을 했다. 그러나 현실적으로 자본주의적 근대화를 지향하는 문화운동이 제시한 실력 양성의 청년상은, 의식적으로 끊임없이 노력하지 않으면 독자성을 잃고 식민지 지배 권력이 제기하는 종속적인 청년상에 매몰될 가능성이 상존했다. 따라서 특히 청년 담론을 현실화할 운동 공간(청년회)의 독자성을 유지하는 일이 무엇보다 중요한 과제였다.

청년회: '자수자양'의 정치적 공간

1920년대 초반에는 신문과 잡지를 막론하고 모든 매체가 청년회를 "사회 혁신의 도리道理오, 사회 경신의 생명"이며 "사회 활동의 근원이오, 사회 전진의 세력"[44]이라고 칭송했다. 청년회가 청년 중심의 문화운동을 수행할 대표적인 실행 기관이었으며, 청년회 활동을 통해 문화운동의 사회정치적 헤게모니가 관철될 수 있었기 때문이다.

이때 무엇보다 중요한 것이 청년회 공간의 자율성과 독자성이었다. 1921년 조선청년회연합회에서 발행한 『아성』我聲 4호에는 박영동朴瑛東이라는 필자의 「아我 청년 제위의게 고함」이 실렸다. 이 글의 전반부 절반은 이광수의 「금일 아한我韓 청년의 경우」를 그대로 축약해놓은 것이다. 1910년 당시 이광수의 결론은 우리 청년에게는 단체적 '자수자양'이

---

43 「혁명적 기분과 건실한 착목着目-조선 청년의 고려점考慮點」, 『동아일보』, 1923년 1월 20일.

44 「청년회연합에 대하야 각지 동회에 경고하노라」, 『동아일보』 사설, 1920년 7월 9일.

절실하다는 것이었다. 박영동은 여기에 기초하여 새로운 논리를 이끌어 낸다. 그에 따르면 당시 각지에서 조직되고 있던 청년회야말로 "자각自覺 되고 정각正覺되야 자수자양에 유일무이한 기관"이 될 수 있었다.[45]

이런 자수자양 또는 자수자각自修自覺은 우선 부로 세대와의 단절을 의미하지만, 그것에만 그쳐서는 안 될 일이었다. 청년의 진정한 자수자 양을 위해서 청년회는 총독부 권력에서 독립된 자율성을 가져야 했기 때 문이다. 이미 1920년부터 많은 청년운동가들이 "지방 관청의 역원이나 보통학교의 교원 가튼 이들이 단체의 지도 기관이 되어 가지고 지도적 간섭과 장려적 강제"를 행하는 것은 "발랄한 청년의 원기를 거세하는 점 에서, 시대사조에 향응할 자각을 저지하는 점에서, 자신을 자살하는 소 극 도덕을 고취하는 점에서 (……) 결코 존재를 용인할 수 업다"[46]라고 주 장했다. 이렇게까지 강경하지는 않더라도 청년회는 "조선인 청년으로 조 직된 청년운동 기관"[47]이어야 하며 일본인, 특히 권력기구의 개입을 원천 적으로 배제해야 한다는 것이 일반적인 인식이었다.

다음 글은 부로와 총독부 권력으로부터 독립된 자율적 공간으로서의 청년회가 어떠해야 하는지를 잘 보여준다.

청년들아 자결自決하라 ! 청년들아! 모든 것을 자결하라! 시대지時代遲된 부형父兄들도 밋지 말고 그 누구의 인도를 바라지도 말어라. 오직 자수自手 로 자결하라! (……) 아아 홍원洪原 청년 제군이여! 이제 새로운 용기를 가지 고 새로운 이상적 청년회를 자수로 조직하라. 누구의 제창提唱하는 아리에 셔 순응적으로 하지 말고 피동적으로도 하지 말어라. 오직 자립적으로 자결

45 박영동, 「아我 청년 제위의게 고함」, 『아성』 4호, 1921.
46 유진희, 「순연한 민중의 단결이 되라」, 『개벽』 6호, 1920, 38~39쪽.
47 만취晩翠, 「퇴조退助 청년회 제군에게」, 『동아일보』, 1925년 9월 16일.

1920년대 전반 청년회운동이 활발해지면서 각지에서 청년회관이 건설되었다. 1922년에는 밀양청년회관(『매일신보』, 1922년 10월 14일)이, 1927년에는 7년간의 노력 끝에 담양청년회관(『동아일보』, 1927년 1월 2일)이 낙성됐다. 사진은 밀양청년회관의 모습.

의 정신을 가지고 이상적 청년회를 건설하기를 본 기자는 참으로 간절히 원하는 바이다.[48]

새로운 용기를 가지고 만들어야 하는 이상적 청년회는 시대에 뒤처진 부형뿐만 아니라 그 누구의 인도도 받지 말아야 한다. 당시 시점에서 부형을 제외하고 청년을 '인도'할 존재란 총독부 권력밖에 없었다. 실제로 1920년대 총독부는 각지에서 관제 청년회를 만들거나 기존의 조선인 청년회를 보통학교 교원 등의 통제하에 두고자 시도하기도 했다.[49] 그러나 대체로 이런 시도는 그다지 성공적이지 못했다. 일본인 보통학교 교장을 회장으로 선출했던 한 청년회는 총독부 기관 청년회니 지정 청년회니 하는 비난을 받았고 그 활동도 극히 부진했다. 모름지기 청년회란 "순전

48 「홍원만필洪原漫筆–청년회의 설립을 촉促함」, 『조선일보』, 1922년 12월 7일.
49 함경북도에서는 1923년 일본의 청년단을 본떠 관제 실업청년회를 만들어 보급하려 했으나, 1932년 청년단을 새로 조직할 때까지 별다른 성과를 거두지 못했다(『관보』, 1923년 12월 8일과 1932년 9월 15일).

히 민족적 의의意義에서 조선인 본위本位로 생긴" 자율적 공간이어야 한다는 것이었다.[50] 식민지배하에서 총독부의 통제로부터 근본적으로야 자유로울 수는 없었지만, 자수자양을 표방하는 청년회라는 자율적 공간은 '비정치의 정치화'를 가능하게 하는 유력한 수단이 될 수 있었다.

그런데 이렇게 권력으로부터의 자율성을 표방할 수 있는 것은, 어떤 면에서는 총독부 권력의 실체를 인정함으로써 가능한 것이었다. 1920년 초반 청년회는 자신들의 활동을 철저히 '문화' 방면에 국한했다. 청년회는 덕성을 함양하고 지식을 교환함으로써 성원 개개인이 새로운 문명을 흡수하고 수양하는 기관이 되며, 나아가 사회를 계몽하는 광명이 돼야 한다. 그리고 청년회 활동의 최종 목표는 민족을 문명화하는 것이었다. '근화낙원'에 문명의 꽃이 번성하도록 하는 것, 그것이 가능하도록 문화를 발전시키는 것이 청년회의 사명으로 정의됐다.[51]

"청년회란 자체의 의미가 원래 지식을 교환하며, 풍속 개량이나 금주, 금연 등 미풍속을 장려하며, 체육을 힘쓰는 기타 일반 민중에게 사회 교육을 보급케 함과 갓흠에 잇는 것이오, 결코 무슨 정치운동을 하러 함에 잇는 것은 안인"[52] 것이니, 청년의 문화운동이란 "법률 범위 위월違越 말고 일동일정一動一靜 지피지기知彼知己 인기세이도지引其勢而導之 ᄒᆞ야 문화 보급"[53]하는 것에 국한될 가능성이 컸다. 이렇게 제국주의 지배하에서 권력과 거리를 유지하면서 청년회의 자율성을 확보하기란 위태로운 줄타기와도 같았다.

50 만춰. 앞의 글. 1925. 이는 1930년대에 관제 청년회나 청년단이 보통학교 교장을 장으로 선출한 것과 대조된다.
51 『동아일보』, 1920년 6월 27일.
52 앞의 글. 『조선일보』, 1922년 12월 7일.
53 한동조, 「천도교 청년의 기상과 책임」, 『천도교회월보』 118호, 1920, 60쪽.

청년과 청년성: 어떻게 청년이 될 것인가?

청년성의 문제

청년이라고 하는 세대 집단은 원칙적으로 연령으로 정의해야 한다. 과연 몇 살부터 청년이라고 하며 또 언제까지를 청년이라 하는지, 청년의 외연은 시대와 조건에 따라 변화하게 된다. 앞에서 살펴보았듯이 1900년대까지 청년은 소년과 명확히 구분되지 않는 젊은이 집단을 의미했다. 1910년대에 근대적 학제가 일반화되면서 소년과 청년은 어느 정도 구분되기 시작했다. 아직 청년과 소년의 경계 지점은 불명확했지만, 소년과 청년이 구분되면서 소년운동과 청년운동이 나뉘었고, 소년 또는 어린이에 대해서는 다른 사회적 담론이 생산됐다.[54] 소년회 또는 소년단과, 청년회가 명확히 별개의 조직으로 구성되는 것에서도 이를 확인할 수 있을 것이다.

그런데 특이하게도 1920년대의 문화운동론자는 청년을 연령으로 정의할 수 없다고 못 박는다. 1920년 5월 『동아일보』는 사설에서 청년과 노년의 구별은 반드시 연령을 표준으로 할 수는 없다고 주장하면서 "사회의 동적動的 방면方面 진보 세력을 대표하는 자가 청년이오, 정적 방면 보수 세력을 대표하는 자는 노년"이라고 정의했다.[55] 이는 "활동이 있는 자는 70에도 청년이 될 수 있고 20대라도 무위도식하는 자는 노년"이니 나이의 관계를 따질 수 없다는 이돈화의 주장과도 통한다.[56]

실제 1920년대 초 각지에 조직된 청년회의 회원 자격을 보면 나이로는 도저히 청년이라고 보기 어려운 사람도 회원이 됐다. 평안남도 안주

---

54 1920년대의 소년운동과 어린이 담론에 대해서는 이기훈, 「1920년대 '어린이'의 형성과 동화」, 『역사문제연구』 8, 2002 참조.
55 「각지 청년회에 기망하노라, 연합을 요망」, 『동아일보』, 1920년 5월 26일.
56 이돈화, 「경신년을 보내면서」, 『개벽』 6호, 1920.

청년회는 정회원의 자격 조건을 15세부터 40세까지로 했고, 40세 이상도 찬무원이 될 수 있었다. 황해도 미수청년회는 18~45세를 통상회원, 45세 이상을 특별회원으로 했다. 1920년대 청년회 임원들은 대체로 지역사회에 영향력이 컸던 지주나 자본가이거나 지식인들이었다. 젊은이들도 적지 않았지만 '중로'中老라 할 만한 이들이 많았다.[57] 이러다 보니 실제 장년층인 다수의 지역 유지가 청년회에 참가할 수 있었고, 결국은 청년 아닌 청년이 주도권을 장악하는 사태도 생겨났다.

일반적으로 근대의 청년기란 기존 사회에 완전히 통합되지 않으면서, 그 통합을 준비하는 유예와 준비의 시기라고 정의된다. 그리고 그 준비 기간에 다양한 형태의 교육이 진행되며, 일반적으로 혼인 또한 유예된다. 그러나 1920년대 조선의 청년에게는 이런 유예의 사회적 기제가 제대로 작동하지 않았다. 초등교육 취학률은 20퍼센트 대에 머물렀고, 대부분의 청년이 20대 초반 이전에 가정을 이루었다.

1920년대를 지배한 청년 개념은 이런 현실의 젊은 세대를 반영해 형성된 것이 아니었다. 반대로 청년은 근대화와 계몽을 실현하는 상징이었으며, 이렇게 형성된 청년의 이미지가 현실의 젊은이에게 규범으로 제시됐다. 어떤 의미에서 1920년대 초반 급격히 확산된 청년회운동은 제시되어 있는 규범적 청년상을 현실에서 구현하는 과정이었다. 만약 현실의 청년이 문제가 됐다면 청년회는 연령 제한을 통해 구성돼야 했다. 그러나 계몽운동의 전략으로 청년을 정의하다 보니 연령 개념은 부차적인 것으로 밀려났고, 오히려 '청년성'이 주된 기준으로 제시됐다. 그 결과 청년이 누구인가 하는 논의는 "청년이 사회에서 가장 진보적인 세력이며,

---

57 안건호, 「1920년대 전반기 청년운동의 전개」, 한국역사연구회 근현대청년운동사연구반, 『한국근현대청년운동사』, 풀빛, 1995, 70쪽: 이기훈, 「1920년대 전남지방의 청년단체와 청년운동—사회정치적 공간의 구성과 변화를 중심으로」, 『역사문제연구』 26, 2011, 178쪽.

또 가장 진보적인 사람이 바로 청년"이라는 식의 동어반복이 되기 쉬웠다. 실제 농촌과 도시의 청년을 조직하고 이들의 문제를 해결하기 위해서는 먼저 이들이 누구인가, 어떤 사람인가를 분석했어야 한다. 그리고 이렇게 분석하기 위해서는 청년을 대상화했어야 한다. 그러나 모든 논자는 이미 청년 편에 서 있었고, 그런 만큼 문제는 '청년이란 누구인가'가 아니라 '청년은 무엇을, 어떻게 해야 하는가'로 집약됐다. 청년 아닌 청년이 청년회의 주도권을 장악하는 일이 가능했던 것은 1920년대 초반의 청년이 현실의 반영이 아니라 계몽적 주체의 상징이며 전략적 표상이었기 때문이다.

수양을 통한 청년 되기

청년을 합리적, 도덕적 주체로 만드는 수양

앞서 살펴본 것처럼 일본의 국가주의 청년론은 발달심리학이라는 근대 과학의 권위를 이용하여 청년을 위험하고 통제해야 할 존재로 규정했다. 그러나 식민지 조선인 사회에서 청년은 반대로 민족을 선도할 능력과 소양을 갖춘 헌신적이고 합리적인 주체여야 했다. 이에 1920년대 초반 문화운동론자들은 청년이 근대적 합리성을 내면화해 계몽적 주체가 되는 과정을 문화주의 윤리학을 통해 설명하고자 했다. 그 과정을 집약적으로 설명하는 말이 바로 '수양'修養이었다. 안확安廓은 조선청년회연합회의 기관지인 『아성』我聲 창간호에서 청년회는 사업과 수양을 겸하는 것이 목적이지만, "사업보다 수양을 목적함이 대주안大主眼"이 돼야 하고, 청년회의 사업도 수양적 사업이어야 한다고 주장했다.[58] 그런데 기실 이들이 제시한 '수양'은 당대 일본 윤리학의 개념을 도입한 것이었으며, 또 일본 청년 담론의 일부를 형성하는 것이기도 했다. 그렇다면 조선 청년

---

58 안확, 「청년회의 사업」, 『아성』 창간호, 1921, 23쪽.

조선청년연합창립총회. 『매일신보』, 1920년 12월 3일.

의 수양과 일본 청년의 수양에는 어떤 차이가 있는가?

원래 수양이란 전통적인 유학에서도 익숙한 개념이다. 성리학에서는 수양을 '존천리存天理 거인욕去人欲'하여 개인의 도덕성을 실현하는 실천적 개념으로 중시했다. 그런데 1920년대에 청년의 수양을 주장한 사람들은 먼저 자신들의 수양을 전통적 관념과 구분하고자 했다. 즉 그들이 말하는 수양은 "무릎을 꿇코 눈을 감고 종일 폐문좌선閉門坐禪하야 도학道學을 공부한다 하는 의미가 아니"라는 것이다.[59]

1920년대 초반에 제시된 새로운 수양은 근대적인 '인격' 개념에 기초를 두었다. "수양의 본질은 오인吾人과 독립하야 잇는 외재적 사물을 지식知識함이 아니"며, "오인에 구유具有한 성능性能을 발달하야 완전하고 원만한 인격을 작作함에 재在"하므로 "인격을 떠나서는 수양이 무無"하

---

59 위좌危坐 또는 묵좌징심默坐澄心하여 마음을 고요하게 하는 것은 거경함양居敬涵養의 일반적 방법이었다(한국사상사연구회, 『조선 유학의 개념들』, 예문서원, 2002, 331~348쪽).

다는 것이 수양론자들의 일반적 인식이었다.[60] 인격론에 기초한 수양의 관념은 1920년대 초반에는 이미 광범위하게 확산되어, 극히 통속적인 책에서도 "수양의 절정"은 "인격의 완전"에 있다고 할 정도가 됐다.[61] 이 과정에서는 일본의 인격주의 수양론이 미친 영향이 적지 않았다.

일본에서 수양주의가 크게 유행한 것은 1900년 즈음이었다. 1900년을 전후해 T. H. 그린의 윤리학과 함께 '자기실현'과 '인격 완성'의 개념이 도입됐다.[62] 인격 개념은 성공서나 입신서 같은 단행본과 잡지가 크게 유행하면서 수양주의와 함께 급격히 확산됐다.

특히 청년에게는 수양이 더욱 강조됐다. 청년단운동의 지도자 가운데 한 사람인 다자와 요시하루田澤義鋪는 『청년수양론』青年修養論에서 "수양을 잊은 청년은 참된 청년이라 할 수 없다"라고까지 주장했다.[63] 그린의 윤리학을 본격적으로 도입한 당사자인 나카지마 리키조中島力造도 『수양과 윤리』修養と倫理를 저술했고, 당대 일본 철학계의 대표적 학자인 이노우에 데쓰지로井上哲次郎도 『인격과 수양』人格と修養을 저술했다. 그는 인격의 실현, 즉 인격의 발전이 각 개인이 추구해야 할 최고의 목적이며, 수양은 인격을 변화, 발전시키는 것이라고 했다.[64]

"수양이라는 말은 요컨대 인격의 양성을 이른 말이며, 개성의 발전을 칭하는 추상적 명사"라는 이돈화의 정의에서도 확인할 수 있듯이,[65] '자아실현', '인격의 완성'이라는 인격주의적 사고방식은 1920년대 조선의 청년수양론에도 적용됐다. 그러나 조선의 문화운동이 제시하는 수양의

---

60 최두선, 「신필업생新畢業生에게 일언一言을 기증하노라」, 『개벽』 10호, 1921, 79쪽.
61 박준표, 『현대 청년 수양독본』, 영창서관, 1923, 10~13쪽.
62 미야카와 도루 외 엮음, 이수정 옮김, 『일본 근대철학사』, 생각의나무, 2001, 140~141쪽.
63 筒井淸忠, 앞의 책, 1995, 12쪽.
64 井上哲次郎, 『人格と修養』, 廣文堂書店, 1919, pp.16~17.
65 이돈화, 「현대 청년의 신수양」, 『개벽』 51호, 1924, 1쪽.

관념은 일본의 수양주의와 중요한 점에서 차이가 있었다.

1900년대 이래 일본에서 인격의 수양이란 국민 도덕의 확립과 직결됐다. 1900년 저명한 사상가와 철학자를 망라해 설립한 정유丁酉윤리회는 그 취지서에서 "도덕의 근본은 인격의 수양에 있다. 충군애국이 비록 국민 도덕의 요소라 할지라도, 인생의 본연에 비추어 그 자각심을 각성하고 그 충심에 호소함이 아니라면 아마도 생명 있는 활동을 기대할 수 없을 것"이라고 규정했다.[66] 충군애국이 생명을 가지려면 국민 개개인의 인격 수양이 전제가 돼야 한다는 것이다.

특히 1910년대 이후 일본에서 '수양'과 '교양'이 분리되면서 일본 수양 담론의 국가주의적 성향은 더욱 강화됐다. 원래 20세기 초반 독일에서 '빌둥'Bildung이란 전통적 지식인층이 신흥 부르주아와 노동자 계급으로부터 자신들을 구별하는 지표로서의 정신적 가치를 의미하는 말이었다.[67] 이 경우 교양은 문화적 환경 속에서 영혼을 도야하는 것이며, 개성의 도야를 문화가치의 체득을 통해 보편성을 얻는 데까지 확장시키는 것으로, 그 개성과 보편성의 내적 통일로 전체성을 갖춘 인격을 발전시킨다는 개념이었다.[68] 그런데 1900년대 말까지 일본에서는 수양이 독일어 Bildung의 번역어로 사용됐다. 아직 수양과 교양이 분리되지 않은 것이다. 그러나 1910년대 이후 교양이 수양에서 분리되어 Bildung의 번역어로 정착되면서, 일본의 학력 엘리트가 갖춘 지식과 문화를 표현하는 말이 됐다.[69]

1910년대 이후 교양은 지식 엘리트가 누리는 고급 학문과 사상으로 분리되고, 수양은 통속적이고 대중적이며 지성보다는 덕성의 연마와 훈

---

66 미야카와 도루 외 엮음, 이수정 옮김, 앞의 책, 2001, 112쪽.
67 위의 책, 154쪽.
68 위의 책, 296쪽.
69 筒井淸忠, 앞의 책, 1995, 29~30쪽.

련이라는 측면이 강하게 부각됐다. 수양주의는 청년단, 종교단체 등을 통해 대중 속으로 침투했으며, 이 과정에서 국가주의와 결합해 전시체제 하에서는 '연성'錬成의 이념에 합류하게 된다.[70] 일본의 인격주의 수양론은 통속화되면서 국가주의적 속성을 강하게 지니게 된 것이다.

이 점에서 1920년대 조선 청년의 수양은 일본의 수양론과 성격을 달리한다. 1920년대 조선의 지식인이 강조했던 수양은 교양과 분리되지 않은 상태였고, 그만큼 합리적인 경향을 강하게 지니고 있었다. 이것은 무엇보다 청년 스스로를 윤리적인 가치판단의 이성적 주체로 정의하려는 시도에서 두드러진다.

구체적으로 문화운동론자들이 청년의 수양을 어떻게 정의하는지 이돈화를 중심으로 살펴보자.

> 수양이라는 것은 사람의 사람다운 인격을 엇기 위하야 극기와 노력과 분투적 정신으로 실實사회와 전쟁을 준비하는 육해군의 평소의 대연습과 가튼 것이니 그럼으로 수양은 하시하처何時何處에든지 극히 필요한 것이오, 더욱이 현재 활무대活舞臺에 분투하는 전사로써는 일각이라도 망각치 못할 배라.[71]

사람다운 인격을 얻기 위해 수양이 필요하다는 점에서는 일본의 청년론, 수양론과 유사한 듯하지만, "현재 활무대에 분투하는 전사로써는 일각이라도 망각치 못할" 것이 수양이라고 한 점에서는 크게 다르다. 이돈화가 상정한 청년은 국가에 귀속되는 젊은이가 아니라, 전사 또는 투사였던 것이다. 이어 이돈화는 청년의 수양이 궁극적으로 지향해야 할 바

---

70 위의 책, 31쪽.
71 이돈화, 「진리의 체험」, 『개벽』 27호, 1922, 42쪽.

를 다음과 같이 규정한다.

오늘날 시대는 정의인도正義人道로써 약자의 권리를 옹호코저 하는 이때
에 잇서 우리 민족의 중견 되는 청년유지가 마음에 근기根氣가 업스며 달관
이 업스며 인내가 업스며 극기가 업스며 도리의 관념이 업스며 진정애眞正愛
의 발현이 업스며 인류다운 천성이 업시 곳 그 자심自心을 자유로 하는 위대
한 수양이 업시 어찌 대사大事를 첩첩喋喋할 수 잇스며 동포를 증제拯濟할 수
잇스리오.[72]

조선의 청년은 달관과 인내와 극기, 도리, 진정애를 발현하는 위대한
수양을 통해 정의와 인도로써 약자의 권리를 옹호하며 동포를 구원하고
이끌어가야 했다. 진정한 청년이란 수양을 통해 이런 도덕적 인격을 갖
춤으로써만 완성될 수 있었다. 따라서 수양은 일반적인 학교 교육으로는
완성될 수 없었다. 논자에 따라서는 수양은 교육만을 의미하는 것이 아
니며 교육에 수양을 더해야 교육의 진정한 효력을 발휘할 수 있다고 보
기도 했고,[73] 가정과 학교, 사회에서 필요한 감화를 받는 것 외에도 스스
로 수양할 수 있다고도 파악했다.[74]

수양은 문화운동의 핵심 개념이면서, 문화운동의 주체로서 상정된 청
년을 구성하는 중심 기제였다. 앞서 살펴본 것처럼 청년회는 수양단체로
정의됐고, 청년회의 주목적은 회원들이 수양의 효과를 얻을 수 있도록
운영하는 것으로 인식됐다.[75] 따라서 청년의 수양은 실제 청년회 회원들

---

72 이돈화, 위의 글, 43쪽.
73 박준표, 앞의 책, 1923, 제2장 수양.
74 이돈화, 「최근 조선 사회의 이삼二三」, 『개벽』 2호, 1920, 21쪽.
75 이돈화는 급격히 성장하던 청년회운동이 정체에 이르게 된 원인을 수양이 제대로 이루
어지지 않은 탓으로 파악했다(동양실주인東洋室主人, 「단체생활의 낙제자와 급제자」, 『개벽』
30호, 1922, 5쪽).

이 실행할 수 있도록 구체적이고도 실제적인 형태로 제시돼야 했다.

그 결과 제시된 청년의 수양이란 지덕체의 전인적 완성을 목표로 하는 종합적인 주체화의 과정이며, 감성보다는 이를 통제하는 덕성과 지성, 특히 덕성을 중시했다.[76] 이때의 덕성이란 옛날의 도덕과 다른 신도덕이어야 했다. 『개벽』의 주요 논자인 이돈화는 '신도덕'을 중심으로 하여 당대의 개조적 과제 해결을 위한 주체로서 청년을 상정했다.[77] 그는 도덕이란 생활 조건의 변화에 따라 함께 변화하는 것이므로 "반도의 신청년"에게는 "신도덕"이 필요할 수밖에 없다고 했다. 그는 "합시대적合時代的 생활 조건을 짓고저" 할 때에는 도덕도 "개조"할 수 있다고 보았다. 이돈화가 제시하는 신도덕이란 먼저 자주적 도덕으로서 다른 사람의 명령에 의한 것이 아니라 "자기라 하는 개체의 인격을 주主로 하야 그 주체로부터 울어나오는 도덕"이어야 하며, 두 번째는 합시대적 도덕으로 시대 변화에 조응하는 윤리여야 하며, 세 번째는 공동적 도덕으로 국민 전체 또는 인류 전체의 생활 조건에 관한 도덕이었다.[78] 요컨대 신도덕이란 독자적인 판단 능력을 갖춘 합리적 주체로서의 청년이 자신의 처지와 사회적 상황을 판단해 스스로에게 제시하는 진보적 향상의 원리였다.

이렇게 신도덕을 강조하는 것 또한 조선 청년의 수양을 당대 일본에서 유행하던 수양론과 구분하게 하는 중요한 요소다. 일본의 수양론은 전통적인 동양 윤리를 크게 강조한다. 앞서 보았던 이노우에 데쓰지로는 유교적 전통에서도 인격 수양의 관념이 있었음을 강조하면서, 청년에게 인격 수양의 모범으로서 공자 등 성인을 제시했다.[79] 이에 비해 조선의 수

76 안확, 앞의 글, 1921, 24쪽.
77 허수, 앞의 논문, 2005, 85~90쪽.
78 이돈화, 「생활의 조건을 본위로 한 조선의 개조사업, 이 글을 특히 민족의 성쇠를 쌍견雙肩에 부負한 청년 제군에 부침」, 『개벽』 15호, 1921, 10~13쪽.
79 井上哲次郎, 앞의 책, 1919.

양론자들은 전통 윤리에 대해 비판적이었다. 이돈화는 종래의 도덕(구도덕)이 자유의지를 멸시하고 절대적으로 신성불가침의 허위를 지켜왔다고 비판하면서, 자주자유自主自由의 도덕, 활동주의의 도덕, 공동생활을 목적으로 하는 도덕이 '현대 도덕'을 수립할 것을 주장했다.[80] 이렇게 새로운 문명의 새로운 도덕의식을 통해 자신을 이성적으로 통제하며 다른 사람과의 관계를 조절할 수 있는 균형 잡힌 자아가 바로 인격이었으며, 따라서 진정한 민족의 지도자로서 청년은 수양을 떠나서는 생각할 수 없던 것이다.

1920년대 민족주의 청년론의 또 다른 특징은 수양을 개인적 수양과 단체적, 사회적 수양으로 나누어 파악한다는 점이었다. 청년이 수양해야 할 덕목 중에서도 사회적 수양, 단체적 수양이 특히 강조됐다. 신문명의 건설자로서 청년은 개인으로서 자족하는 것이 아니라 그 사회의 일원으로서, 나아가서는 사회를 이끌 선도자로서 정체성을 가져야 했다. 이에 따라 다른 사람들과의 관계를 어떻게 맺어야 하는가 하는 문제가 특히 중요하게 제기됐다. 개인으로서 청년의 인격적 수양이란 다른 인격과의 올바른 관계를 수립하는 것에서 출발하지 않을 수 없었다. 1910년대에 인격론, 수양론은 주로 개인의 내면만을 다루었고 다른 개인과의 관계에 대해서는 원론적 수준에 머물러 있었다. 이에 비해 1920년대의 단체적 수양론, 사회적 수양론은 구체적인 사회활동 속에서 개인 간의 관계를 논의하기 시작했다.

이돈화는 조선 사회는 "일체一切히 구식의 단체생활로부터 신식의 단체생활에 이전하는 중"에 있으니, "이 점에서 목하의 조선인은 개체적 생활의 수양보다도 단체적 생활의 수양을 지급至急히 단련할 필요"가 있

---

80 창해거사滄海居士(이돈화), 「대식주의大食主義를 논하노라 1」, 『개벽』 7호, 1921, 11~13쪽.

고, 그중에서도 "조선 청년으로 하야금 목하 단체생활의 수양을 지급히 시련할 필요가 유有"하다고 했다.[81] 수양단체운동은 "청년의 도덕적 타락을 방지"하고 "조선 청년이 신사회의 일원이 되기에 적당한 공민적, 기초적 훈련"을 받는 계기가 될 수 있다고 평가됐다. 따라서 이것이 조선 민족에게 가장 시급한 과제 가운데 하나라고 강조하기도 했다.[82]

'개인' 또는 '인격'이라는 서구 근대적 윤리 기준에 의한 사회의 재구성은 궁극적으로 정치적 단위로서 '민족'을 재조직하고자 하는 시도의 일환이었다. 문화운동 전반이 가지는 강렬한 인격주의적 요소가 여기에서 비롯되었다. 따라서 문화운동의 전위로서 상정된 청년은 단체적, 사회적 수양을 빼놓고는 설명할 수 없었다. 그런데 '단체적 수양'이란 자본주의 사회에서 개인과 개인, 그리고 개인과 사회의 문제를 해결하기 위한 논리였다. 계급 문제, 빈부 문제에 대해 제대로 대응할 수 없었던 것은 당연했다. 여기에는 새로운 대응이 필요했다.

수양의 계급성과 '신新수양'의 문제

개인적인 인격의 완성으로서 수양의 논리는 1920년대 문화운동 계열 청년론의 부르주아 계급성을 강화하는 역할을 했다. 이런 경향은 『동아일보』의 경우에 더욱 두드러졌다. 다음의 예를 보자.

청년이라 하야 전부가 차此[83]를 능히 부담할 자격이 유有함이 아니로다. 오즉 용勇하고 지知하고 쏘한 고결한 자라야 하리니 실로 유식청년 계급의 피치 못할 바 중임重任이라 하노라. 동경 유학생은 그 다수는 조선 내지에서

---

81 동양실주인, 앞의 글, 1922, 5쪽. 최근 연구에 따르면 동양실주인은 이돈화로 추정된다 (허수, 앞의 논문, 2005, 104쪽).
82 「대난大難에 처處하는 도라—사기적숨己的 노력과 단결」, 『동아일보』, 1923년 11월 3일.
83 '조선 사회의 개조'를 뜻한다.

상당한 기초적 지식을 수修하고 도해입동渡海入東하야 일반 학문을 연찬研鑽하얏슬 뿐 아니라 세계의 대세를 통하며 사조를 체득하야 장차 조선 민족의 전진할 바 도途를 각오覺悟하엿슬 터이니 그 재材 엇지 조선 문화 증진에 더욱 적당하지 아니한고. 실로 문화운동의 선봉대라 칭하겟도다.[84]

청년 중에서도 "용하고 지하고 또한 고결한" 자, 즉 수양을 통해 인격을 완성한 자라야 조선 사회의 개조와 신문명 건설을 담당할 수 있다. 따라서 '유식 청년', 상당한 수준의 교육을 받은 청년이 진정한 주역으로 상정되기 마련이었다. 현실적으로 수양을 통해 '원만한 인격'을 완성한다는 것은 제대로 된 교육을 받지 못한 노동자, 농민과는 거리가 먼 이야기였다. 결국 수양을 통해 완성되는 진정한 청년이라는 논법은 문화운동의 부르주아 중심성을 합리화하는 것으로 귀착될 가능성이 농후했다. 앞서 인용한 『동아일보』의 논설이 "유학생의 다수는 지방 부호의 자제오, 명문거족의 출出"이므로 그 영향력을 배경으로 하여 더욱 "웅웅雄雄한 청년 문화군의 제일 선봉대"를 구성할 수 있다고 결론 내리는 것은 어쩌면 당연했다. 당대 문화운동에서 청년을 신문명의 건설자이며 선도자인 윤리적 주체로 형상화하기 위해 제기한 '수양'의 문제의식은, 이 시기 민족주의 청년론의 계급성을 증폭시키는 결과를 가져왔다.

이에 따라 수양주의적 청년론에 대한 반발이 거세게 나타났다. 『개벽』을 이끌었던 이돈화가 한 강연에서 청년의 수양을 강조하자, 한 젊은이가 "우리는 수양을 말할 때가 안이라. 그리고 수양의 필요가 업다. 그런 썩어진 수양 문제는 현대 사람의 생각할 배가 안이오, 현대인으로 처處할 배 도道는 오즉 당면의 파괴 문제가 잇슬 뿐이라" 하고 반박할 정도였다. 이돈화 스스로도 이런 생각이 그 청년 개인에게 국한된 것이 아니라, 조

---

84 「학우회 순회강연-문화운동의 제일진」, 『동아일보』, 1920년 6월 29일.

선 청년 전반의 경향이라는 것을 인정할 수밖에 없었다.[85]

　『개벽』진영의 인물들은 실제로 윤리적 주체로서 청년을 형상화하기 위해 반드시 필요했던 수양이, 결과적으로 청년의 부르주아 계급성을 강화하는 문제에 대해 고민했다. 그리하여 이들은 수양의 변화, 신수양의 문제를 제기했다. 이돈화는 자신들이 제기하는 수양이란 기존의 고정관념화한 전통적인 도학 또는 부르주아적 교양이 아니라고 주장한다. 수양에도 구수양과 신수양이 있으므로 청년 된 자에게는 항상 "구수양의 파괴와 동시에 신수양의 필요"가 있다는 주장을 했다. "책임을 맛는 청년"은 그 이념이 무엇이건 간에 자신의 책임을 이행할 수 있는 도덕적 주체로 항상 자신을 무장해야 한다. "유심론자唯心論者가 유심의 원리로 도덕 성립이 되는 것과 가티 유물론자도 유물의 원리로 도덕 성립이 되여야"하므로 청년 스스로는 항상 수양에 힘쓰지 않을 수 없다는 논리였다.[86]

　이는『동아일보』가 근대 문명의 수용에 집중했던 것에 비해, 문명화와 근대화를 추구하면서도 자본주의 사회의 모순을 개조하는 문제에 적극적이었던 『개벽』의 처지를 반영한 것이기도 했다. 『개벽』진영의 인물들은 "수양한다 하야, 단單히 책을 보고 기氣를 치고 몸을 삼가서 한 개의 얌전한 사람이 되려하는 자가 잇다 하면, 즉 그런 식의 수양"은 거부해야 한다고 단언했다. 개조의 시대적 사명을 위한 새로운 청년의 수양은 "적어도 지적知的 교양으로부터 육적肉的 훈련에, 육적 훈련으로부터 다시 지적 교양에, 이와 가티 서로서로 착종錯綜"돼야 했다. 수양의 최종 목적이 "자기의 생각한 바의 일에 향해서는 언제던지 발 벗고 나서는 싸움군, 일군이 될 준비"를 하기 위해서였기 때문이다.[87] 결국 수양은 신념과

85　이돈화, 「현대 청년의 신수양」, 『개벽』 51호, 1924, 2쪽.
86　이돈화, 위의 글, 7쪽.
87　「최근의 감感, 권두언卷頭言」, 『개벽』 47호, 1924, 3쪽.

사상을 관철해야 하는 청년 주체가 마땅히 준비하고 단련해야 하는 지적 교양과 육체적 훈련을 모두 포괄하는 의미로 사용됐던 것이다.

그러나 『개벽』의 이런 시도는 그다지 성공적이지 못했다. 좌파는 유물론적 수양에 관심을 가지지 않았으며, 대중은 수양을 통속적인 것으로 받아들였다. "우리 조선 사람은 수양을 한 웃읍은 것으로 안다"라는 이윤재의 자탄이 저간의 사정을 그대로 보여준다.[88] 1920년대 후반에 접어들면서 지식인 대중은 수양을 성리학과 연관 짓지는 않았지만, 이제는 오히려 통속적인 것으로 이해했다. 1920년대 전반 청년을 도덕적 주체로 완성하는 핵심 과정으로 문화운동론자들에 의해 설정된 수양이, 1920년대 후반으로 가면서 수신훈화 정도의 의미로밖에 받아들여지지 않게 되었다.

사회주의 청년론에 대응하기 위한 민족주의 청년론의 전환

준비하고 헌신하는 청년: 계급적·급진적 '청년'에 대한 대응

문제의 징후는 1923년경부터 나타났다. 폭발적으로 늘어나던 청년회 수가 급격히 줄어들기 시작했고, 열렬했던 호응도 식어갔다. 그러나 민족주의 계열이 봉착한 정말로 중요한 문제는 청년회의 감소가 아니라 사회주의의 도전이었다. 각지의 청년회에서 이른바 '혁신'이 진행되면서 사회주의적 성향의 지도부가 선출됐고, 회원들 사이에서 사회주의의 영향력이 급속히 확대됐다. 이에 따라 기존의 통합적, 자본주의 근대 지향적 청년상은 계급적·혁명적 관점을 강조하는 새로운 청년관에 의해 흔들리게 됐다.

---

88 윤재(이윤재), 「주장」, 『동광』 6호, 1926, 4쪽.

사회주의자가 대중의 전위로서 청년의 급진적이고 행동적 이미지를 강화하면서, 민족주의 청년론은 이에 대응해 청년상을 재구성해야만 했다. 민족주의 청년론의 전환은 대체로 두 방향에서 진행됐다. 하나는 좌파의 계급적이고 급진적인 청년론에 대응해 준비와 실력 양성의 요소를 강화해가는 것이었고, 다른 하나는 농촌으로의 전환을 꾀하는 것이었다.

『동아일보』는 청년 담론의 준비론적 요소를 강화하는 데 적극적이었다. 1923년 이후 청년운동의 주도권이 사회주의자에게 넘어가면서『동아일보』는 좌파의 급진적이고 행동적인 청년상에 대한 비판을 전개하기 시작했다. 이것은 1920년대 전반기에 스스로 제시했던 청년의 이미지에 대한 자기반성이기도 했다. 1925년 1월 사회주의자의 주도하에 조선청년총동맹(청총)이 결성되자,『동아일보』는「금일의 청년운동」이라는 사설에서 3·1운동 이후 당시까지를 "청년운동의 기분시대氣分時代"라고 평가했다.[89] 나아가 "긴착緊着한 실질적 향상운동이 진행되난 것은 세歲의 당연"이니 이제 청년운동은 "기세운동氣勢運動에서 실질운동"으로 전환하지 않을 수 없다고 한다. "일정한 운동, 지구적持久的 운동은 결코 기세氣勢로나 급진急進으로만 되는 것이 아니라, 일방에 기세가 잇고 급진이 잇는 동시에 일방에 세밀한 사무가 잇고 보수가 잇지 아니하면 아니되는 것"이라 하여, 청년운동의 급진적 행동 지향에 제동을 건다. 그런데 "세밀한 사무와 보수"를 담당할 "온착穩着한 사무가"는 "청년의 본질로는 실로 어려운 일"이므로, 청년운동자의 주의와 함께 **중견계급의 맹성**(강조 표시―필자)이 필요하다고 결론을 내린다. 결국 청년운동을 청년 자신의 손에 맡겨놓았을 때 급진에만 치우쳐 제대로 성과를 낼 수 없으므로 청년이 아닌 '중견계급'의 참여(이는 곧 지도가 될 것이다)가 필요하다는 것이다.

---

[89] 「금일의 청년운동」,『동아일보』, 1925년 1월 30일.

1920년대 중반 이후 민족주의 계열의 청년론에서 청년이 1920년대 전반과 같이 민족 전체의 지도자나 실질적인 전위집단으로 표상되는 사례는 대폭 줄어든다. 여전히 청년을 민족의 중견이니, 사회의 희망이니 칭하기는 하지만, 1920년대 전반과 같이 선진적이며 전위적인 직접 행동의 주체로 상정하지는 않았다. 오히려 장래 사회를 준비하는, 어떤 면에서는 근대 사회의 일반적인 청년상이 점차 강화되는 경향을 보여준다. 그 결과 1920년대 후반『동아일보』의 청년에 관한 논의는 '청년학생'과 '지방(농촌) 청년'에 집중됐다.

교육의 관점에서 청년학생 문제가 주로 다뤄지기 시작하면서, 『동아일보』에 1926년부터 '청소년'이라는 용어가 등장한다.[90] 이때 청소년이란 지금처럼 소년과 청년 사이의 연령대를 의미하는 것이 아니라, 청년을 대용하는 말이었다. 청소년과 혼용되면서 청년은 '성장 과정 중에 있는 미성년의 젊은이'라는 이미지가 훨씬 강해졌다. 이것은 1920년대 전반의 청년이 '젊은 성인'으로 형상화됐던 것과 대조된다. 1920년대 후반 『동아일보』 계열은 청년에서 '민족 전체를 주도하고 이끌어가는 선도적 지도자'라는 이미지를 축소하고, '미래를 준비하는 세대'라는 이미지를 강화하고자 했다. 그래서 소년의 이미지가 투영된 청소년이 청년을 간혹 대용한 것이었다. 이 시기『동아일보』로 대표되는 민족주의 청년론은 자수자양, 자수자각과 같은 세대적 단절과 지도자로서의 자기 교양의 논리를 대폭 약화시키고 준비와 훈련, 교육의 덕목을 중요하게 제기했다.

이것은 또한 기존의 청년상에서 현실적 참여와 행동 지향을 약화하는 과정이기도 했다. 특히 청년을 학생과 연계하면서 '은인'과 '자중'을 강조하는 경향은 더욱 두드러진다. 청년학생의 동맹휴학에 대해 관계 당국의 가혹한 조치를 비판하면서도, 학생들에게 "은인隱忍하라, 은인하라,

---

90 「폐습누관弊習陋貫부터 개혁하자 (10)-노년 숭배 관념」, 『동아일보』, 1926년 9월 20일.

일의一意. 면학勉學하라"하고 당부한다.[91] 청년은 현실 사회에서 실질적인 행동의 주체이기보다는 준비의 주체라는 점이 거듭 강조되었다. 그리고 그 바탕에는 "현하現下 조선 민족도 기분적氣分的 활동 시대"는 벌써 지나갔으며 **"침착 냉정한 태도와 견실堅實 정확正確한 방침**으로 민족의 진로를 개척할 시기"(강조 표시—필자)가 도래했다는 인식이 깔려 있었다. "순진무구한 청년의 분발"은 이런 착실하고 견실한 미래를 준비하는 데 있어야 했다.[92] 그러나 청년에게 준비와 교육의 요소가 강조된다고 해서, 헌신성마저 부정된 것은 아니었다. 청년이 민족 전체를 선도하는 지도자는 아니지만, 지역사회를 실질적으로 계몽하는 역할은 해야 한다고 요구됐으며, 이 점에서 다시 헌신성이 강조됐다. 즉 1920년대 후반의 민족주의 청년론은 교육받는 학생 세대로서 준비하는 청년 주체라는 성격과 함께, 유지인사나 여론 매체의 지도를 받으면서 지역사회를 실제로 계몽하는 헌신적인 청년 주체로서의 두 가지 덕목을 동시에 요구했다. 1920년대 말 『동아일보』가 귀농운동에 관심을 가지면서 '준비하고 헌신하는' 청년상이 더욱 체계화됐다.

기독교 계열의 청년 논의도 1920년대 전반의 행동하는 청년을 비판하고 실질적 준비를 강조했다. 신흥우는 3·1운동 이후 수년간 청년들이 "면밀한 계획이 서지 않은 흥분적" 상태에 있었다고 비판하면서, 오늘의 청년은 "실적實的 생활"로 나아가야 한다고 했다.[93] YMCA 간사 홍병선도 "사회의 원기元氣는 오직 청년이며 사회의 강한 세포도 청년"이지만, 청년은 "아직 실사회實社會에 나아가지 안코 준비 시대에 잇는 자인대 미구未久에 활무대에 드러슬 후보의 용사들"이라고 규정했다.[94]

---

91 「청년아 은인隱忍하자」, 『동아일보』, 1928년 6월 19일.
92 「신국면을 타개하자 – 일반 청년의 분발을 요함」, 『동아일보』, 1929년 2월 17일.
93 신흥우, 「실적實的 생활로 향하는 금일의 청년」, 『청년』 7권 6호, 1927. 1쪽.
94 홍병선, 「역경에 입立한 청년」, 『청년』 6권 6호, 1926.

한편 기독교 청년운동의 원로인 이상재는 당대에 정말 필요한 혁명은 "장래의 혁명"이며, 이것을 수행하는 책임이 청년에게 있다고 했다.[95] 그는 특히 사회주의의 반기독교운동에 대항해 청년을 새롭게 정의했다. 그는 사회주의계급혁명론을 오히려 장년의 특성이라고 했다. 즉 장년층 중 일부가 "현대 신행新行하는 인류 평등과 계급 철파라는 정의하에 기치를 수립하고 전속력으로 용왕급주勇往急走하다가 과격한 주의로 전진"하여 정작 "양심良心 고유固有한 도덕윤리까지 등한시"하는 지경에 이르렀다고 보았다. 그렇다면 "혈기가 점차 활발함을 싸라 지식도 점차 장성長成하야 수양하난 시대"에 있는 조선 청년은 마땅히 "도덕의 기초를 확립하고 윤리의 궤도를 진행"함으로써 시대의 선봉이 되어야 했다.[96]

종교계와 『동아일보』 등이 주도한 1920년대 후반 민족주의 청년론은 준비와 실질을 추구하는 청년상을 강조했다. 좌익의 이념적 영향력이 확산되던 젊은 세대 속에 이런 청년상을 실제로 체현하기 위해서는 구체적인 운동이 필요했다. 이들은 농촌으로 시선을 돌렸다.

농촌으로의 전환

1920년대 후반 귀농운동의 전개

농촌청년에 대한 관심은 1920년대 전반부터 나타나고 있었지만, 조선 청년 전체의 과제로서 농촌과 농민 계몽 문제가 제기되는 것은 1920년대 후반에 들어서면서부터였다.

1926년경부터 민족주의 언론이나 종교계의 청년론에서 농촌 계몽, 특히 귀농 문제가 구체화되기 시작했다. 1923~1925년에 걸쳐 발생한 암태도, 동양척식주식회사 북률농장北栗農場, 후지 흥업不二興業 서선농

---

95 이상재, 「청년이여 3」, 『청년』 6권 3호, 1926, 9쪽.
96 이상재, 「청년이여 1」, 『청년』 6권 1호, 1926, 3쪽.

장西鮮農場 등의 대규모 소작쟁의에서 볼 수 있듯, 당시 농촌 및 농민 문제는 식민지 사회 초미의 관심사였다. 따라서 청년에게 농촌에서의 역할을 기대하는 것은 어쩌면 당연할 수도 있지만, 당시 민족주의 계열이 농촌에 관심을 기울인 것은 1920년대 전반기의 청년 논의에 대한 반성과, 사회주의의 도전에 대한 대응의 측면이 강하다. 특히 1920년대 후반 이들의 농촌 문제 대책에서 핵심을 이루던 '귀농'의 발상은, 농촌으로 돌아가야 할 청년을 빼놓고는 생각할 수 없었다. 그중에서도 주도적인 역할을 한 것은 종교계의 청년운동이었다.

기독교청년회는 1920년대 후반 주요 사업 방향을 농촌 사업, 특히 귀농운동에 두고 있었다. 이미 1926년부터 기독교 청년운동 내에서 조선의 운명은 농촌에 있고, 청년의 급무는 농촌 개발에 있다는 주장이 대두했다.[97] "조선 청년의 시대적 가장 큰 사명"은 "농민계급의 문화적 계발과 농촌의 경제적 안정"에 있으니, 청년은 마땅히 농촌으로 돌아가 "그 배운 바 기술이거나 학문을 가지고 활용"해야 했다.[98] 기독교청년회 총무 신흥우는 1929년 벽두에 신년 사업을 논하면서, 농촌 사업이 제2단계로 접어들고 있다고 평가했다. 청년 남녀가 귀농의 중요성을 깨닫는 1단계는 이미 지났고, 이제는 농촌 사업이 성공할 방법을 찾고 이 운동을 지속할 인도자를 양성해야 하는 2단계에 접어들었다는 것이었다.[99]

농촌과 농민으로의 전환을 더욱 확고하게 선언한 것은 천도교였다. 농민층을 중요한 기반으로 삼았던 천도교 진영은 일찍부터 농촌 문제에 큰 관심을 보였다. 천도교는 1925년 조선농민사를 결성하고, 1926년부터 본격적으로 지역 단위의 농민운동을 활발히 전개했다. 이후 천도교 농민

---

97 이봉수, 「우리의 급무는 무엇인가」, 『청년』 6권 8호, 1926, 28쪽.
98 김성원, 「농촌 문제의 이론과 실제」, 『청년』 8권 8호, 1928.
99 신흥우, 「1929년에 대한 우리의 소망」, 『청년』 9권 1호, 1929, 1~2쪽.

운동 이론가들은 농촌을 계몽하는 현실적 주체로서 '농촌청년상'을 구체화하기 시작했다. 농업의 나라 조선에서 농촌청년은 전 사회적 중심이어야 했고, 조선의 장래는 "농촌의 무산청년"의 것이라고 규정했다.[100]

조선농민사는 창립 직후부터 귀농운동을 선언하고, 이를 선도했다.[101] 조선농민사에서 발간하는 『조선농민』朝鮮農民은 아예 1926년 6월호를 귀농운동호로 준비했다가 일제 당국에 압수되기까지 했고, 그 후에도 매호 청년에게 농촌으로 돌아갈 것을 호소했다.[102]

『동아일보』도 1925년 무렵부터 계몽운동, 특히 농촌계몽운동이 모든 조선인 운동의 토대가 되므로 무엇보다 우선해야 한다는 주장을 제기했으며, 귀농운동이 제창되자 적극적인 지지를 표했다.

『동아일보』는 조선의 농촌은 일반적 의미의 교육운동이 더욱 적극적으로 진행돼야 하는데, 총독부의 교육정책에 의지할 수는 없다고 보았다. 따라서 당면한 현실 속에서 농촌의 교육 문제는 일반의 유지와 청년들이 그 활로를 열어주기를 기대할 수밖에 없으므로 귀농운동을 대규모 사회교육운동으로 전진해야 한다는 것이었다.[103]

귀농의 청년상은 학생을 중심으로 하여 급속히 확산됐다. "농촌으로 가거라"라는 귀농운동의 구호는 이미 청년 남녀 사이에서 유행어로 여겨졌다.[104] 그것은 실제 귀농이 얼마나 이루어졌는가와 무관했다. "정말 그러고 싶허서 하는 말인지 그러고 싶지는 안은데 말로래도 그래야 행세를

---

100 이성환, 「농촌청년아 사랏느냐?」, 『조선농민』 2권 2호, 1926.
101 『동아일보』, 1925년 10월 3일.
102 한빗, 「도회로 모여드는 청년들아」, 『조선농민』 2권 9호, 1926; 박달성, 「호미를 들고 나설 그째」, 『조선농민』 2권 4호, 1926; 김명호, 「조선 청년아 농촌으로 도라가라 ─ 과거의 잘못을 회개하고」, 『조선농민』 2권 10호, 1926 등 귀농을 권유하는 논설은 일일이 그 예를 다 들 수 없을 정도로 많다.
103 「농촌의 교육운동」, 『동아일보』, 1925년 12월 20일.
104 박달성, 앞의 글, 1926, 10쪽.

하게스닛가 그러는지" 몰라도 "됴선의 청년 남녀는 더군다나 그래야" 한다는 사고방식이 일반화될 지경이었다. 1920년대 후반 귀농하는 청년은 이미 당위로 정착해 있었다.[105]

농촌 계몽의 청년상

1920년대 후반 민족주의자들은 농촌 계몽을 주요 과제로 제기하고, 이 과제를 실제 수행할 주체로 다시 청년을 규정했다. 그런데 농촌을 계몽하는 청년이란 크게 두 가지로 나누어 생각할 수 있다. 우선 농촌 현지에 살고 있는 청년을 먼저 떠올릴 수 있다. 당시에도 농촌의 계몽 문제를 이런 '농촌청년' 또는 '지방청년'을 중심으로 파악하는 경우가 있었다. "농한기를 당하여 지방청년들의 참되고 유의有意한 민중운동民衆運動을 문맹文盲 정복에 용력用力하기"를 권한다는 식의 인식이었다.[106] 그런데 실제로 농촌의 계몽운동은 농촌 현지의 청년을 중심으로 진행되지는 않았다.

우리 민족 전체 중에 선인先人들의 교도敎導를 선善히 밧으며 직접 당면한 자기네의 생활 개척에 비상한 노력을 하고 잇는 8할 이상의 거수巨數를 점占한 농촌청년을 가지고 잇슴이외다. 저이들이야말로 부랑浮浪에 침윤浸潤하는 야속野俗한 도시청년에 비하야 우리를 구할 진정한 용사勇士이며 횡재橫在한 악하岳河를 능히 도섭渡涉할 유위有爲의 장사壯士들입니다. 근일에 학계에 노니는 청년으로도 이 방면에 정관正觀을 갓는 이가 날로 추가追加함을 보는 쌔에 장래에 주인 될 이는 농촌청년이라고 호언豪言하리만큼 낙관樂觀을 갓게 되나이다.[107]

---

105 조훈, 「계급적 진전의 잇도록」, 『조선농민』 6권 1호, 1930, 23쪽: 정순갑, 「이론보다 실제에」, 『조선농민』 6권 1호, 1930, 30쪽.
106 「농한기와 계몽운동-지방청년의 노력을 권한다」, 『동아일보』, 1925년 11월 3일.
107 신흥우, 앞의 글, 1927, 2쪽.

신흥우도 도시청년에 대조되는 농촌청년이 장래의 주역이며, 우리 사회의 희망이라고 언급한다. 신흥우는 장래의 주인이 농촌청년이라고 했지만, 글 말미에 "근일에 학계에 노니는 청년으로도 이 방면에 정관을 갖는 이가 날로 추가"하고 있다고 지적했다. 이 구절은 실제로는 학계의 청년, 즉 학생이나 학교를 졸업한 청년들이 귀농운동의 주역이 될 수밖에 없던 현실을 반영하는 것이다. 논리적으로야 귀농청년도 조만간 농촌청년의 일부가 될 것이라고는 하지만, 현실에서 농촌(지방)청년과 농촌으로 돌아가야 할 청년(귀농청년)은 일치하지 않았다. 전자가 현실의 농촌 젊은이 집단을 지칭하는 것이라면, 후자는 이상적 청년상으로 제시된 당위의 개념이었다. 그러다 보니 경우에 따라서는 농촌으로 돌아가는 청년은 계몽운동의 지도자가 되고, 농촌의 지방청년은 계몽의 대상으로까지 규정되기도 했다.[108]

귀농운동의 주역으로 상정된 것은 지식청년, 그중에서도 학생청년이었다.[109] 1920년대 후반 귀농운동이 청년에 주목한 까닭은 단순히 젊은이 집단을 조직화해 동원하는 것이 아니라, "조선의 젊은이, 그중에도 지식 잇고 쏙쏙하다는 젊은이",[110] 즉 학생과 지식인 청년을 새로운 민족주의적 계몽운동의 주체로 형상화하고 이를 통해 청년 담론에서 사회주의 헤게모니와 경쟁하기 위해서였다.

이 지식청년은 농촌사회의 '지도자'로 정의됐다. 귀농이라는 개념 자체가 지식청년이 향촌사회로 돌아가 자신이 배운 지식과 학문, 기술로 무지한 농민을 계몽한다는 것인 만큼, 이들에게는 선진자, 지도자로서의

---

108 지식청년의 귀농운동에서 유의할 사항의 하나로 "농촌청년은 일반으로 신체가 건강하고 따라서 정신이 건전함으로 그들을 잘 지도만 하면 물질적으로나 정신적으로나 절대한 힘을 함축"하고 있음을 상기시키는 김성원의 글은 기독교 귀농운동에서 '지도자=지식청년 : 지도 대상=농촌청년'의 구도를 전형적으로 보여준다(김성원, 앞의 글, 1928, 6쪽).
109 김성원, 앞의 글, 1928, 16쪽.
110 김명호, 앞의 글, 1926, 5쪽.

위상이 부여됐다. 물론 이 경우 귀농은 반드시 도시청년에게 농촌으로 돌아갈 것을 권유하는 것만이 아니라, 농촌 출신으로서 교육받은 지식청년이 농촌에 정착하지 못하는 상황을 극복하고 농민 계몽의 주역으로 자리 잡게 하려는 시도이기도 했다. "농촌청년은 농촌으로 가자"[111]라는 동어반복의 구호가 등장한 것은, 귀농운동이 몸은 농촌에 있으나 농촌사회에 적응하지 못하는 지식청년을 농촌사회의 지도자로 복귀시키는 것까지 포함하는 운동이었기 때문이다.

1920년대 후반 농촌계몽운동의 지도자로서 정의된 청년은 1920년대 전반과는 다른 의미를 가지게 된다. 이들은 이제 1920년대 전반처럼 민족과 사회운동 전체의 헤게모니를 장악한 세력으로서가 아니라, 현실의 소규모 향촌공동체에서 야학, 농사 개량, 조합운동을 실천하는 현실적인 지도자로서 정의됐다. 귀농청년은 "무식한 농민의게 글을 가르치어주며 산업을 발달식히며 풍속을 개량하며 그 박게도 무엇무엇"[112]의 사업을 구체적으로 실행하는 지도자여야 했다.

귀농운동의 청년을 규정하는 것은 '지식청년'으로서, '지도자'로서의 사명감과 책임감이었다. 즉 가난하고 무지한 농민을 "건전한 사람이 되게 하고 이 힘업는 무리들노 하여금 힘을 짓게 하여야겟다는 책임감"이 청년으로 하여금 농촌에서 피땀 흘리는 농민 지도자가 되게 했던 것이다. 그러나 역으로 이 사명감은 농민에 대한 우월의식으로 변화할 위험성을 항상 안고 있었다. "우리의 사위四圍에 둘너잇는 일반 농민들은 모다 병신"이며 "모다 힘업는 무리들"[113]이라고 인식하는 순간, 농민이 외부의 계몽 없이 스스로 해방할 가능성은 존재하지 않는다.

---

111 이창휘, 「깁히 농촌으로 드러가자」, 『조선농민』 5권 3호, 1929, 35쪽.
112 한빗, 앞의 글, 1926.
113 한빗, 「농촌에서 피땀 흘니는 농민 지도자들에게」, 『조선농민』 4권 3호, 1928.

이런 문제가 있으므로 천도교의 조선농민사는 귀농하는 청년에게 실제 농촌사회의 한 부분이 될 것을 거듭 강조했다. 지도자라 하더라도 농민의 한 사람으로 생활할 것을 강조했다. "반다시 실제 농민이 되고 농장農場에서 고담古談 삼아 사회의 사정도 말하고 경제의 지식도 주고 농사 개량 방법도 배여주"는 지도자가 돼야 한다는 것이었다.[114]

귀농의 청년상은 1920년대 중반 이후 사회주의 청년론에 압도되면서 수세에 처해 있던 민족주의 청년론에 새로운 가능성을 부여했다. 민족주의자들은 귀농청년에게서 사회주의자들의 계급적 청년론과 구분되는 실제적이고 착실한 인간형인 동시에 헌신과 열정의 이상적 청년상을 발견할 수 있었다. 귀농운동이 본격적으로 제창되는 1926년부터 『동아일보』에 다시 청년의 기백과 의기를 강조하는 논설이 등장하기 시작하는 것은 우연이 아니었다. 「의기義氣와 용단勇斷」이라는 사설은 청년의 선도적 역할을 다시금 강조한다. 청년이 어떠한 기백과 용단으로 시운時運을 대하느냐에 따라서 민족과 국가의 성쇠가 좌우된다는 것이다. 그러므로 "새삼스러운 편便이 업지 아니하나 다시 청년의 의기를 격려하며 용단을 절규하지 않을 수 없"는 것이니, 청년들에게 "궐기하여 의에 살고 불의에 죽는 의협과 용단이 제군의 인격 전부를 점령하게" 하라고 격려한다.[115] 기세운동의 시대는 가고 실질운동의 시대가 왔다던 1년 전과는 사뭇 달라진 모습이다. 새로운 헌신의 모델로서 귀농의 청년상은 다음 글에서 더욱 명확하게 보인다.

조선 청년으로 만일 동포애의 적혈赤血이 잇고 사회성社會性의 혈루血淚가 잇다 할 것 가트면 맛당이 그 신身을 몬저 농촌에 투投하야 농촌 형제의

---

114 이창휘, 앞의 글, 1929, 35쪽.
115 「의기와 용단」, 『동아일보』, 1926년 1월 11일.

반려伴侶가 되며 도솔導率이 되야서 그네들에게 새로운 기술과 문법文法을 훈련하며 문자와 숫자를 가르쳐서 자위적自衛的 정신과 단체적 이익을 각성케 하여 농촌 생활의 향상을 기도케 하는 것이 현하現下 조선 사회에 잇서서 긴급 중요한 대사업인 것은 다언多言을 불요不要할 것이다.[116]

그러나 '헌신'이 '침착 냉정한 태도'와 '견실 정확한 방침'을 부정하는 것은 아니었다. 『동아일보』의 경우 청년운동의 사명이 문맹 퇴치, 물산 장려, 농사 개량 등을 통해 농촌사회에 신문화를 보급해 조선 사회운동의 모든 원천과 토대를 만드는 데 있다고 규정했다.[117] 그런데 이런 계몽 운동일수록 피폐한 농촌의 현실과 식민지 조선사회의 빈약한 문화적 기반을 인식하지 못하면 실패할 수밖에 없다. "'농촌으로 돌아가자' 하는 운동도 기분만으로 규호叫呼하다가는 필경은 환멸의 비애를 늣기고 공연히 실망할 것"이니 반드시 "냉정한 현실의 응시와 철저한 분투 노력과 절대의 용기와 인내"가 있어야 한다.[118] 1920년대 후반의 귀농운동을 통해 농촌 계몽의 영역에서 민족주의의 새로운 청년 개념이 정립됐다. 그 것은 '청년학생'이 '철저한 노력과 인내'로 '견실 정확한 방침'을 실천할 때 농촌 계몽이 구현된다는 것이었다. 이는 1930년대 초반 브나로드 운동의 청년상으로 이어진다.

---

116 「몬저 농촌으로 향하라-유지 청년에게 고함」, 『동아일보』, 1926년 10월 9일.
117 「청년운동과 농촌 문화-그 주력을 경주하라」, 『동아일보』, 1929년 1월 27일.
118 「조선 청년과 귀농운동」, 『동아일보』, 1929년 3월 30일.

민족주의 청년론과 성性

1920년대 청년론의 남성 중심성

지금까지 1920년대의 민족주의자들이 청년을 부르주아적 근대화를 추진하는 주체로 형상화하고 있었음을 살펴보았다. 이에 비해 사회주의자들은 계급적 전위로 전환할 수 있는 매개적 주체로서 청년을 창출하고자 했다. 즉 1920년대의 민족주의자와 사회주의자는 청년을 각기 다른 사회적 전략을 수행하는 주체로 상정한 것이다.

그런데 청년은 명백히 계급적일 뿐 아니라 지극히 남성적인 개념이었다. 1920년대 초반 문화운동이 표방한 '유식계급의 청년'이나 '지방부호와 명문거족의 자제'는 그야말로 가장 엘리트적인 남성 집단이며, 여기에 다른 소수자적인 정체성이 개입될 여지는 전혀 없었으니 '여성'은 더 말할 나위도 없었다. 엘리트 남성으로 집약되는 청년의 표상은 1920년대 초반 문화운동이 정점에 달하면서 더욱 강화됐다. 조선 민중의 운명을 개척할 지도자로서 청년은 민족의 장래를 위해 '처자'까지 포기하는 헌신성을 요구받았다.[119] 이것은 청년의 표상 속에 여성이 차지할 공간이 전혀 존재하지 않는다는 사실을 단적으로 보여주는 사례다. 청년을 부를 때 그 호명의 대상은 당연히 남성이었고, 여성은 '처자'로서 주체인 청년의 주변 조건으로 결정되어 있었다.

당시 청년을 논한 거의 모든 글은 특정한 방식의 실천을 강력히 호소하고 주장하는 것이었다. 따라서 '청년아!' '청년 제군'처럼 강한 어조로 독자를 불러들여 이들을 자기 논지 속으로 끌어들이려는 경향이 강했다. 이 글들이 전제하는 독자층, 즉 이들이 계속 이름 부르는 청년도 역시 패

---

119 「청년의 기개가 여하如何오─무의無意의 생生보다는 영녕寧히 유의有意할 사死를 취할지어다」, 『동아일보』, 1922년 1월 9일.

기에 찬 남성으로 상정됐다. "청년은 (……) 농가의 고정雇丁, 상점의 번두番頭를 하더라도 쓴은 기남아奇男兒, 쾌장부快丈夫에 향向하여만"[120] 하고, "영웅의 기상과 호걸의 골두骨頭"를 지닌 남아여야 했다. 이런 시각은 심지어 여성을 위한 잡지에서도 나타난다. 『여자계』 2호에 실린 「여자의 주는 역力」이란 글에서 청년이란 "유혈유루流血有淚한 청년 남아의 지사志士"이며 여성은 이 청년이 자신의 뜻을 펼치도록 도와주는 '가처家妻'에 지나지 않는 존재였다.[121] 계몽의 주체로서 청년을 창출해내기 위해서는 계몽의 대상이 있어야 한다. 여성은 경우에 따라서는 청년의 아내나 또는 누이로서 청년 주체의 사회적 조건의 일부가 되거나 계몽의 대상으로 정의됐다.

그러나 이러한 남성 중심성은 스스로 심각한 모순을 안고 있었다. 개조의 주역으로서 청년이 표방하는 근대화, 문명화된 나라에서는 여성에게도 남성과 동등한 인격적 권리를 부여해야만 했다. 그렇다면 청년 내부에도 여성의 자리가 확보돼야 하며, 나아가서는 정치적 단위로서 민족을 새롭게 구성해가는 과정에 여성도 참여해야 했다. 적어도 민족의 절반을 차지하는 여성 스스로 문명으로 나아갈 수 있게 하는 구체적 방안이 제시돼야 했던 것이다.

여성 주체의 형성 : '여자청년'(청년여자)과 신여성

이 문제를 해결하는 가장 쉽고 즉각적인 방법은 '청년'에 대응하는 주체로서 '여자청년'(또는 청년여자)을 형상화하는 것이었다. 청년여자라는 말

---

120 『20세기 청년독본』, 태화서관, 1922. 이 책의 저자는 밝혀지지 않았으나 1923년에 발행된 박준표의 『현대 청년 수양독본』과 일부가 그대로 일치한다. 동일 필자의 저작으로 보아도 무방할 것이다. 『20세기 청년독본』은 적어도 1926년까지 6판을 발행했으며, 해마다 계속 판을 개정한 것으로 보아 상당히 인기를 끌었던 듯하다.
121 무명은인無名隱人, 「여자의 주는 역力」, 『여자계』 2호, 1918, 21~22쪽.

은 1900년대부터 이미 사용되기 시작했지만,[122] 1920년대 초반의 청년 여자는 단순히 젊은 여자 이상의 의미를 지니게 됐다.

일본의 여자 유학생 모임인 여자학흥회女子學興會 회장이던 유영준劉英俊은 「반도 청년여자에게」라는 글에서 청년여자의 사명을 규정했는데, 그녀는 조선 여성은 유식계급의 청년여자에게 의지할 수밖에 없으며 조선 여자의 흥망이 청년여자에게 달렸다고 강조했다. 청년여자는 이렇게 가엾은 '조선의 여자들을 거느릴 대장의 직분'이 있음을 자각해야 한다는 것이다.[123]

그러므로 선구자인 청년여자는 부모의 몰이해와 억압, 일반 사회의 질시 등과 같은 난관에 봉착해도 결코 희망을 잃어서는 안 된다. "절망으로 오등吾等이 타락하면 오晤 조선 여자계는 여하히 될넌지 금수강산 오인吾人의 운명을 하시何時 하년何年에 기필期必할넌지 부지不知케" 되므로, 청년여자는 "장래 여자의 사표적師表的 책임을 부부負하고 가정엔 개량의 책責이 유유有하고 사회엔 교풍矯風의 책責이 유유有하며 국가 문명에 주모主母의 책責이 유유有한 것을 심오深悟"해야 한다.[124]

'여자청년'(청년여자)이라는 말은 두 가지 의미로 해석이 가능하다. 먼저 '청년 가운데 여자'라고 생각해보자. 그러면 이 말은 민족 전체의 계몽적 주체인 청년의 한 특수한 부분을 가리킨다. 거꾸로 '여자 가운데 청년'이라고 생각해보면 이번에는 민족 전체가 아니라 그 한 부분인 여성 가운데 계몽 주체로서의 역할을 수행하는 청년의 의미를 지니게 된다. 이 시기에 사용된 '여자청년'(청년여자)이라는 말에서 첫 번째 사례가 전혀 없는 것은 아니다.[125] 그러나 청년과 대등한 여자청년을 상정한 경우

---

122 김하구, 「청년 번민열煩悶熱의 청량제」, 『대한흥학보』 6호, 1909.
123 유영준, 「반도 청년여자에게」, 『여자계』 5호, 1920.
124 범範, 「조선 청년여자의 희망」, 『여자계』 6호, 1921, 31쪽.
125 김정희, 「청년아! 분투하자─특히 여자계를 위하야」, 『여자계』 속간 4호, 1927, 7쪽.

는 예외적이었다.

　1920년대 전반 여자청년(청년여자)은 대체로 두 번째 의미, 즉 여자 중의 청년으로서 여성 가운데 청년의 역할을 수행하는 계층이라는 의미로 사용됐다. 청년여자에게 조선 여성을 거느릴 대장의 직분이 있다는 유영준의 논리가 그 전형적인 경우다.[126] 조선의 청년여자가 만드는 새 조선이란 결국 신여자계와 동일시됐다.[127]

　1922년 1월 『동아일보』는 「조선 여자여 태양에 면面하야 입立하라」라는 사설을 실었다. 조선의 청년여자에게 보내는 이 사설을 그동안 청년(남성)을 논하던 글들과 비교해보면 이 시기 청년여자의 지위를 파악할수 있다. 이 사설은 "오인吾人의 자매 되는 청년여자"에게 "규방을 출出하야 태양에 면하야 입立"할 것, 즉 "구각舊殼을 탈脫ᄒ고 신생新生을 시始"하라고 한다. 여성은 "천생취사자天生炊事者가 아니며 자구자煮灸者가 아니며 재봉사裁縫師가 아니며 남자에게 대한 봉사자가 아니"라 "자유의 인격자"요, "신생명의 소유자"가 돼야 한다. 이를 위해서 조선의 여자청년은 먼저 "학學할 기회를 득得"해야 하며, 둘째 "상당한 식견과 인격으로써 권리를 요구하며 해방을 절창"해야 한다.[128] 이런 관점은 "녀편네가 사나희보다 조곰도 나진 인생이 아닌데, 사나희들이 천대하난 거슨 다름이 아니라 사나희들이 문명개화가 못 된 탓"[129]이라는 시각에서 벗어나, 여성 스스로 해방의 길을 모색할 것을 제시한다. 그러나 청년여자에게 제기되는 것은 여성의 문제에 국한된다. 청년여자가 사회나 민족에 관련되는 방식은 간접적이다. 즉 "제군이 완실完實한 후에 제2조선이 비로소 완실할 것"이라는 논리 속에서 청년여자는 여전히 어머니와 아내로만 규

---

126 유영준. 앞의 글. 1920. 10~11쪽.
127 무명은인. 앞의 글. 1918. 24쪽.
128 「조선 여자여 태양에 면面하야 입立하라」. 『동아일보』. 1922년 1월 8일.
129 『독립신문』 사설. 1896년 4월 21일.

정된다. 이는 바로 다음 날 실린 사설 「청년의 기개가 여하오」에서 처자와 함께할 안락조차 돌보지 않는 남성의 "청년"이 "사회의 생명이요, 사회의 동력"이며, "조선 민중의 운명을 개척할 자"로 규정되는 것과는 극히 대조적이다. 문명한 조선을 실현하기 위해서 여성 가운데 청년, 즉 청년여자의 각성이 필요하지만, 그 청년으로서의 역할은 어머니와 아내로서의 '여자' 문제에만 국한됐다.

1920년대 초반 청년회가 확산되는 과정에서 여자청년회 조직도 크게 늘어났다. 물론 전국적으로 2,000개가 넘는 남성 청년회에 비하면 1923년까지 34개, 1927년까지도 87개 정도만 확인되는 여자청년회는 미미할 수도 있으나, 이전에 비한다면 놀라운 성장을 이룬 것이었다. 그런데 조직과 운동 면에서 '여자청년'(회)이 확산된 것에 비해, 실제 여자청년이라는 말은 그다지 널리 쓰이지 않았다. 오히려 청년에 대응하는, 계몽적 주체의 개념으로 사용된 말은 '여자청년'보다 '신여성'이었다. 여자청년이나 신여성이나 일단은 같은 기반 위에서, 1920년대의 사회적·사상적 공간 속에서 청년에 대응하는 말로서 비슷한 기능을 수행하고 있었다.

이것은 당시 (조선) 여자계, (조선) 여자사회 등의 용어가 급속히 확산되던 것과 관련이 있다. '여자계'나 '여자사회'라는 말이 일반적으로 쓰이는 것에서 볼 수 있듯이, 이 시기 민족(또는 민족으로 구성되는 사회) 속에 여성의 계몽 공간이 인정되기 시작했다. 이는 완전히 새로운 현상으로 받아들여졌고, 1920년대 초 여자청년이나 신여성은 모두 이 새로운 여성의 공간을 개척하고 주도하는 소수의 교육받은 여성층을 지칭하는 말로 주목받았다.[130] 물론 이 공간은 청년이 주도하는 민족에서 분리되거나

---

130 팔봉산인八峰山人, 「소위 신여성 내음새-본지 전호前號 남녀 학생 시비是非를 읽고서」, 『신여성』 2권 6호, 1924, 20~21쪽.

대등한 위치에 있는 것은 아니었다. 민족 내부의 다른 많은 사회 영역 가운데 하나로서, 청년이 주도하는 민족의 하위 범주로 공인된 것이었다.

1920년대 초반부터 여자계, 여자사회로 지칭되던 여성의 사회정치 공간을 이끌어갈 사회적 주체로서 여자청년이나 신여성 담론이 본격적으로 전개되었는데, 여자청년은 아무래도 청년에 더 가까운 뉘앙스를 띠고 있었으며, 신여성 쪽이 여성을 더 강조하는 효과를 나타냈다. 따라서 여성의 독자적 운동을 전개하는 주체로서 신여성이 여자청년과의 경쟁에서 선택된 것으로 보아야 한다. 특히 초기의 신여성 담론이 여성 자신보다는 오히려 문화운동을 주도하던 남성에 의해 더욱 적극적으로 제기됐다는 사실을 고려할 필요가 있다. 물론 여기에는 이 운동을 주도한 일본 유학생들이 일본의 신여성운동에 영향을 받은 것도 무시할 수 없는 요인일 테지만, 그 또한 역시 '여성'에 강조점이 있다는 점에서는 동일할 것이다.

신여성의 운명은 그렇게 순탄하지 못했다. 신여성의 주창자 중 일부는 이른바 '정조' 문제를 둘러싸고 청년 담론을 주도하던 남성이 설정해놓은 여성운동 공간의 규율과 충돌한다. 나혜석이나 김원주가 그 대표적인 사례인데, 이 신여성은 점점 사회적으로 고립됐다. 신여성이란 지칭 또한 계몽적 선도자로서의 의미를 박탈당하고 소비적이고 향락적인 여성상을 의미하게 됐다.

2장_ 계급과 청년: 사회주의 청년론

진보적 청년론의 대두(1921~1922년)

1920년대 초반부터 청년에 관련된 여러 논의 가운데는 좀 더 진보적인 경향이 있었다. 확실하게 구별되는 흐름을 형성한 것은 아니었지만, 청년이 지향해야 할 가치의 핵심으로서 '민주주의'를 먼저 내세우거나 청년다운 정열과 적극적인 실천을 강조함으로써 일반적인 청년론보다 진보적, 적극적인 경향을 보이는 논자들이 등장했다.

이들은 대부분 조만간 사회주의자로서 활약하게 되는데, 대표적 인물로는 1920년대 초반 잡지 『신생활』新生活을 이끌었던 사회주의 논객 김명식을 들 수 있을 것이다. 1921년에 발표한 「각성한 청년에게」라는 글에서 그는 청년을 '말하자면 소소한 백질白質로 채색을 수受키 이易'한 존재라고 규정하고, 신사회의 신운명을 개척하기 위해서는 '청년의 각성'이 필수적이라고 강조했다. 그런데 무엇을 각성해야 한다는 것일까? 그에 따르면 청년은 "인간을 인간으로 각성"해야 한다. 즉 "인간의 본의本義를 각각覺하고 생활의 진면眞面을 성성醒하야 본의에 합습하며 진면의 생활을 영작營作"하는 사람이 참 인간이란 것을 깨달아야 한다. 이를 통해서 재래의 누습陋習과 속박에서 벗어나 '자유, 평등, 박애'의 현대를 맞이하게 된다는 것이다. 이렇게 도래하는 신사회의 신운명을 개척하는 것이야말로 청년의 임무이다.[1] 김명식은 현대의 민주주의는 "그 배경에 막쓰의 유물사관적 경제사經濟史의 보증保証이 유有"하며 "오즉 일인一人의게만 의依치 아니하고 다수의게, 전체의게 의依하는 민주적, 민본적民本的 사상"이니, 이 민주사상은 반드시 "현실 사회에 구체화하고 실현"해야 한다고 했다. 그렇지 않으면 "현대의 특징이 되는 치열한 노동운동은 그 형적形迹이 극히 치열하얏슬 것"이기 때문이라고 하여, 민주주의에 대한 좌파적 이해의 일면을 보여준다.[2] 이후에 조선청년총동맹과 일월회에 참가하는 신태악은 1921년 청년다운 청년이 되기 위해 '각성覺醒, 분기奮起, 맹진猛進'할 것을 촉구하면서 강력한 실천을 통해 문명 진보의 길로 나아가기 위해서 "늙은 청년의 두뇌를 부시자!"라는 과격한 주장까지 서슴지 않는다.[3]

민주주의와 적극적 실천을 강조하는 이런 급진적 청년상은 일반 지식인 청년 사이에서 급속히 확산됐다. 1923년 전조선청년당대회를 전후해서 청년운동 핵심부의 선진적인 인물들은 물론이고, 지식청년 대중 사이에서도 이전의 부르주아 문화운동이 제기한 것과 다른 청년상이 점차 확산되고 있었다. 급진적 청년론은 아직 사회주의적 계급의식이나 혁명론과는 거리가 있었지만, 일반적으로 사회주의에 대해 호의적이었다.

1923년 3월 대덕산인大德山人이라는 필자는 청년당대회의 필요성을 주장한 글을 『조선일보』에 투고했다.[4] 그는 청년이야말로 조선 사회의 진

---

1   김명식, 「각성한 청년에게」, 『아성』 3호, 1921, 3~4쪽.
2   김명식, 「현대 사상의 이해」, 『아성』 4호, 1921, 16~17쪽.
3   신태악, 「우리의 급선무」, 『조선일보』 1921년 1월 1일 (기其 2) 2면. 신태악과 같은 인물들의 민주주의론이나 평등론은 당시의 일반적인 논의보다 훨씬 적극적인 면을 보인다. 1920년 신태악은 여성 해방 문제를 논할 때 남성 중심의 시혜적 사고에서 벗어나야 함을 주장한다. 신태악, 「제명사諸名士의 조선 여자 해방관에 대한 여余의 의문」, 『개벽』 5호, 1920, 37쪽.
4   대덕산인, 「장차 경성에서 개최될 청년당대회에 대하야」, 『조선일보』, 1923년 3월 9~10일.

보를 맡을 유일한 계층이라고 했다. 즉 "사회⁵에 그 고통을 감感하고 그 책임을 자부自負한 자는 그들⁶의 중간계급⁷에 개재介在하야 번뇌와 고독을 늣기는 청년들샏"이며, 부형父兄과 제매弟妹들 사이에서 오직 청년만이 "생生을 도圖"할 수 있다고 주장했다. 그런데 이 글에서 그는 당시 청년당대회의 이념적 지향성이 논란이 되는 것에 대해 "○○주의라 ○○사상이라 찬성할 가치가 무無하다 하면, 이는 자가自家 무식無識을 자가로 폭로하는 것"이라고 청년당대회 주최 측을 옹호했다. 오히려 "자래自來로 존숭하는 우량신사벌優良紳士閥"들이 "자가의 권력 보장과 대중의 약탈계급으로 화하는 것"이야말로 "순직하고 청담한 우리 청년들"이 연구해야 할 바라고 지적함으로써 사회주의에 상당히 공명하고 있음을 내비친다.

사회주의로 상당히 기울어진 급진적 청년론은 1922년 10월 조직된 '무산청년회'에서 가장 먼저 확인할 수 있다. 『동아일보』에 보도된 무산청년회의 「무산청년선언문」에 따르면, 이들은 자신들을 "먹지 아니하면 살어갈 수 업스면서 먹으랴도 먹을 수 업는 우리 재산 업는 청년"이라고 정의했다. 이들은 자신들의 앞길에는 '특권계급'의 혹사를 감내하다 자멸할 것인가, 그렇지 않으면 그 특권의 철폐에 떨쳐나설 것인가의 선택밖에 없다고 규정하면서, 인간 중에서 가장 중요한 청년들이 "흉악한 특권계급"의 노예가 될 수 없으며 "인간의 지위가 우양牛羊의 지위로 타락되는 것을 용서"할 수 없다고 단언한다. 그러므로 "인생 본능本能의 요구를 만족하는 것이 인도人道의 쩟쩟한 일"이므로 이를 저해하는 어떤 것이라도 없애버리는 것이 "무산자 청년"의 임무라고 선언한다.⁸ 무산/특

5　조선 사회를 말한다.
6　부형父兄과 제매弟妹를 일컫는다.
7　사회계급의 의미가 아니라 연령집단, 즉 세대를 의미한다.
8　「무산청년선언문」, 『동아일보』, 1922년 11월 4일.

권 계급이라는 빈부에 따른 초기적인 계급의식, 문화주의적 사회 개량과 계몽을 넘어서는 적극적인 개혁의 요구와 단결의 선언이라는 측면에서, 이들의 선언에는 아나키즘과 마르크스레닌주의 등 다양한 급진적 경향이 조금씩 포함되어 있었다.

그러나 정작 혁명, 착취, 노동계급, 전위 또는 민중의 직접 행동 등과 같이 이른바 '신사회' 실현을 위한 직접적인 전략을 드러내주는 개념을 이 선언문에서는 찾아볼 수 없다. 즉 매우 행동 지향적이기는 하지만 여전히 급진적인 민주주의 범주에서 완전히 이탈한 것은 아니었다. '무산청년'이야말로 사회주의 지향의 청년을 가장 잘 드러낼 수 있는 개념이었지만, 1920년대 초반에는 지향의 수준에만 머무르는 경우가 많았다. 1923년 마산의 무산청년이 결성한 무산자신화회의 경우, 그 창립 모임에서 물산장려회 발기인 이덕재李德宰가 물산장려회의 취지를 설명하기도 했는데, 이 무렵까지도 무산청년이 반드시 사회주의 지향과 직결되는 것은 아니었다.

실제로 청년운동에서 사회주의자의 우위가 본격화되는 계기로 여겨지는 전조선청년당대회의 취지문이나 후원회의 선언문에서도 사회주의적 지향이 바로 드러나지는 않는다. 청년당대회 취지문에 나오는 "자유와 평(등)은 인간의 본연이라 양심은 이에 자극되고 개성은 이에 발로하야 모든 부자유, 불평등은 자유화, 평등화하려는 것이 금일 전 인류의 절규"라는 주장에서 볼 수 있듯이, 청년은 자유와 평등을 실현하는 인류의 소망과 추세를 달성하는 주체로 상정됐다. 그러나 이들 청년은 자유와 평등, 양심과 개성 등을 실현하는 주체에 그치지 않았다. 청년은 일제하의 식민지 현실에 대한 강렬한 저항의식을 바탕으로 하는 개념이었고, 그 저항의식의 기저에는 '민중'에 대한 인식이 존재했다. 즉 "대지에 가득한 불안과 민중의 늣기는 불만은 갈사록 천파만파가 팽배비등"[9]하는 상황에서, 그 "활동과 사업이 전연全然히 민중의 요구와 배치되는 상태에 잇는

각지 청년단체"들을 혁신할 필요성이 제기된 것이다.[10]

전반적으로 1920년대 초반 진보적 성향을 띤 사람들의 논의 속에서 청년은 부르주아 주류 집단의 청년과 구별됐다. 문화운동의 청년이 문명화나 근대화를 중심으로 배치되는 데 비해, 이들은 여기서 그치지 않고 인민을 중심으로 하는 급진적인 '데모크라시'의 적극적인 실천을 추구하거나, 지배계급과 피지배계급 사이의 갈등과 대립이라는 문제를 시야에 넣기 시작했다. 그리고 이런 의식의 저변에는 민중의 존재와 그 역사적 역할에 대한 인식이 있었다.

한편 이 시기에 크로포트킨Peter Kropotkin의 「청년에게 호소함」이 널리 읽힌 사실에도 유의할 필요가 있다. 크로포트킨의 『상호부조론』은 '구시대'의 적자생존 논리를 극복하는 이념으로 사람들의 관심을 끌었지만, 「청년에게 호소함」이 인기를 누린 것은 아나키즘 자체에 대한 관심 때문만은 아니었다. 그보다는 당시 사회운동의 고양과 청년 담론의 활성화 그리고 청년의 사회적 역할 증대라는 여러 가지 조건이 맞물리면서 이 저작이 널리 보급됐다고 보아야 할 것이다. 이 팸플릿 자체가 본격적인 아나키즘 저작이라기보다는 지식인 청년의 사회적 책임과 참여를 강조한 글이기 때문이다. 「청년에게 호소함」은 우리말로 번역되기 이전부터 일역본이 널리 읽혔으며,[11] 1922년 이성태李星泰가 완역은 아니지만 『신생활』 6호에 「청년에게 소소함訴함」이라는 제목으로 내용을 상당 부분 번역했다.[12]

9　「전조선청년당대회 주최」, 『조선일보』, 1923년 3월 17일.
10　「전조선청년당대회 후원회 선언문」, 이강李江(양명梁明), 「조선 청년운동의 사적史的 고찰」(중), 『현대평론』現代評論, 1927년 10월호, 17쪽.
11　오스키 사카에大杉榮가 일본어로 번역한 『青年に訴う』는 1920년대 초에 가장 널리 읽힌 책 중 하나였다. 이기훈, 「독서의 근대, 근대의 독서-1920년대의 책읽기」, 『역사문제연구』 7, 2001, 35쪽.
12　이에 앞서 김명진이 「청년에게 고함」이라는 제목으로 『동아일보』 1920년 5월 22일자에

크로포트킨은 서두에서 이 글은 18세나 20세 정도의, 학교를 마치고 사회로 이제 진출하려는 청년을 독자로 가정한다고 밝혔다. 이들은 "세상이 억지로 제군에게 주입하려는 여러 가지 미신을 버서난 두뇌를 가진 이들"이며, "정욕의 쾌락밧게 아무것도 모르는 저 부랑한 자식"이 아니라 "극히 진실한 심정을 가진 청년"이다.[13] 이 글은 청년이 어떠한 분야에서 진로를 모색할지라도 결국은 자본주의 사회의 궁극적인 모순에 봉착할 수밖에 없으며, 양심에 따른다면 피압박계급을 위한 혁명의 길을 선택할 수밖에 없다고 설득한다. 그래서 이 소책자는 아나키스트뿐만 아니라, 사회문제에 관심을 가진 청년들 사이에서 널리 읽혔다.[14] 1925년에 발간된 『사상운동』思想運動 2권 2호에 권독부勸讀部에서 출판한 팸플릿 시리즈 중 1호로 「청년에게 소함」 광고가 실렸다는 사실 또한 이런 문맥에서 이해할 수 있을 것이다.

전위로서의 청년(1923~1926년)

1923년의 전조선청년당대회는 청년 개념의 역사에서 매우 중요한 위치를 차지한다. 청년당대회를 준비하거나 후원하는 문건에 나타난 청년상은 이전의 문화운동론과 차이를 드러내기는 하지만, 아직 명백히 사회주의적이라고 할 수는 없다. 그러나 대회를 마치면서 발표된 선언문은 "불합리한 현대 경제사회조직 및 사회제도"와 "쏄으조아적 모든 문화"를 근

1장만을 번역, 게재했다. 그리고 『동아일보』는 1925년 10월 21일부터 11월 16일까지 6회에 걸쳐 「선구자의 하소연」이라는 제목으로 곡천谷泉이 초역抄譯한 것을 게재했다.

13 이성태 역, 「청년에게 소함」, 『신생활』 6호, 1922, 80쪽.

14 1928년에는 창원보통학교 훈도가 이를 번역해 졸업생에게 배포하다가 발각되는 사건이 발생하기도 했다. 「크로포트킨의 저서 번역 반포한 창원昌原의 조훈도趙訓導 등 압송」, 『조선일보』, 1928년 9월 29일.

본적으로 타도하고, "동일한 처지에서 연대적 감정을 가진 만국萬國노동자동맹주의"를 철저히 실현하며, 이를 달성하기 위해 "계급의식에 각성한 무산계급의 대동단결과 조직적 훈련으로써 종래의 지배압복支配壓伏○○[15] 계급을 공포 전율케"할 것을 결의해, 뚜렷한 마르크스레닌주의 지향을 보여주었다. 전조선청년당대회를 주도한 서울청년회 내부에는 이미 비합법 전위조직으로 '고려공산동맹'이 형성되어 있었고,[16] 따라서 이 선언문에는 고려공산동맹 그룹의 마르크스레닌주의 인식이 그대로 투영되어 있었던 것이다.[17]

사회주의자들은 자연스럽게 당시 사회운동의 중추였던 청년운동을 통해 세력을 확대하고자 했다. 그런데 청년운동의 주도권은 전형적인 서구 근대화를 지향하는 부르주아 지식인과 언론이 장악하고 있었다. 따라서 초기 사회주의자의 가장 중요한 임무는 우선 기존의 청년운동 조직과 이념으로부터 부르주아의 주도권을 빼앗아오는 것이었다. 국제공산청년회의 지도를 받던 고려공산청년회 총국이 조선 공산주의자에게 "공청共靑에서는 가장 혁명적 질質을 가진 청년단체와 학생단체에 드러가 공청 세포를 조직하되, 위선 여덟 개 세포만 조직되면 곧 창립대회를 소집한 후 전국적으로 각 청년단체에 들어가 그를 혁명화"할 것을 지시한 일은 그 대표적인 사례였다.[18]

따라서 담론의 측면에서도 문화운동론자의 청년론을 논파하고 헤게모니를 쟁취하는 일이 우선 과제로 제기됐다. 사회주의자들은 이 과제를

---

15 ○○에 들어갈 글자는 착취搾取로 보인다.
16 전명혁, 「1920년대 국내 사회주의운동 연구: 서울파를 중심으로」, 성균관대학교 박사학위 논문, 1998; 임경석, 「서울파 공산주의 그룹의 형성」, 『역사와 현실』 28호, 1998.
17 이 점에서 앞서 살펴본 일반적인 지식인 청년과는 인식의 괴리가 있다고 할 수도 있다. 그러나 사회주의 사상이 급속도로 확산되면서 이런 차이는 곧 소멸했다.
18 「고공청 일반 진행 정황」高共靑一般進行情況, 『이정 박헌영 전집』 4권, 역사비평사, 2004, 151쪽.

해결하기 위해 두 가지 방향에서 접근했다.

첫째는 '청년'에 혁명이라는 새로운 역사적 임무와 그에 따른 특성을 부여함으로써, 기왕에 형성된 청년 주체의 상 그 자체를 사회주의적으로 전유하는 방식이었다. 그러기 위해서는 청년을 투쟁과 해방의 주체로 재정의하는 작업이 필요했다. 이를 위해 한쪽에서는 '청년이란 무엇인가'를 새롭게 정의하는 작업이, 다른 한쪽에서는 '청년에 대한 기존의 부르주아적 정의를 해체하는' 작업이 동시에 진행됐다.

청년이란 어떤 특성을 가지기에 해방의 주체로 정의될 수 있는가? 사회주의적 해방이란 최종적으로 계급 주체를 전제로 하는 것인 데 비해, 청년은 세대와 연령을 기준으로 하는 집

서울청년회는 1920년대에 사회주의 청년운동을 주도했다. 『동아일보』, 1929년 8월 30일.

단이었다. 계급혁명의 역사적 과제를 선도적으로 수행하는 세대적 주체로서 청년상을 확립하는 것은 이론적으로나 실천적으로 어려운 일이었다. 적극적 정의가 어려운 만큼 '배제'하는 방식으로 접근하는 것이 훨씬 간단하고 유효했다. 즉 '진정한' 청년상을 확립하기 위해 지금까지 청년 내부에 존재했던 (반혁명적인) 비非청년 요소를 없애야 했다. 따라서 사회주의자들은 부르주아 문화운동 청년론의 비청년성을 폭로함으로써 청년운동에 포함된 지도자와 유지를 축출하고 헤게모니를 장악하고자 했다. 구체적으로 사회주의자들은 청년단체에서 회원의 연령 문제를 집중적으로 제기했다. 다시 말해 청년회를 실제 나이의, 이른바 '진정한 청년'에게 맡겨야 한다는 것이었고, 이는 계몽적 의식으로써 '청년성'을 규정하고자 했던 부르주아 문화운동의 청년론을 논파하려는 시도였다.

둘째는 '청년' 내부의 분열과 균열을 부각하는 것이었다. 즉 부르주아

청년과 프롤레타리아 청년 사이에는 화해할 수 없는 적대성이 놓여 있음을 강조함으로써, 1920년대 초반 문화운동의 통합적인 부르주아 청년상을 붕괴시키고자 했다. 앞서 제시한 관점이 청년 주체를 포기하지 않고 계급 주체와 유기적으로 연결하려는 시도인 데 비해, 이러한 관점은 계급 주체를 강조하고 청년을 여기에 종속적인 개념으로 다루게 된다.

청년성과 계급성

혁명의 과학으로서 마르크스레닌주의가 보급되자 '계급(및 계급혁명)의 관점을 어떻게 식민지 조선의 현실 속에 구체화할 것인가'라는 문제가 본격적으로 제기됐다. 이론이 아니라 현실 속에서 변혁의 주체를 창출해내기 위한 과제였기 때문에 출발부터 논쟁적일 수밖에 없었다. 특히 마르크스레닌주의 혁명 담론에서 핵심 범주인 계급이 사회를 나누는 또 다른 범주들(민족이나 세대)과 어떤 관계를 설정해야 하는가 하는 문제는 더욱 그러했다.

계급, 민족, 세대(청년) 등의 개념과 범주를 토대로 하여 해방의 전략전술이 구성됐으므로, 이 범주들은 단순히 사회의 분할을 드러낼 뿐만 아니라 정치적 주체와 투쟁의 전선을 형성하는 논리적 기초가 됐다. 따라서 초기의 사회주의자 간에는 이 개념과 범주의 의미를 놓고 격렬한 논쟁이 벌어지기도 했다. 대표적인 사례가 나경석과 주종건, 이성태, 박형병 등이 벌인 물산장려운동 논쟁이다. 나경석이 장차 도래할 혁명을 위해 사회적 생산력 증대를 강조하면서 물산장려운동에 참여하기를 주장했다면, 나머지 논자들은 계급투쟁과 혁명 과정에서 프롤레타리아의 주도권을 강조했다.[19] 특히 생산력 중심주의적 경향을 보인 나경석은 민

---

19 이에 대해서는 박종린, 「1920년대 전반기 사회주의 사상의 수용과 물산장려 논쟁」, 『역사와 현실』 47, 2003 참조.

족의 총체적 생존 위기와 지식계급의 무산자화를 주장했다.[20]

나경석이 사적 유물론이나 사회주의 혁명을 이해하는 방식이 단계론적이고 생산력 중심주의적이라는 점은 새삼 지적할 필요도 없을 것이다. 그러나 이런 발상은 마르크스주의에 대한 이해의 수준이 낮아서라기보다는 당대의 사회 상황을 반영하는 것으로 이해해야 할 것이다. 노동자 계급은 제대로 형성되지도 않았고, 광범위한 농촌의 농민들은 전혀 조직화되지 않았으며 교육 정도는 전반적으로 매우 낮았다. 이에 반해 젊은 지식인 청년 집단은 강력한 계몽운동과 반제국주의운동의 전통을 갖고 있었고, 많은 사회주의자 스스로 이런 계몽적 청년운동의 연장선상에 서 있기도 했다. 현실적으로 지식인 청년이야말로 가장 급진적이고 조직화된 운동의 사회적 기반인 상황에서, 사회주의자들이 '청년'에 단순한 세대 구분 이상의 의미를 부여하는 것은 자연스러운 일이었다.

"미래는 청년의 것"이라는 카를 리프크네히트Karl Liebknecht의 말은 1920년대에 가장 널리 쓰인 구호 중의 하나였고, 매년 9월 1일 국제청년데이 즈음에는 그 역사적 의의를 기념하자는 글이 숱하게 발표됐다. 실제로 1920년대의 사회운동 상황을 보면 미래뿐 아니라 현재에도 "청년이 운동의 중심"이라는 표현이 과하지 않을 지경이었다.[21] 그러나 근본적으로 혁명은 계급에 의해 수행되는 것이었다. 사회주의자 청년은 계급(성) 문제를 어떻게 수렴했으며, 당시 조건에서 '청년'은 어떤 사회적 의미를 지닌다고 생각했을까?

이청우李靑宇라는 필명을 쓰는 한 사회주의 논객은 매우 흥미로운 주장을 펼친다. 그는 당시 식민지 조선이 "금일의 구사회舊社會와 명일明

---

20 나공민羅公民, 「물산장려와 사회문제 (6)」, 『동아일보』, 1923년 3월 1일.
21 1920년대 청년운동의 전반적인 상황에 대해서는 한국역사연구회 근현대청년운동사연구반, 『한국근현대청년운동사』, 풀빛, 1995, 1부 「청년운동의 대두와 발흥」 참조.

日의 신사회의 중간 도정途程"의 과도기에 놓여 있으며, 이 국면을 헤쳐나가는 데 '자각한 청년'이 특별한 위상과 의무를 지니게 된다고 주장했다.[22] 이청우는 노인과 청년을 대립적인 범주로 구분하여 청년의 사회적 사명을 도출해낸다. 그는 "노인은 구사회의 모든 편견에서 정신적 마비"를 당해왔기 때문에 "현대의 경제적 구성에 대하여 예銳히 비판할 역량도, 현대 사회의 순여盾予 당착撞着되는 미망迷忘에 대해서도 용기 잇게 반항할 힘"을 가지지 못한 사람들이라고 보았다. 이에 반해 청년이야말로 "구사회의 대변자가 우리에게 설법해주는 그러한 허언과 교훈에 무판별적으로 마취"되지 않을 만큼 냉철하며, 또 "아직 젊기에 그런 설교의 신조가 제2천성으로 되지 않았다"라고 했다. 따라서 구사회를 정확하게 비판하고 민중의 계급의식을 환기해 조직화하는 임무는 "과거 봉건적 사상과 편견에 배양된 로년"에게 기대할 수 없으며, "오늘날 자각 잇는 청년", 그중에서도 "자각 잇는 무산청년"이 맡을 수밖에 없다.

그는 자각한 청년은 사회적 임무에 대한 자기 사명과 동일한 계급에서 동일한 의식을 가진 것을 자각함으로써 "무산계급의 전위대"가 된다고 했다. 자각한 청년으로 구성된 청년단은 미래 무산계급운동의 지도적 직능을 가지는 완전한 조직적 단체가 될 수 있다는 것이다.[23]

이청우의 논리는 청년, 그중에서도 무산청년이 사회적 임무와 계급의식을 자각할 때 가장 철저히 무산계급의 혁명적 임무를 수행할 수 있으므로, 이들을 전위조직화해야 한다는 것으로 요약할 수 있다. 이런 발상 자체는 식민지 현실에 대한 고민을 바탕으로 한 것이기는 하지만, 이론

---

22 이청우, 「과도기에 잇는 청년의 사회적 가치-투쟁 과정에 잇는 청년의 임무」, 『개벽』 66호, 1926, 10쪽. 이청우는 필명이지만 실제로 누구인지는 확인되지 않는다. 1926년에 쓰인 이 글은 시기상으로 볼 때 주종건의 글보다 몇 년 뒤의 것이지만, 세대 문제에 관한 한 정통 마르크스주의에서 벗어난 자유로운 사고방식을 보여준다.
23 위의 글, 16쪽.

과 실천 면에서 모두 비유물론적이라고 비판받을 소지가 다분했다. 우선 청년과 노인이라는 이원적인 세대 구분 자체에 비현실적인 면이 있었고, 청년성과 계급성이 상충하는 것과 같은 여러 가지 이론적 난점도 전혀 해결되지 않았다. 이청우의 논의는 청년과 노년 세대를 극단적으로 비교한다는 점에서 문화운동론의 청년론과 어느 정도 통하는 점이 있다. 어떤 점에서는 세대적 주체의 가능성이 부분적으로 열려 있는 것이다. 그러나 이청우를 포함해 모든 사회주의적 논의에서 청년은 근본적으로 "계급적 주체로 전환하기 위한 과도적 개념"으로 사용되는데, 바로 이 점에서 문화주의 청년과 구분된다. 미래는 항상 무산계급운동을 향해 방향을 잡고 있었으며, 청년이 주체로 부각될 수 있었던 것은 그들이 "순진한 무산계급의식을 보전保全"할 수 있기 때문이었다.[24]

좀 더 정통적인 이해는 주종건의 주장에서 나타난다. 주종건은 이청우보다 확고한 계급론적 기반 위에서 청년론을 전개했다.[25] 주종건은 "무산청년운동은 무산계급해방전선의 일부대一部隊"이며, 그 최후의 목표도 "무산계급의 완전한 해방"이라고 명확히 정의했다. 그런데 조선은 특수한 경우였다. 즉 "계급운동의 초기에 잇고, 인위적 작용에 의하야 근대 공업은 전연全然히 발달치 못하엿스나 자본주의적 고도의 착취를 당하고 잇는, 변태적 사회 진화의 과정에 잇는" 조선에서 "계급전선의 전위대가 될 자는 무산청년을 제除하고는 다시 잇지 못"하다는 것이다. 왜냐하면 반봉건적 상태에 놓인 조선의 사회계급 구조에서 "별동대와 본부대를 구별한다 함은 사실상으로 불가능"하기 때문이었다.

또 봉건적 산업 형태가 지배적인 조선에서 "농촌을 이離하여서는, 대

---

24 「일본무산청년전국동맹조직 준비」, 『사상운동』 2권 3호, 1925, 5쪽.
25 주종건, 「무산청년운동과 조선」, 『개벽』 39호, 1923. 주종건은 1921년 상하이과 고려공산당대회에 참가했고, 1차 조선공산당 집행위원으로 활약한 대표적인 초기 사회주의 이론가다(강만길·성대경 엮음, 『한국 사회주의운동 인명사전』, 창비, 1996, 472쪽).

중운동은 도저히 추상推想도 못할" 상황이다. 그러나 농촌의 무산자를 살펴보면 우선 "거의 다 미신의 역域에 방황하는 극도의 보수적"인 집단이고, 현재 농촌의 생산 과정을 사회화하기 어려울 뿐 아니라 "농업의 본질상 집단적 훈련은 거의 절대적으로 불가능"하므로, 이들이 "계급혁명의 선구가 되기는 (……) 사실은 불가능한 일"이다. 그러므

1925년에 창설된 고려공산청년회의 인장. 이정박 헌영전집편집위원회, 『이정 박헌영 전집』 9권, 역사비평사, 2004, 32쪽.

로 조선에서는 "선진 각국의 도시 노동자가 행하는 혁명선상革命線上의 선구적 사명은 계급적 무산청년이 차此를 행行치" 않을 수 없다. "농촌의 계급운동도 계급적 무산청년의 운동을 사俟하야, 그 완성을 기期하게 될 것"이라고 보았다.[26]

노동자계급이나 농민층에서 혁명을 이끌어가는 전위대를 조직할 수 없는 식민지 조선에서는 무산대중운동의 발전을 위해서 우선 "환경에서 정신적으로 자기를 분리하야, 그 자기의 존재를 선명히 의식한, 계급적으로 자각한 선구자의 조직을 완성"하는 일이 최우선 과제로 제기됐다. 청년을 제외하고 도저히 "계급적, 혁명적의 무산자를 구할 수 업는 조선에 잇서서는, 조직된 선구자는 본진인 동시에 별동대의 핵심이 되고, 지도자"[27]가 된다는 것이었다.

자각한 청년이 해방운동의 전위가 돼야 한다는 것은 특정 정파의 주장이 아니라, 1920년대 중반 사회주의자 전반이 동의하는 것이었다. 북풍

---

26 주종건, 위의 글, 9쪽.
27 주종건, 위의 글, 10쪽.

회 회원이었던 송봉우도 "조선 산업 상태가 미숙하닛가 (……) 조선 민중 해방운동의 선구는 청년이라야만 한다"라고 주장했고, R.W.G란 필명의 인물도 『사상운동』에 게재한 글에서 무산청년이야말로 "오늘의 조선! 그 무대의 정면에서 대중의 전위대"가 될 것이라고 주장했다.[28] 1920년대 중반 청년운동의 주도권을 장악했던 서울청년회 계열은 더 말할 것도 없을 것이다. 실제로 이들의 주장은 1923년의 청년당대회 무렵부터 계속 '청년전위론'이라는 비판을 받기도 했다.[29] 일반적으로 1920년대 중반까지 사회주의 청년운동은 대체로 세대적 주체인 청년이 해방운동에서 전위적 역할을 수행하는 것을 인정했다. 청년성이 프롤레타리아 계급성에 준하는 혁명적 잠재력으로 해석된 것이다.

그러므로 이후 1928년에 이르러서도 1920년대 전반에 대해서는 다음과 같은 평가가 가능했다. 즉 "전체 혁명운동의 조직이 존재하지 않던 단계에 있어 조선청년단체는 가장 중요한 정치적 임무를 독립적으로 수행했다. 그때에 있어서 청년운동은 지대支隊로서의 청년 독자獨自의 임무만이 아니라 거의 전체 운동의 대표자로서 임무를 수행"[30]했다.

그러나 이미 이 시점에 청년 주체와 계급 주체 간 불일치에 대한 우려가 제기되고 있었다. 1924년 정백은 "청년운동이 능히 민중해방운동의 선구가 될 만한 역사적 사명을 감당할 수 있을까?" 하는 의문을 제기했다.[31] 무엇보다도 당시 청년단체는 소부르주아 청년들이 중심이 됐고, 따

---

28 R.W.G, 「국제청년데이」, 『사상운동』 2권 2호, 1925.
29 배성찬 편역, 「조선 사회운동 약사 코스」, 『식민지시대 사회운동론 연구』, 돌베개, 1987, 57쪽. 청년전위론이란 청년조직이 전위당을 대체할 수 있다고 보는 관점이다. 그러나 앞에서 살펴보았듯이 서울청년회계에서도 대체로 청년을 계급 주체로 이행하는 과도적 단계로 상정했다고 보아야 한다. 특히 1922년 말부터 서울청년회 내에 고려공산동맹이라는 전위당적 조직을 결성했던 점에서 볼 때, 이들이 당대의 일반적인 사회주의 혁명 전략에서 이탈하는 특별한 기획을 따로 가졌다고 볼 수는 없을 것이다.
30 스즈生(김기진), 「조선청년운동의 당면 임무」, 『청년전위』靑年前衛 창간호, 1928; 김준엽·김창순, 『한국공산주의운동사』 자료 2, 청계연구소, 1986, 180쪽.

168

라서 "오합적烏合的인 혼성군混成軍의 운동"이었기 때문이다. 그런데도 청년 내부의 계급적 분열의 선이 현저히 드러나지 않은 이유는, 제국주의의 식민 지배가 피정복 민족 내의 계급선을 은폐했기 때문이다. 그러므로 정백은 "무산청년운동의 본류를 지지"하는 것이야말로 당대의 긴급한 과제라고 주장했다. 즉 사회주의자들은 "청년에게 무산계급의식을 주입하고 민중적 정신을 고취하며 사상에 각성한 청년을 규합하며 훈련하야 사상적 선전운동을 일으킬 것은 물론이오, 무산청년운동으로 하야금 민중 속으로 파고드러가서 (……) 새 사회를 가져올 정신을 발효醱酵케 할 만한 배종胚種과 세포細胞가 되게 하기를 기도"해야 한다는 것이었다. 이렇게 청년 내부의 계급적 분열에 주목하게 되면 세대적 주체로서 청년 자체가 가질 수 있는 진보적 의의는 약화되고 계급 주체 형성을 준비하는 과도적 성격이 강화되기 마련이었다. 그리고 이런 관점의 차이는 이론의 문제라기보다는 당대의 현실과 운동의 상황을 어떻게 파악하느냐에 따라 달라지는 전략적 차원의 문제였다.

사회주의적 청년 주체

앞서 이청우와 주종건 그리고 정백이 논하는 '청년'은 상당한 차이가 있지만 중요한 지점에서 일치한다. '자각自覺'이 청년성과 계급성을 매개하는 핵심 기제로 작동한다는 점이다.[32] 이는 1920년대 사회주의의 청년 논의에서 공통된 지점이기도 하다. 만약 논의하는 청년이 처음부터 노동계급 출신 청년이었다면 계급성의 각성이 사실 자연스러운 일이므

---

31 목멱산인木覓山人(정백), 「조선청년총동맹에 대하야」, 『개벽』 46호, 1924, 103~104쪽. 정백은 『신생활』 기자였으며, 1924년 조선청년총동맹 집행위원으로 선임됐고, 서울파의 일원으로 고려공산동맹 결성에 참여했다(강만길·성대경 엮음, 앞의 책, 1996, 431쪽).
32 앞서 살펴본 김명식과 신태악도 '각성'을 출발점으로 삼았다는 사실을 되새겨볼 필요가 있다.

로 그 중요성도 좀 덜했을 것이다. 하지만 지식계급 출신 청년이 무산계급적 지향을 갖기 위해서라면 '자각'은 그야말로 핵심 과정이 된다. 청년은 계급의식을 자각함으로써 주체로서 계급성을 확보한다. 이렇게 자각이라는 계몽적 주체화를 통해 청년이 완성된다는 점에서는 사회주의의 청년론과 문화운동론의 청년론이 일치한다. 즉 청년은 지식과 도덕, 역사의식 등에 의해 계몽되어 집단(민족/계급) 속에서 자기 위상(선각자/전위)을 발견하고, 나아가 궁극적인 역사적 목표(문명/공산주의)를 향한 진보의 메커니즘을 인식함으로써 청년 주체로 거듭난다. 어떤 방식으로 어떤 자의식을 내면화하느냐(무엇을 어떻게 '자각'하느냐)에 따라 전혀 다른 두 가지 실천 주체가 형성되는 것이었다.

1920년대 부르주아 문화운동론의 청년은 '수양'을 통해 형성된 합리적 주체였다. 이들은 신조선新朝鮮의 최첨단으로 규정되면서 구조선舊朝鮮과 날카롭게 대립했지만, 실제 운동 방식은 철저히 실력 양성과 계몽에 의존했다. 따라서 감성보다는 이를 통제할 '지'智와 '덕'德이 강조됐으며, 민족의 '선각' 또는 '지도자'로서의 자질이 중시됐다.

이에 비해 사회주의의 청년은 '계급의식 자각'을 통해 주체화됐다. 마르크스레닌주의자에게 계급의식의 자각이란 역사적 필연성을 체득하는 이성적 과정이자, (부르주아적 문화와 의식에 오염되지 않은) 순연한 계급의식에 눈뜨는 과정, 감성적·행동적 주체로서 다시 태어나는 과정이었다. 이렇게 순수한 감성적 존재로서 청년을 재구성하는 것은 수양에 의해 통제되지 않는 폭발성과 혁명성을 재발견하는 과정이었다. 이 경우 청년성은 계급적 자각으로의 이행을 가능하게 하는 세대적 특성이 된다. 즉 청년이란 과학과 역사, 계급의 담론 구조 속에서 감수성과 적극성, 헌신성과 같은 혁명을 불러일으키는 폭발적 행동 요인의 담지자인 것이다. 청년회와 같은 청년조직은 장차 역사의 주체, 노동계급의 일원으로 이행할 과도적 주체로서 청년의 자의식을 형성하고 행동의 규범을 제시하는, 청년

주체의 재구성을 위한 장치로서 의미를 가진다.[33]

1924년에 결성된 청년총동맹 제1회 임시대회에서는 청년을 "대중의 역사적 사업을 완성함에 필요한 신세력"으로 정의하면서, 청년운동의 근본 방침을 "청년의 조직적 단체의 민중적 정신을 고취하여 계급의식을 주입하야서 그 필연의 진정進程을 밝게 하는 것"이라고 규정했다. 이어서 청년 교양에 관한 건에 대해서는 "청년의 계급적 자각을 촉진하는 동시에 사회의 제반 문제 및 모든 사상적 조류에 관하야 충분한 이해"를 갖게 하는 것을 목표로 삼았다. 즉 청년 주체는 계급적 자각을 전제로 하여 당대 사회의 역사적 발전 단계와 장래의 방향을 충분히 인지한 계몽된 자의식을 갖춘 존재였다. 특히 청년의 계급적 자의식이란, 혁명적 감수성과 실천성을 의미한다. 이것은 폭발적인 행동력과 직결되는 특성이며, 그리하여 청년이란 세대적 주체를 계급운동의 선구로 정의할 수 있는 근거이기도 했다.

> 열정의 횡일橫溢, 행동의 민활, 사상의 약진. 이것은 무산청년의 특질이다. 이러한 특질로써 **계급본능**을 솔직하게 발휘하야 국제적 협동의 기운을 촉진케 하는 것이 무산청년운동의 특색이오, 쏘한 사명이다.[34] (강조 표시―필자)

---

33 국가로서 체제화한 소비에트 이데올로기에서의 청년은 헌신과 준비의 두 속성을 결합한 공산주의적 인간으로서 다시 형상화된다. 이를 도식화해 설명하자면 '계급성(열혈의 순수성·헌신성)+준비·유보적 주체(체제의 후속 세대, 국가의 이념적 재생산) → 공산주의적 인간'으로 나타낼 수 있을 것이다. 홍순창 편역, 『쏘베트 백과전서판 청년운동의 이론과 역사』, 문우인서관文友印書館, 1948 참조.

34 한신교, 「무산청년운동과 국제청년데이」, 『동아일보』, 1924년 9월 1일. 이것은 1919년 공산주의청년 인터내셔널의 강령이 파악하는 청년의 심리적 특징(감정이 이성을 지배하는 특질, 명석한 이해력, 모든 새로운 것과 혁명적 사상을 쉽게 받아들이는 점, 희생을 마다하지 않고 언제라도 행동할 준비가 된 자세)과 유사하다(『코민테른 자료선집』 2권, 동녘, 1989, 275쪽).

한신교의 위의 글에서 보듯, 사회주의자가 제기하는 청년성은 계급본능을 솔직히 발휘하게 하는 감성적 특성에 가까운 것이었다. 청년성을 이렇게 정의함으로써 청년을 다른 세대(노년과 장년)와 더욱 날카롭게 대비할 수 있었던 것이다.

북풍회의 송봉우도 청년과 장년/노년을 대립하여 파악한다. "청년의 감정은 백합화의 방향芳香 갓고 성결聖潔하며 그의 기분은 열열熱熱하야 압혜 아무 공포가 업고 주저가 업시 '이러타' 하면 그대로 직진할 쑨"임에 반해 "장년과 노년의 감정과 기분은 썩어져 바진 송이松栮의 ○향香 갓흐며 쎠져가는 ○○○○○과 갓다. 그럼으로 청년과 장년과 노년을 한데 집합하야 노으면 서로 조화치 못하고 늘 알력을 생生"하게 된다. 나아가 송봉우는 "장년과 노년의 거족에 짓○○[35] 청년을 해방"해야 한다는 문제를 제기한다. "청년을 장년과 노년으로부터, 즉 과거의 모든 전통과 인습"에서 벗어나게 함으로써 조선무산계급해방전선을 새롭게 구축하겠다는 것이었다.[36]

흥미로운 것은 송봉우가 청년의 이런 특성을 "인간 자체에 대하야 절대로 무시치 못할 감정과 기분"이며, 이것이 '생리학'에 의해 입증됐다고 파악한 점이다. 그는 자유주의자가 제기하는 "장년 노년 할 것 없시 새 역사를 창조하려는 선구자는 통터러 청년"이라는 논리를 공박하면서, 반대로 "생리학상으로 구분한 청년의 기준"을 엄격히 적용해야 한다고 주장했다. 이때 제시된 생리학의 기준은 연령이 근거가 된다. 즉 "사람은 25세를 넘어서면 그의 행동은 정치적으로 되고 그의 심리는 발서 벗기지 못한 째가 끼엇다. 순결한 25세 이내의 나(나이) 젊은 이들을 얼마던지 이

---

35   ○○에 들어갈 말은 '밟힌'으로 추측된다.
36   송봉우, 「연령제한론-이십오세를 주창」, 『척후대』斥候隊 임시호 1면, 1924년 7월 5일. 송봉우는 조선청년총동맹의 중앙집행위원이었으며, 1차 조선공산당에 중앙검사위원으로 참여했다.

용할 수 잇다. 그리고 그들의 집단체를 얼마던지 사기詐欺할 수 잇다"라는 것이었다.

이는 민족주의 문화운동의 '청년-연령과 무관한 청년성'의 논리를 '생리학'(근대 과학)의 기준으로 비판하는 것이었다. 과학(생리학)적 견지에서 연령을 기준으로 세대 집단의 특성을 부여함으로써 장년/노년에 억압된 세대로서 청년을 해방하는 문제를 제기할 수 있게 됐다. 청년의 순수한 감수성을 해방과 혁명의 표상으로 파악함으로써 세대적인 범주인 청년전위를 마르크스레닌주의 혁명을 수행하는 주체로 연결할 수 있는 가능성을 발견하게 된 것이다.

실제로 송봉우가 '연령＝생리학적 청년 집단'을 산출하고 거기에 특정한 사고와 행동의 특성을 부여한 것이 당대 심리학이나 생리학의 주류적 경향과 일치하지는 않았다. 15~16세부터 25세까지를 청년기로 분리하는 것은 당시 청년심리학의 일반적 경향이었지만, 보통은 이 연령대의 특성을 위험한 불안정성으로 파악하고 있었다. 그러나 1920년대 중반 조선의 지식인은 이 연령대의 청년이 지니는 심리적 특성을 '위험한 불안정'보다는 '순수한 감격성'으로 해석했다.[37] 특히 사회주의자가 청년의 순수와 감격성을 강조한 점은 부르주아의 계급적 청년상을 제압하고 청년 담론을 장악하겠다는 전략적 시도로 보아야 할 것이다. 결국 청년성을 어떻게 정의하느냐 하는 문제는 '연령의 생리학 대對 계몽의 의식성'이라는 쟁점으로 귀착했다. 과연 청년을 나이로 제한해야 할 것인지, 또 나이로 제한한다면 몇 살까지를 청년으로 볼 것인지의 문제가 청년론의 전개에서 핵심 쟁점이 된다.

---

37 팔판청년八判靑年, 「젊은이들과 그들의 감격성」, 『조선일보』, 1926년 6월 2일.

연령 제한 논쟁

연령 제한 논쟁은 시기에 따라서 조금씩 다른 의미를 지닌다. 먼저 1920년대 초~중반에 제기된 연령 제한 논쟁은 '청년'의 공간에서 부르주아 유지有志를 축출하기 위한 것이었다. 앞서도 언급했듯이 1920년대의 부르주아 문화운동은 청년이 실제 연령이 아니라 청년성에 의해 결정된다고 파악했다. 실제 나이가 문제되는 것이 아니라, 합리적인 청년 정신을 가지고 있다면 40~50대라도 능히 청년이라 할 수 있다는 말이다. 이런 논리하에서 1920년대 초 다수의 청년회들이 중장년층 지역 유지들의 영향력 아래 놓여 있었다.

이에 대해 사회주의자들은 '순수한 청년'으로 청년회를 운영할 것을 주장하며, 노장층을 청년회에서 축출하고자 했다. 사회주의자들은 젊은 세대의 생리적, 심리적 특성을 청년성의 핵심으로 제시하면서 청년회를 실제 청년만의 조직으로 전환하고자 했다. 즉 청년회의 회원 자격을 연령을 기준으로 엄격히 제한함으로써 진정한 세대교체를 이루어내고 사회주의자들이 헤게모니를 장악하고자 한 것이다. 대부분 지역 청년회에서 '혁신'과 함께 연령 제한이 이루어졌고, 기존의 간부진들이 도태되었다. 연령 제한이 "도 평의원道評議員 선거, 면 협의원面協議員 선거, 학교 평의원 선거 운동에 반닷이 그들의 소속 청년단체를 유일한 무기로" 삼으려 하는, 또 "청년단체를 자가自家의 기반으로 알며 모든 협잡을 감행하는 무리를 퇴치"하기 위한 것이라는 송봉우의 주장은 이를 단적으로 보여준다.[38] 1924년 4단체 연합의 재경사회운동자 신년간친회在京社會運動者新年懇親會에서 청년운동자의 연령을 30세로 제한하자고 결의한 데서 볼 수 있듯이, 연령 제한 자체는 모든 사회주의자가 찬성하는 바였다.

---

38 송봉우, 앞의 글, 1924, 1면; 지역 청년회의 사회주의적 혁신과 연령 제한에 대해서는 이기훈, 앞의 논문, 2011, 186~191쪽 참조.

그러나 구체적으로 몇 살로 나이를 제한할 것인지에 대해서는 시점과 논자에 따라 다양한 주장이 제기됐다.

1920년대 중반 25세 연령제한론이 등장하기 이전 사회주의 청년조직은 보통 30세로 연령을 제한했다. 1921년 고려공산청년단 상해회가 30세를 상한 연령으로 결정한 후 1925년의 조선청년총동맹이나 고려공산청년회에 이르기까지 30세를 청년회 회원 상한선으로 하는 것이 일반적이었다.[39] 하지만 1924년에 창립된 경성청년회는 25세를 기준으로 하기도 했고,[40] 청년운동 내에서 연령의 상한선 하향을 요구하는 목소리도 높아졌다. 그리하여 1927년 말에는 조선청년총동맹에서도 연령 제한을 27세로 낮추었다. 나아가 1928년 5월 경성청년동맹은 창립대회에서 가입 연령을 만 16세부터 25세까지로 정했다.[41]

그런데 1920년대 중반 이후 연령 제한 논쟁은 두 가지 문제를 지니고 있었다. 첫째, 사회주의운동 내부에서 청년운동의 위상 조정과 인적 자원의 재배치를 둘러싼 문제가 발생했다. 1925년 조선공산당과 고려공산청년회가 정식으로 조직된 이후 사회주의운동은 새로운 차원으로 진입했고, 청년운동에 집중되었던 역량을 어떤 방식으로 재편할 것인가가 새로운 문제로 제기됐다. 노동운동이나 농민운동에 더 많은 역량이 요구됐고, 운동의 전체 차원에서 청년운동에 지나치게 많은 인적 자원이 집중될 필요는 없었다. 이미 1924년부터 사상운동, 노동운동, 청년

---

39 박철하, 「1920년대 전반기 사회주의 청년운동과 고려공산청년회」, 『역사와 현실』 9, 1993, 270쪽.

40 TY생, 「사회운동 단체의 현황-단체, 강령, 사업, 인물」, 『개벽』 67호, 1926.

41 「경성청년동맹 창립대회를 방청하고서」, 『조선지광』朝鮮之光 7월호, 1928, 52~53쪽. 이때 소년총동맹이 17세까지 포괄하므로 18세부터 회원으로 해야 하며 연령의 상한선도 27세로 해야 한다는 반론이 제기되기도 했다. 방정환 등 민족주의 계열의 소년운동자들이 소년층의 연령을 보통학교 재학 이하로 비교적 낮게 잡으면서 '어린이' 중심의 운동을 추진했다면, 사회주의 계열의 소년운동은 상대적으로 대상 연령층을 높게 잡아 청년운동으로 바로 연계하고자 했다(이기훈, 앞의 논문, 2001, 20~21쪽).

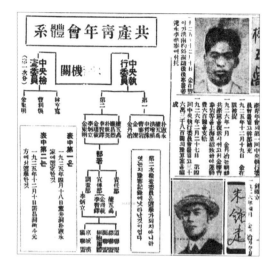

고려공산청년회(고려공청)의 조직
표. 「동아일보」, 1927년 9월 13일.

운동의 "세 개 운동이 정립"됐고 각 운동 간에 유기적 연락을 취할 필요
성이 제기되면서 당시까지 "청년운동이란 대산하大傘下"에 있던 "나 만
흔 전사戰士"들은 "노농운동으로 아니 가면 사상운동으로 갈 것"을 요
구받았다.[42]

둘째, 사회주의 대중운동이 확산되면서 청년운동 내의 세대교체와 노
선 대립 문제도 연령 제한 논쟁과 관련되기 시작했다.

우리는 과거에 잇서서 흔히 보앗다. 지금 조선에서 소위 투사 혹은 지도
자라고 자칭하는 나히는 삼십 내외쯤 되는 만흔 선생들의 행동을! 피등彼等
은 흔히 연대적 관념, 자기희생의 정신은 일호반분一毫半分도 없으면서 공공
연하게 동지를 배신하고 운동을 매식賣食하고 공연히 정치가연, 대가연하야
야열野劣한 명예욕, 두령욕頭領慾에 포만飽滿해서 민중의 압헤서 그 무지의

---

42 송봉우, 앞의 글, 1924, 1면.

추상醜狀을 스스로 폭로하지 안 핫드냐! 불행히 오날 조선의 청년들은 이러한 소위 '선배'들을 보게 되엿다![43]

조선 운동의 일부분인 우리 청년운동에 잇서서도 그 방향을 전환치 아니치 못하엿다. 즉 과거의 사상단체적思想團體的 영역을 미탈未脫하엿든 것을 양기揚棄하고 문호를 개방하야 모든 (……)의 요소를 내포한 청년회를 규합하야 어느 정도까지 대중적 청년 독자獨自의 (……) 전개하여 왓스며 연령 제한을 실시(불완전하나마)하야 과거의 기개幾個 노인老人 간부幹部들의 청년운동으로부터 새로운 청년운동으로 그 거보巨步를 씌여놋케 되엿든 것이다.[44]

두 글 모두 기존 청년운동의 선배들을 맹렬히 성토한다. 이는 단순한 세대차이보다는 당시 격렬하게 제기된 이른바 '방향전환론', '계급표지 철폐론' 등을 둘러싼 사회주의 진영 내부의 논쟁을 반영하는 현상이었다. 주로 ML파로 분류되는 새로운 세대가 서울청년회 구파 등 선배 세대를 집중 공격하는 와중에 세대교체론이 제기되고 있다. 이 연령제한론은 사회주의운동 내부의 주도권을 둘러싼 대립이라는 점에서 이전의 연령 제한 논쟁과는 성격을 달리한다고 볼 수 있겠다.[45]

특히 두 번째 글은 다른 부분에서 청년총동맹 간부 중에서도 박형병朴衡秉을 "향년 30세에 달한 노집행위원장"이라고 하며 직접 비난을 퍼붓

---

43 이두초, 「청년운동의 교육 코스에 대하야」, 『현계단現階段』 창간호, 1928, 42쪽.

44 찬수생, 「조선청년총동맹 집행위원장 박형병朴衡秉 씨를 박駁함」, 『조선지광』 77호, 1928, 74쪽.

45 실제로 고려공청은 연령 제한 규정을 25세, 27세로 낮춘 다음 오히려 26~30세의 공청원 비율이 더 늘어났다. 이에 대해서는 박철하, 「고려공산청년회의 조직과 활동(1920~1928)」, 한국역사연구회 근현대청년운동사연구반, 『한국근현대청년운동사』, 풀빛, 1995, 137~138쪽 참조.

고 있다. 1920년대 초중반 연령 제한 문제를 처음 제기했던 인물들이 이제는 오히려 선생, 지도자 또는 노인 간부 등으로 취급된다는 점에서 매우 흥미롭다. 당시 적어도 운동 진영의 감각으로는 20대 후반이면 이미 청년기가 지나간 것으로 본 듯하다.[46]

사회주의 청년 담론의 대중적 수용

청년운동의 주도권을 사회주의자가 장악하면서 전위적인 사회주의 청년의 모습이 지식인 대중 사이에 급격히 확산됐다. 이를 단적으로 보여주는 것이 신문의 독자투고나 학교의 교지다. 당시 신문의 독자투고란에는 '~청년 제군' 또는 '~청년이여'라는 제목으로 각 지역 청년의 '분기'奮起를 촉구하는 지방 지식인들의 글이 자주 실렸다. 1924년까지 투고란에는 대체로 도박과 주루 출입을 금하자거나 야학을 만들자는 계몽적인 내용이 주류를 이루었지만, 1925년 무렵부터는 사회주의 성향의 글이 등장했다. 먼저 "이중삼중으로 '쌀르조아'에게 착취와 억압에 시달리며 온갖 서름을 당하는 무산계급 중 특히 무산청년"인 '우리'는 각성하고 단결해 "하로 속히 이 암흑을 깨트려 부시고 통일적 전선에 입立"하여야 한다는 주장이었다.[47]

---

46 최근의 한 연구 성과는 조선공산당 사건 관련자의 연령 분포를 다음과 같이 정리했다.

〈표 6〉 1920년대 조선공산당 사건 관련자의 연령 분포

연령(세)	20 이하	21~30	31~40	41~50	51~60	불명	합계
인원(명)	19	382	96	20	1	7	525
비율(%)	3.6	72.8	18.3	3.8	0.2	1.3	100

〈표 7〉 1930년대 당 재건운동 관련자의 연령 분포

연령(세)	20 이하	21~30	31~40	41~50	51~60	불명	합계
인원(명)	77	507	87	15	2	7	695
비율(%)	11.1	73.0	12.5	2.1	0.3	1.0	100

* 전상숙, 『일제시기 한국 사회주의 지식인 연구』, 지식산업사, 2004, 90·196쪽에서 재구성함.

47 유수암, 「청년아 각성하자 단결하자」, 『동아일보』, 1925년 3월 19일.

곧이어 청년=계급 전위의 인식이 나타났다. 용천 지방의 한 청년 독자는 지역 청년들에게 "용천의 청년인 동시 세계 무산청년 일분자인 줄을 철저히 의식"하면서, "철저한 계급의식을 가지고 계급전에 나아가 싸우고 또 싸울"것을 요구했다. 그에 따르면 현대 청년의 사명이란 "계급적 투사"가 되어 "만인공영의 지상천국"을 실현하는 데 있으며,[48] 청년은 민족 해방과 자기 계급의 해방을 위해 싸우는 "민중의 선구"가 돼야 했다.[49] 한편 사회주의적 지식인 대중 사이에서는 송봉우와 같이 중년·노년과 대별되는 청년의 세대적 급진성을 강조하는 경향도 나타났다. 해주海州의 적도거인赤濤擧人이란 필자는 「무산청년에게 소소訴한다」라는 투고에서 현재 청년의 선배 및 유지 신사들이란 이기적 기회주의자 아니면 매명자류賣名者流뿐이므로 이들로 대표되는 현재에는 어떤 희망의 여지도 찾을 수 없다고 단언했다. 현재의 모든 악참惡慘과 죄악의 원인은 현대의 경제조직에 있으므로 "현재의 단축"을 희망하는 청년들은 "공소空素 무가치한 그들을 하루밧비 영원의 세계로 보내여버리고 열화약동熱火躍動, 진순眞純 충실充實에 차인 청년의 미래가 일각이라도 속히 실현"되기를 바라야 한다고 했다.[50]

1927년 『중외일보』에 실린 「만경萬頃 청년 제군에게」라는 투고를 보자. 이 글에서는 청년을 "대중의 전위대"라고 정의하면서 청년회가 "관념론적 쩨카당적 기분에서 날쒸지 말고 실천적으로 방향을 전환하는 동시에 우리 무산대중에게 복리를 주는 권위 잇는 기관"이 돼야 한다고 규정한다. 게다가 만경 지역은 "쑐조아의 집단촌"인 만큼 청년회 위원들 가운데 부르주아가 다수를 점하고 있다고 강력히 비판한다. 수준 높은

---

48   용천 일청년一靑年, 「용천龍川 청년 제형諸兄에게」, 『동아일보』, 1925년 4월 10일.
49   일묵생一黙生, 「관동 청년에게 소소訴하노라」 하, 『동아일보』, 1925년 5월 10일.
50   해주 적도거인, 「무산청년에게 소소訴한다」, 『동아일보』, 1925년 7월 13일.

마르크스레닌주의 인식이라고는 할 수 없지만, 좌파적 성향이 물씬 풍겨 나는 글이다. 그런데 이 부르주아 청년회를 비판하면서 필자가 제시하는 대안이란, 청년들이 '각성'하여 "고리대금업으로부터 주가酒家 출입, 장 기, 바둑, 도박"과 같은 "도살장으로 향하는 걸음"을 중단하는 것 정도였 다.[51] 실제로는 풍속 개량이나 의식 개혁과 같은 계몽적 실천에서 벗어나 지 못하고 있는데도 사회주의적 언설로 자기주장을 펼칠 정도로 좌파적 청년상이 강력히 전파되고 있었다.

좌파적 청년의 이미지는 중등학교의 교지와 같은 매체에도 투영되기 에 이르렀다. 교지라는 속성상 사회주의적 표현이 나올 수는 없지만, 고 등보통학교 고학년 정도만 돼도 현대 청년의 책임을 '민중' 속에서 찾는 경우가 나타나기 시작했다. 청년이 구하는 과학은 민중을 전제로 하고야 비로소 가치가 있으며, 청년은 장차 "민중의 세력"을 이루고 농민과 노 동자 속으로 나아가야 한다는 것이었다.[52]

계급의 전면적 등장과 '청년'의 위상 약화(1927~1930년대 초)

마르크스레닌주의 원론의 확산과 청년 인식의 변화

1920년대 중반 이후 마르크스레닌주의에 대한 원론적 이해가 점차 확산 되면서 청년을 둘러싼 논의에서 세대론적 경향은 약화되어갔다. 물론 청 년은 여전히 매우 많은 미덕을 가진 세대로 인식됐다.

---

51   김제 일기자—記者, 「만경 청년 제군에게」, 『중외일보』, 1927년 12월 25일.
52   백승옥白承玉, 「생활 전환에 임하야」, 『계우』桂友(중앙고등보통학교 교지) 1호, 1927, 7~10쪽.

청년은, 장년에 비하야 사회생활의 영향을 적게 바든 분자分子이니 순진한 감정을 가장 만히 보전하고 잇다. 실로 진흙 속 연화蓮花이다. 또 그들은, 아즉 타협적 타락에 빠지지 안앗스니 진취적 기백을 가장 만히 소유하고 잇다. 실로 군마 중 천리마다. 이와 갓치 순진하고 용감한 분자가 단결하야 무산계급 해방운동의 일진一陣을 점거하는 것은, 양으로 전 운동의 생명을 크게 할 뿐 안이라 타협적 경향에 대하야 항상 방부제를 던질 것이며, 또 그 교양과 훈련은 운동의 장래를 더욱 더욱 위대할 수 잇게 할 것.[53]

하지만 청년의 미덕은 세대론적 특성이라기보다는 "그 순진한 무산계급 의식을 보전하얏"던 것으로 파악됐다. 이런 경향은 소비에트 러시아의 청년론이 소개되면서 더욱 강화됐을 것으로 추정된다. 예를 들어 1925년 『사상운동』은 레닌이 1920년 러시아공산청년동맹에서 행한 연설을 번역, 소개했다.[54] 여기에서 레닌은 청년의 사명 중 가장 우선하는 것은 배움이라고 했다. 청년은 무엇보다도 공산주의적 윤리와 도덕성을 배워야 하며, 공산주의적 도덕은 프롤레타리아 계급의 이익에 기반을 두어야 한다고 했다. 청년의 순수성은 세대 자체의 속성이 아니라, 프롤레타리아의 계급성이 덜 오염된 것으로 해석됐다. 따라서 청년이 프롤레타리아적 미덕을 더욱 강화할 수 있도록 교육하는 일이 매우 중요한 문제로 부각됐으며, 주체의 의식적인 선택보다 사회적 존재 기반이 중시될 가능성이 커졌다.

이 논리는 조선의 운동에도 그대로 반영됐다. 즉 청년운동의 가장 중요한 슬로건은 '배우자'로 요약됐다. "청년운동의 주요 안목은 교양과 수련", "즉 미래의 준비"에 있으므로 청년운동에서 청년 대중의 교육 문제

---

53 「일본무산청년전국동맹조직 준비」, 『사상운동』 2권 3호, 1925, 5쪽.
54 언필생 역, 「노서아露西亞 청년에게」, 『사상운동』 2권 3호, 1925, 16~30쪽.

가 다루어져야 한다는 주장이 제기된 것이다.[55]

한편 사회주의 전략전술론이 익숙해지면서 현실의 청년에 대한 분석이 본격적으로 이루어졌다. 이전의 많은 문건들이 청년의 현실적 상황과 특수성을 당연한 전제로 받아들였던 데 비해, 점차 사회경제적 기반을 분석하고 이에 입각해 운동 노선을 추출해내는 마르크스레닌주의의 전형적인 논리 구조가 일반화되기 시작했다. 그리하여 당면한 조선혁명의 성격과 과제로부터 출발해, 조선 청년의 현실적 상황과 특수성을 분석하는 글이 등장했다.[56] 도시와 농촌, 학교, 공장 등에서의 청년의 상태를 구체적으로 분석함으로써 이전과 같은 모호하고 막연한 주체로서의 청년상에서 이탈하기 시작했다. 이는 현실의 청년에 다가가는 과정이기도 하지만, 한편으로는 전형화된 마르크스레닌주의 담론에 더욱 충실한 사유 구조가 확립되는 과정이기도 했다.

1920년대 말 전형적인 마르크스레닌주의 인식틀이 확립되면서 사회주의 담론 내부에서 '청년'이 차지하는 비중 자체가 급속히 줄어든다. 우선 청년을 호명하는 빈도가 급속히 감소했고, 각종 문건에서도 청년운동은 노동운동과 농민운동 다음의 기타 운동 중 하나로 밀려난다. 이는 청년운동을 둘러싼 쟁점이 대폭 줄어드는 것과 관련이 있지만, 그 이면을 들여다보면 '청년성=계급성'이라는 구도가 전반적으로 흔들리기 시작했기 때문이다.

'청년성=계급성'의 도식이 흔들리게 된 것은 사회주의에 대한 원론적 이해가 확산되면서 나타난 현상이지만, 또한 두 가지 계기가 있었다. 첫째는 계급과 사회, 혁명에 대한 전형적인 이해방식이 일반화되면서 '청년'과 같은 모호한 세대 개념이 부차적인 위치로 밀려났다. 사실 계급

---

55 이두초, 앞의 글, 1928, 40~41쪽.
56 스즈生(김기진), 앞의 글, 1928.

1927년 안동청년동맹 정기총회 기념사진. 안동대학교 박물관, 『사진으로 보는 근대 안동』, 도서출판 성심, 2002, 62쪽.

적 인식의 강화는 1929년 이후 본격적으로 제기되었지만, 이보다 앞서 1920년대 중반 청년에 대한 인식 변화를 초래한 사건은 바로 민족협동 전선의 현실화였다. 1927년 신간회 결성을 전후해 민족협동전선의 결성 이 초미의 과제로 떠오르면서 청년을 여러 계급·계층으로 형성되는 협 동전선의 장으로 인식한 것이다. 구체적으로 살펴보자.

1926~1927년 청년총동맹은 강령을 계급적인 것에서 민족적인 것 으로 개정하면서 종교 청년조직, 유산 청년조직도 받아들이기로 했다. '순 무산계급 청년만을 본위'로 했던 과거의 방침을 비판하고 '부분적에 서 전선적으로' 투쟁 범위를 넓혀간다는 방향 전환의 선언이었다.[57] 이는 '민족적' 영역으로 청년의 외연을 확장한 것이기도 하지만, 역으로 '청년

57 안건호·박혜란, 「1920년대 중후반 청년운동과 조선청년총동맹」, 한국역사연구회 근현대 청년운동사연구반, 『한국근현대청년운동사』, 풀빛, 1995, 111쪽.

성=계급성'의 도식을 고수할 현실적 필요가 사라졌다는 것을 의미하기도 했다. 이어 신간회가 결성되고, 1927년 8월 청년총동맹은 "전 민족적 단일 협동전선의 결성"을 촉진하기 위해 청년층을 망라하는 지역적 단일 청년동맹으로 조직할 것을 결의했다.[58] 신간회의 조직과 함께 청년운동은 신간회 지부 건설에 집약되었다. 즉 "조선의 청년운동은 그 자체가 전 민족적 협동전선에서의 선두대先頭隊로서 등장"해야 할 것으로 규정됐다.[59] 따라서 "청년 대중의 모든 층에 산재하여 잇는 요소를 적극적으로 획득, 지도"하는 일이 우선 과제로 제시됐다. 청년성을 반드시 혁명성, 계급운동적 전위성과 직결하기 위한 논리적 장치를 더 이상 개발할 필요는 없었다. 청년을 통일전선의 관점에서 조망하게 되면, 청년이라는 세대적 특성을 반드시 계급혁명의 전위로까지, 즉 단일한 혁명적인 특성으로 상승시키지 않아도 됐던 것이다.

'계급'의 압도 : 12월 테제 이후의 사회주의 청년론

'청년성=계급성'의 도식이 전면적으로 붕괴되는 계기는 1928년의 12월 테제였다. 이후 청년운동과 청년이 사회주의 혁명 전략에서 차지하는 위상은 전면적으로 변화했다. 물론 "조선 인텔리겐챠 청년은 일반적으로 타국의 그것, 쏘는 조선의 인텔리겐챠 성년에 비해서 사뭇 혁명적이며, 사회주의에 가담하며", 특히 "각 학교 학생이 만흔 투쟁력을 발휘하는 것"은 명백한 사실이었다. 그러나 그렇더라도 "피등彼等을 과신해서 전 운동의 중점을 피등에게 두어서는 아니된다"[60]라는 것 또한 누구도 부정

58 박철하, 앞의 글, 1995, 151쪽.
59 이강(양명), 「조선 청년운동의 사적 고찰」 하, 『현대평론』 2권 1호, 1928, 20쪽. 양명은 짧은 기간이기는 하지만 제3차 조선공산당 고려공산청년회의 책임비서이기도 했다. 따라서 이 글은 공식적인 당의 입장이라고까지는 할 수 없겠지만, 개인적인 입장 표명 이상의 의미를 지닌다고 봐야 할 것이다.
60 사공표, 「조선의 정세와 조선공산주의자의 임무」, 『레닌주의』 1호, 1929, 150쪽(박경식

하지 못하게 됐다.

"조선의 청년운동은 과거에 잇서서 전체 운동에 과중하게 열중하난 반면에 독자적 임무의 수행을 위한 투쟁이 심히 불충분"했다고 평가됐다. 이제 청년운동은 전체 운동의 한 부분으로 위치 지어졌고, 청년을 이전처럼 독자적 선도 집단으로 규정하는 것은 불가능했다. 이렇게 혁명 주체로서의 역할이 축소된 대신, 미래 주체로서의 준비 영역이 도입됐다. 그 결과 청년에 대한 교육과 교양이 강조됐다. 물론 청년은 여전히 투쟁 역량의 중요한 부분이므로 투쟁이 강조되었지만, 청년의 독자적 투쟁, 고유한 사회적 지위와 이익을 위한 '일상적 투쟁'이 강조된 것이다. 그리하여 청년에게 가해지는 특수한 압박과 착취에 대한 문제 제기, 교육문제 등이 반드시 중심에 놓여야 한다는 것이었다.[61] 이는 청년의 사회적 지위 자체가 가지는 특수성으로서 선도성이나 혁명성과는 무관했다. 이제 청년은 전체 무산계급의 선봉이나 전위가 될 수 없었다. 청년단체도 청년운동을 위한 특수한 단체로서 존재하며, 청년운동은 "청년 대중의 교양 및 청년의 독자적 투쟁"을 중심 임무로 하여 "청년의 특수적 지위와 이익"을 추구하는 방향으로 전개돼야 했다.[62]

한편 12월 테제 이후 청년운동과 청년조직 내에서도 계급성 강화가 핵심 문제로 제기됐다.

> 이째까지의 조선 청년운동의 근본적 약점은 그 사회적 구성에 잇다. 이

편, 『조선문제자료총서』 7권, 국학자료원, 1999). 이 글의 필자는 집필 시기를 1928년이라고 밝혔다.

61 사공표, 위의 글, 151~152쪽.

62 이철악, 「조선혁명의 특질과 노동계급 전위의 당면 임무」, 『계급투쟁』 창간호, 1929, 31쪽. 이철악은 한위건(1896~1937)의 필명이다. 한위건은 3·1운동과 대한민국 임시정부에도 참여한 인물로, 제3차 조선공산당의 중앙위원이며 대표적 이론가다. 신간회의 간사로도 활동했다.

째까지의 청년운동은 인테리겐챠 청년층 우에 건성建成되엇다. 노동청년 및 농민청년은 심히 적은 퍼센트로 청년운동에 동원動員 조직되엇다. 이것이 개혁되어 운동의 기초가 노동청년 급 농민청년의 우에 기초를 두어지도록 하지 아니하면 아니된다.[63]

1920년대의 '청년성'은 어떤 의미에서 '자각한 청년'이라는 주체적인, 따라서 어느 정도까지는 신축적인 사고방식 위에 성립했다. 무산청년이라고는 하지만, '무산'이란 사회주의적 의식의 각성을 의미하지 실제로 '출신 성분'을 의미하지는 않았다. 그러나 이제 인텔리겐차 청년 중심의 운동이 부정되면서 계급성은 엄격히 사회적 존재 기반 자체에 관한 것으로 해석됐다. 세대적 특성으로서, 주체적 자각으로서 청년성이 존재할 기반은 거의 사라졌다.

각 계급·계층의 청년을 망라한 청년동맹과 같은 혼합 조직을 폐기하고 계급별로 독자 조직을 구성할 것이 강조됐다. 이는 1928년 국제청년동맹의 결정과 12월 테제 이후 코민테른의 방침에 따른 것으로 추정되며, 궁극적으로는 1930년 이후 본격적으로 제기된 청총(조선청년총동맹) 해소론과도 궤를 같이한다.

이런 경향은 1929년 이후 사회주의운동이 대중적으로 확산되는 가운데 진행됐다. 청년운동의 위상이 명백히 하강하고 심지어 청총 해소론이 대두하는 와중에 오히려 청총 가맹 회원이 늘어나는 현상이 발생했다. 1931년 2월 청총 가맹 회원은 1929년 말에 비해 50퍼센트, 즉 1만여 명이 증가했는데, 이는 특히 혁명적 노동조합, 농민조합운동을 비롯해 대중 활동이 전국적으로 강화됐기 때문이었다.[64] 청년들이 점점 사회주의

63 사공표, 앞의 글, 1929, 150쪽.
64 이애숙, 「1930년대 초 청년운동의 동향과 조선청년총동맹의 해소」, 한국역사연구회 근현

운동에 적극적으로 참여하는데도 청년운동의 조직과 활동은 더욱 계급적으로 변경해야 하는 것으로 인식됐다. 한위건(이철악)의 다음 글은 이런 전반적 변화를 반영한다.

> 청년운동은 조선에 잇서서 특히 중요한 위치를 차지한다. 후진국의 특수로 선진국에 비하야 노동자 및 노력농민勞力農民 중에 청년의 비례가 강대함과 사회의 비정상적 발전에 의하야 청년의 정치적 임무가 심히 증대된다. (……)
>
> 협동전선의 결성에 대한 과거의 과오는 직접으로 청년운동에 반향되어 잇다. 현재의 청년단체는 노력청년이 주체가 되지 못하며 짜라서 계급적 투쟁조직이 되지 못한다. 특히 (……) 청년총동맹은 계급적 조직의 우에 구성되어 잇지 못하고 군郡 단위의 지역적 단일 동맹에 의하야 구성되어 잇다. (……) 노동청년 및 빈농청년의 동원 조직을 위하야 청년운동의 계급적 기반 우에서의 재조직을 위하야 부절히 노력하여야 할 것이다. 모든 노동조합 및 농민조합에는 반드시 청년부를 두어야 할 것이며 노동청년의 영도적 지위는 현실적으로 획득돼야 할 것이다.[65]

계몽적 주체로서 청년은 사회주의를 수용하는 과정에서 중요한 역할을 수행했다. 급진적 청년은 노동계급의 혁명적 인간형으로 나아가는 매개적 키워드의 역할을 수행한 것이다. 하지만 계급론을 주축으로 하는 사회주의적 인식이 정착한 이후 세대로서의 청년 담론은 계급의 하위 범주로 급격히 종속된다. 끊임없이 청년의 특수성과 독자성을 논의하지만, 청년은 이제 상황이 허용하는 조건하에서만 독자성을 가질 따름이었다.

대청년운동사연구반, 『한국근현대청년운동사』, 풀빛, 1995, 372쪽.
65 이철악, 앞의 글, 1929, 31~32쪽.

1930년대 계급 대對 계급 전술이 급속히 대두하면서 이런 경향은 더욱
강화된다.

1920년대 사회주의 청년론과 성性

사회주의자는 여성의 권익 문제에 상대적으로 진보적인 태도를 취했다.
1920년대 전반기에 여성해방의 주체로서 '신여성'을 정의하는 데는 남성
사회주의자도 매우 적극적이었다. 김기진은 신여성을 이렇게 정의했다.

> 신녀성은 신시대의 녀성이라는 것이외다. 신시대는 (……) 엄청나게 변해
> 버린 조선의 이 시대를 가르처 말하는 (……) 온 세계를 통트러서의 여자라
> 는 처지에서 쏘는 다만 조선 안의 여자라는 처지에 서서 자긔네의 할 바 일
> 이 무엇인가를 즉 자긔의 사명이 무엇인가를 밝히 알고서 실행하는 녀성이
> 신녀성이다. (……) 모냥 잘 내고 키쓰 잘 하는 녀자가 신녀성이 아니라 구든
> 의지력과 불길가티 타올으는 반역叛逆의 정신과 철저한 모성의 자각과 현실
> 생활에 대한 깁흔 성찰이 잇는 녀성이 신녀성이외다.[66]

특히 여성 사회주의자가 전면에 나서면서 이들을 신여성의 전형으로
평가하는 시각도 등장했다.

> 그들의 행동은 늘 엇더한 사회사상을 향하야 나아가려는 것과 싸라 그들
> 의 활동범위를 사회덕 쏘는 정치덕으로 발전하려는 것을 추상할 수가 잇슴

---

66 팔봉산인, 「소위 신여성 내음새―본지 전호前號 남녀 학생 시비是非를 읽고서」, 『신여성』
2권 6호, 1924, 21쪽.

니다. (……) 그들은 의례히 사회덕으로 남녀의 대등한 지위에서 나아가려는 것을 의식한 것으로 볼 수 잇습니다. (……) 남녀 공통한 처지에서 사회덕 결함에 향하야 노력해야 된다는 것을 의식한 모양입니다. 이런 종류의 여성을 특히 '신여성'新女性이라고 하는 것인가 봅니다.[67]

사회주의 여성운동은 1924년경부터 급속히 성장했고, 이것은 매우 중대한 변화를 의미했다. 여성 중의 청년으로서 여자청년 또는 구여성과 구별되는 신여성이 아니라, 전체 사회의 문제를 의식하는 새로운 주체로서 신여성이 등장한 것이다. 이는 계몽적 청년의 보조자로서의 신여성을 넘어서 새로운 단계로 나아갈 수 있는 단초를 제시하는 것이기도 했다.

1923~1924년경부터 사회주의적 지향을 지닌 여성 청년단체가 조직되기 시작했다. 1923년 조선여학생고학회상조회가 조직되고, 1924년 5월 여성동우회가 창립되어 사회주의 여성운동이 본격적으로 시작됐다. 1925년에는 허정숙, 김조이, 주세죽 등이 중심이 되어 경성여자청년동맹을 결성해 '무산계급 여자청년'의 투쟁적 훈련과 단결력 등을 표방했다. 경성여자청년동맹은 만 16~25세의 여성으로 가입 연령을 제한하기도 했다.[68] 사회주의 여성청년운동의 성장을 토대로 하여 1925년 결성된 고려공산청년회에는 주세죽, 김조이 두 여성이 후보 위원으로 참가했다.[69] 후보 위원이기는 하지만 사회주의운동의 핵심 조직인 공청에 여성이 간부로 참여했다는 사실은 사회주의 청년운동에서 여성이 차지하는 비중이 상당히 높았음을 보여주는 것이기도 하다. 물론 1920년대 사회

---

67 월정생月汀生, 「평론」, 『신여성』 3권 5호, 1925, 13쪽.
68 박혜란, 「1920년대 여성 청년단체의 조직과 활동」, 한국역사연구회 근현대청년운동사연구반, 『한국근현대청년운동사』, 풀빛, 1995, 180~182쪽.
69 고려공산청년회, 「제1회 고공청高共靑 중앙간부회」, 1925, 『이정 박헌영 전집』 4권, 2004, 171쪽.

주의운동에서 여성청년운동은 철저히 성별 조직의 원칙을 고수했다. 이는 당시 식민지 조선 여성이 처한 현실을 반영한 것이지, 이 자체만으로 사회주의 청년이 여성을 원천적으로 배제했다고 할 수는 없다.

그러나 사회주의 운동이나 이론이 아니라 일상적 시각에서 바라보면 상황은 달라진다. 여성해방 문제에 '성적 자유'의 문제가 결합할 때 신여성을 적대시하는 것은 사회주의자도 마찬가지였다. 김기진은 해방을 위한 투쟁을 위해 신여성을 매우 적극적으로 평가했지만, 정작 대표적 신여성인 김일엽과 김명순에 대한 인물평은 냉혹하기 짝이 없었다.[70] 1920년대 후반 이후 신여성은 퇴폐적이고 향락적인 부르주아의 표상으로 사회주의자의 맹공격을 받기 시작했다.[71] 가장 잘 알려진 카프 계열의 시인인 임화林和는 그의 시 「콜프장」에서 신여성을 '골프장에 놀러 간 부르주아의 어깨에 매어달려 달게 웃고 고양이 소릴 치며 술잔을 드는' 존재로 묘사했다.[72] 사회주의자 청년 역시 여성을 배제하는 남성적 시각을 갖고 있었던 것이다. 임화는 대표작 「네거리의 순이」에서 이렇게 노래한다.

> 그러면, 너의 사랑하는 그 귀중한 사내,
> 근로하는 모든 여자의 연인…….
> 그 청년인 용감한 사내가 어디서 온단 말이냐?
> (……)
> 내 사랑하는 동무는…….
> 청년의 연인 근로하는 여자 너를 가졌다.

70 김기진, 「김명순金明淳 씨에 대한 공개장公開狀」, 「김원주金元周 씨에 대한 공개장」, 『신여성』 2권 12호, 1924.
71 권희영은 이를 사회주의자가 여성을 남성화시켰다고 평가했다. 권희영, 「1920~1930년대 '신여성'과 사회주의」, 『한국민족운동사 연구』 18, 1998, 122쪽.
72 임화, 김외곤 엮음, 『임화전집』 1, 박이정, 2000, 100쪽.

그는 자신의 시에서 특히 '청년'을 자주 사용했는데, 빈번히 청년과 자기 자신을 동일시했다. 물론 이 경우 '청년=사내'의 도식은 전혀 흔들림이 없었다. 이런 감각은 당대 남성 사회주의자에게 일반적이었을 것이다.

당시의 여성 사회주의자는 청년 담론의 남성 중심성에 대해 직접 대응하지 않았다. 현실의 대다수 여성이 무권리에 가까운 상태에 놓여 있는 마당에, 이런 문제를 제기한다고 해서 실질적으로 달라지는 건 없었을 터였다.

허정숙 등 근우회를 주도한 여성 사회주의자는 다수 조선 여성의 문제, 즉 전혀 교육받지 못하고, 심각한 경제적·법률적 무권리 상태와 인습적 장벽 등 이중 삼중의 질곡에 의한 노예 상태에 놓여 있는 여성의 상황을 먼저 해결해야 한다고 파악했다. 그러므로 조선 여성에게는 아직 개성의 자유나 인격의 대등이 나타나지 않고 있다고 보았다. 이것은 조선의 여성운동이 무산계급 여성운동으로 전화하는 계기가 되기도 하지만, 한편 여전히 조선 여성은 개성의 각성과 향상, 발전을 위해 투쟁할 필요가 있으므로 '소극적 계몽운동' 역시 의의를 가진다는 것을 의미했다.[73]

그러므로 독자적인 여성 공간의 확보가 여전히 현실적인 과제로 제기될 수밖에 없었다. 무엇보다 문맹 상태의 여성 대중을 각성시키기 위한 대중적 계몽활동의 장으로서 여성운동의 독자적 공간이 필요했다. 그리하여 1920년대 내내 여자청년회 또는 여자청년동맹을 확산시키려는 노력이 지속됐고, 1920년대 여성운동의 정화라 할 근우회는 지방이나 중앙조직이나 모두 여성 청년조직을 토대로 하여 결성됐다.[74]

73 허정숙, 「부인운동과 부인문제 연구─조선 여성 지위는 특수」, 『동아일보』, 1927년 1월 4~6일.
74 남화숙, 「1920년대 여성운동에서의 협동전선론과 근우회」, 서울대학교 석사학위 논문, 1989, 65~71과 82~88쪽.

전반적으로 여성 사회의 근대적이며 통합적 주체로 정의됐던 신여성은 점차 그 빛을 잃어갔다. 사회운동의 선구적 존재라는 상징성은 약화됐고, 노동계급 여성이 강조됐다. 1920년대 중반 이후 부르주아 문화운동론에서 제기했던 청년상이 사회주의의 도전 과정에서 해체되고 변화하지 않을 수 없었던 것과 마찬가지로, 신여성 또한 분화와 해체 과정에 접어들었다.

신여성이 긍정적인 사회적 전략으로서의 의미를 상실하는 시점에 다수의 여성이 직접 사회주의운동 조직에 참가하기 시작했다. 조선공산당의 청년부인 고려공산청년회에 여성이 조직의 핵심에 참여해 활동했으며, 조직 내에 여자부를 만들고자 하기도 했다. 일단 사회주의운동에서 청년조직 내부에 여성이 직접 참여하는 일이 가능해진 것이다. 그러나 이런 현상은 사회주의자의 전위조직에 한정된 것이었다. 대중조직은 여전히 성별 조직 원리를 적용해 구성되고 운영되었다.[75] 그뿐만 아니라 청년이나 소년 등 세대를 기준으로 특정한 연령 계층을 구분하는 말들에 포함된 남성 중심성은 여전히 해소되지 않는 문제로 남아 있었다.

---

75 남화숙, 위의 논문, 49~52쪽.

3부

제국주의 권력과 '청년' 개념의 변화

1930~1940년대

1장_ 모범청년과 중견청년

: 총독부의 청년정책과 '청년' 개념의 변화(1930년대)

총독부의 정책과 청년 통제

1920년대 말에서 1930년대 초반 조선총독부의 청년정책은 중요한 전기를 맞이한다. 총독부 당국자들이 농촌의 청년문제를 체제 안정의 핵심 과제로 받아들이게 된 것이다. 농업공황의 영향으로 조선 농촌사회의 경제위기가 극심해진 와중에 사회주의운동이 급격히 세를 불려 나가면서, 제국주의 권력으로서는 가장 적극적이고 행동적이었던 청년층에 대한 '적극적'인 통제가 초미의 과제가 됐다. 그리하여 식민 통치의 수장 우가키 가즈시게宇垣一成 총독은 1932년 3월 중추원 회의에서 "현하 일부 청년학생의 사상이 상궤常軌를 벗어나 경박하고 과격한 흐름으로 치닫는 경향이 있음은 심히 걱정되는 바"이므로 학교에서의 공민교육과 함께 각종 사회교화 시설에 힘을 기울일 것이라고 말했다.[1] 1930년대 초기 총독부 권력 전반에는 청년의 사상 문제가 체제의 안정성을 위협할 것이라는 우려가 확산되고 있었다. 다음의 인용문은 그런 인식을 단적으로 보여준다.

---

[1] 조선총독부 관방문서과官房文書課 편, 「제12회 중추원 회의 총독 훈시」(1932년 3월 3일), 『유고諭告, 훈시訓示, 연술演述 총람』, 1941, 15쪽.

상급학교 진급자 약 1할을 제외하고는 조상 전래의 천직을 이어받지 않고 월급 받기를 목표로 사방팔방으로 시험 행각을 업으로, 취직 운동을 부업 삼아 동분서주한다.[2] 매년 교문으로 쏟아져 나오는 수만의 청소년은 해마다 늘어나지만 (……) 시정施政의 발전에 따라 재정은 팽창하고 백성이 부담하는 세금은 높아가는데 농가 경제는 진보하지 않고 구태 그대로다. 세계를 몰아친 불경기의 바람은 조선에도 불어 닥쳐와 취직난은 더욱 심해져 청소년의 희망은 모두 끊어지고 자포자기하여 사상은 악화되고 국가 사회의 어려운 문제가 되어가고 있다.[3]

이에 총독부는 농촌 젊은이를 체제 안으로 끌어들이기 위한 정책을 본격적으로 개발하기 시작했다. 먼저 1928년 보통학교 졸업생을 대상으로 '졸업생 지도'가 실시됐다.[4] 졸업생 지도란 학무국의 지시하에 각 보통학교가 졸업생 가운데 유망해 보이는 청년을 선발한 다음, 이들을 수시로 학교에 소집하거나 교사가 직접 방문해 농업 기술과 공민, 수신 등을 가르쳐 농촌사회의 이른바 '중견'을 양성하려는 정책이었다. 조선에는 일본 본국과 같은 청년단 제도가 실시되지 않아 청년을 국가권력이 직접 통제할 여건이 갖추어져 있지 않았다. 그래서 그 대안으로 지역사회의 젊은 엘리트들을 조직하고 학교를 통해 식민지 권력의 영향력 아래 두고자 한 것이다.

1931년에는 총독부 내무국이 "적극적으로 온건한 기풍을 양성"한다는 새로운 청년정책을 입안했다.[5] 다음 해인 1932년 총독부는 사회교화

---

2 이 문장의 서두에서 '조선의 청소년은'이 생략된 것으로 읽어야 쉽게 이해된다.
3 鮮于文壽峰,「卒業生指導」,『朝鮮の教育研究』1931年 9月號, 1931, pp.84~86.
4 졸업생 지도의 전반적인 실태에 대해서는 이기훈,「일제하 농촌 보통학교의 '졸업생 지도」,『역사문제연구』4, 2000 참조.
5 「전 조선의 중견청년 온건한 기풍 양성」,『매일신보』, 1931년 5월 5일.

를 담당하던 사회과를 내무국에서 학무국으로 이속하고 사회교화비 예산을 배정함으로써 청년 통제가 좀 더 체계적으로 진행되도록 했다. 이후 농촌진흥운동의 이른바 '중견인물 양성' 정책이 본격적으로 궤도에 오르면서 총독부 당국자들은 보통학교 졸업생 지도와 각종 농촌청년 훈련이나 강습 같은 시책을 연동해 추진했다. 1930년대에 총독부가 제시한 모범청년상은 졸업생 지도나 중견인물 양성 등 실제 정책과 결합하면서 더욱 널리 확산될 수 있었다.

지도와 훈련의 대상이 된 청년

1920년대에 좌우를 막론하고 조선인 사회운동 세력이 제시했던 청년은 패기와 열정, 순수 그리고 공동체에 대한 헌신 등의 덕목을 갖추고, 동시에 새로운 시대를 이끌어나갈 지식도 소유한 젊은 성인이었다. 이들은 자신을 책임질 뿐 아니라 사회를 주도하는 선도자였다.

총독부의 관영 매체들은 이런 시민의 청년상을 전면적으로 비판하고 제국주의 권력의 청년상을 구성한다. 이들은 우선 "집단생활이 잇는 곳에 반드시 청년의 회합이 잇섯고, 이 회합을 중심으로 청년들은 사회적 지도기관으로 자처"했던 1920년대의 사회상 자체를 문제시했다. 이들에게 청년은 사회를 이끌어가기는커녕 '훈련을 받아야 하는 시기'의 연령 집단이므로 청년이 사회를 이끌고 지도해간다는 것은 근본적으로 모순이었다.

훈련을 바더야 할 시기의 청년이 훈련을 일반 사회에 주랴 하얏고, 훈련을 시킬 사회가 침묵을 직키엇다. 이러한 사회적 모순이 어데 잇슬 것인가. 그들은 사회의 문화 향상에 노력한다 하면서 향상의 표적이 업섯다. 너무나

막연한 관념이엇다. 자체의 불량을 망각하고 타他를 향도嚮導한다는 망상은 일시에 파멸되는 것(……).[6]

즉 청년은 어디까지나 기존 사회로부터 훈련받으면서 미래를 준비하는 '2세 국민'일 따름이었다. 조선인 사회운동이 사회를 이끌어가는 계몽적 전위로 청년을 규정한 데 반해, 총독부 권력은 기존의 국가기구와 지역사회에 의해 훈육되는 대상으로 청년을 규정했다. 이렇게 정반대로 청년을 정의하면서 각각의 청년이 가리키는 연령집단 자체가 달라졌다. 1920년대 청년단체들의 회원 규정에서 알 수 있듯이, 조선인 사회운동이 규정하는 청년은 보통 18~30세 사이, 아무리 어려도 16세 이상의 젊은이였다. 그런데 총독부가 규정하는 청년이란 이보다 훨씬 어린 연령대였으니, 당시 관제 청년단은 초등교육을 마친 12~13세부터 청년으로 규정했다.[7] 조선인 사회의 청년이 자발적인 계몽활동이 가능한 '성인'이었음에 반해, 총독부 권력의 청년은 철저히 훈육돼야 할 성장기의 젊은이였다.

나아가 성장기의 청년은 성인과 같은 판단력을 지니지 못해 "일정한 방향도 없고, 따라서 일정한 입지가 없"[8]다고 규정됐으며, "그 사상이 고정되지 않고 움직이므로 상궤를 벗어나고 본령을 잃어버려 드디어 그 몸을 망치"기까지 하는 위험한 존재로 파악됐다.[9] 제국주의 권력의 청년상은 심리학과 '근대과학'의 권위에 의해 대중매체를 통해 확산됐고, 어느새 상식으로 정착했다. 『매일신보』의 다음 기사가 이를 잘 보여준다.

6　「청년과 훈련-청년단연합회 조직의 보報를 듯고」, 『매일신보』, 1932년 8월 9일.
7　「충청북도청년단 준칙」, 『조선총독부관보』(이하 관보), 1932년 10월 5일; 「함경북도청년단 준칙」, 『관보』, 1932년 9월 15일 등.
8　「청년사상 선도의 근본책」, 『매일신보』, 1924년 2월 27일.
9　「조선총독부 충청북도 훈령 을乙 제14호」, 『관보』, 1932년 10월 5일.

청년시대에는 일반으로 감정이 격렬하고 강하고 맹목적이고 또 감정이 동하기도 쉽습니다. 극단의 감정에서 반대 감정으로 뛰어갑니다. 희망과 절망, 비관과 낙관, 이러한 감정이 한꺼번에 내동하고 중용의 감정이 없고 소위 정관靜觀을 하지 못하는 것이니 이것이 청년기의 특징입니다. 감정에 빠져서 자기를 잃어버리는 경향이 강합니다.[10]

이 기사에서 청년기에 대한 서술은 바로 '질풍노도의 시기'를 떠올리게 한다. 청년기를 질풍노도의 시기라고 명명한 사람은 대표적인 발달심리학자인 스탠리 홀이다. 스탠리 홀은 인간이 짐승이나 야만과 같은 아동·소년기에서 성인=문명으로 발달하는 것으로 파악하고, 청년기는 야만과 문명 사이에서 심한 혼란과 갈등을 겪는 시기라고 정의했다. 제국주의 권력은 발달심리학이라는 근대과학의 권위를 등에 업고 더욱 확고하게 청년을 불안하고 위험한 존재로 규정할 수 있었다.[11] 이것은 1920년대 초반 문화운동론자가 문화주의 윤리학을 통해 청년을 스스로 수양함으로써(自修自養) 인격을 완성해가는 자율적인 주체로 규정했던 것과 극명하게 대조된다.

발달심리학, 청년심리학의 대상으로 다시 정의된 청년에게 1920년대와 같은 '스스로 수양하는' 공간이 허용될 리 없었다. 극단적인 감정의 격변을 겪는 청년기에 청년단체는 교사나 부형과 같은 지도자가 청년들을 교화하고 이끌어가는 공간이어야 했다. 그러므로 1930년대에 확산된 관제 청년단에서 청년의 수양이란 교사와 관료 그리고 부로 선배들로부터 실업과 공민 지식을 익히고 습득하는 것을 의미했다. 청년단원에 대

---

10 「청년긔에는 누구든지 리치를 캐려고 해-청년긔 생활을 부모는 어쩌케 리해할가」, 『매일신보』, 1932년 3월 4일.
11 장휘숙, 『청년심리학』, 박영사, 2004: 최윤미 외, 『현대 청년심리학』, 학문사, 1998: 北村三子, 『青年と近代-青年と青年をめぐる言説の系譜學』, 世織書房, 1998, p.114.

한 "지도 계발의 임무는 향당鄕黨 부로 선배들이 열성적으로 이끌고 도 와주는 것과 관공서 직원의 헌신적 원조"에 의해 수행됐다. "특히 소재所 在 학교 교직원의 훈화"에 크게 의존했다.[12] 1930년대 초반, 관제 청년단 은 대개 지역의 보통학교를 근거로 조직됐다. 단원들은 보통학교 졸업생 인 경우가 많았고, 꼭 그렇지 않더라도 졸업생을 중심으로 하여 학교 인 근 지역의 젊은이들로 구성됐다. 이미 졸업한 청년도 여전히 사제 간의 관계를 통해 지도와 교화의 대상에서 벗어날 수 없었다.[13]

'실질'과 '착실'로 탈정치화되는 청년: 모범청년

1930년대 관영 매체들이 조선인 사회운동의 청년론을 비판한 또 하나의 논거는, 청년이 현실과 유리된 관념적 존재라는 것이었다. 『매일신보』는 이전의 청년운동이 "그 사업과 목적이 우리 실생활의 범위를 벗어나 사 상적 관념 유희"[14]를 일삼으며 "쓸데없는 공리공담에 팔리어 지사志士 되 는 입문 운동을 자인自認하고 대언장담大言壯談하는 것으로 낙을 삼아" 왔다고 했다.[15] 이것은 조선인 사회운동 청년론이 기본적으로 가진 정치 적 속성에 대한 비판이었다. 즉 이전의 사회운동이 제시했던 청년상 속 에 포함된 정치적 지향성을 영웅지사가 되기 위한 운동 또는 '주의主義에 물든 것' 등으로 규정해 배제하고, 외부의 권위에 복종하는 순치된 인간 형을 이상적 청년으로 제시하고자 했다. 이런 조작은 최종적으로 조선인

---

12 「조선총독부 함경북도 훈령 제10호」, 『관보』, 1932년 9월 15일.
13 일제의 정책 수행 과정에서 학교와 교사들의 역할에 대해서는 이기훈, 「식민지 학교 공간 의 형성과 변화-보통학교를 중심으로」, 『역사문제연구』 17, 2007a ; 이기훈, 「일제하 보통학교 교원의 사회적 위상과 자기인식」, 『역사와 현실』 59, 2007b 참조.
14 「중견청년을 양성-사회적 유울幽鬱을 청산하라」, 『매일신보』, 1933년 9월 19일.
15 「청년단체와 그들의 사명」, 『매일신보』, 1930년 10월 19일.

사회운동의 청년상을 무력화시켜 정치적 저항의 가능성을 봉쇄하는 것을 목표로 삼았다.

총독부 관영 매체들은 "순진하고 진지한, 참으로 청년의 발랄한 의기"를 지니고 "견실한 보조로 돌아가 자기수양, 향토 개선, 사회봉사에 땀 흘리는" 젊은이를 이상적인 청년의 모습으로 제시했다.[16] 순진, 순수, 착실함 등은 실질적으로 정치사회적 관심에서 완전히 멀어진 순치된 청년의 모습을 이상화하는 어휘들에 불과했고, 실제적 사업과 운동이라는 것도 역시 청년운동의 체제 내면화에 다름 아니었다. 청년단체는 "착실한 보조步調로 생활의 전위前衛가 돼야"했다.

탈정치화된 권력의 청년상은 '선량한 공민公民의 양성' 또는 '공민교육의 강화' 속에 집약되어 나타났다. 선량한 공민은 건전한 국민과 함께 이미 1915년 일본에서 청년단이 전국적으로 정비될 당시부터 일본 정부가 표방해온 기본 목표였다.[17] 건전한 국민이 제국에 무조건 충성하는 신민을 의미한다면, 선량한 공민은 지역사회의 구성원으로서 사회경제적으로 충실히 자기 몫을 수행하는 인간을 의미했다.[18] 특히 1930년대 초반에 공민교육은 국가에 대한 책임을 이행할 수 있는 능력을 갖춘 공민적 인격을 도야시키는 것으로 정의됐는데, 그중에서도 직업인으로서의 지식·능력과 덕성, 특히 근로애호의 윤리가 중요시됐다.[19] 선량한 공민을 양성한다는 것은, 청년을 권력에 순치된 '착실'한 '실생활'의 인간형으로 재구성하는 과정이었다.

'선량한 공민의 양성'이라는 목표는 당시 각 지방에서 결성된 청년단에도 그대로 나타났다. 1932년 8월 울진군이 조직한 명덕청년단은 그

---

16 兪萬兼(당시 학무국 사회과장), 「社會敎化と靑年誘導」, 『朝鮮』 211, 1932.
17 「靑年團に對する文部內務大臣訓令」, 『地方靑年之敎養』, 帝國地方行政學會, pp.3~4.
18 八束周吉, 『卒業生指導の精神と方法』, 朝鮮公民敎育會, 1933, pp.27~30.
19 八束周吉, 위의 책, pp.30~34; 兪萬兼, 앞의 글, 1932, p.14.

목적을 "국가적 정신의 함양과 국민도덕의 진흥, 자치적 정신의 함양과 공민적 수양, 실제적 지능의 함양과 특히 직업적 수양"이라고 규정했다. 이것은 모두 이른바 공민적 인격 도야에 관련된 덕목이며, 결국은 무비판적 정치의식과 맹목적인 직업윤리, 실용기술의 연마로 귀착되었다.[20] 그중에서도 근로제일주의는 온건, 착실한 청년이 갖추어야 할 가장 중요한 덕목이었다. 성공에 대한 헛된 꿈을 버리고 촌음을 아끼지 않는 노동을 통해 집안을 다시 일으켰다는 모범청년의 사례들은 일가갱생一家更生의 근로 미담으로 포장되어 여러 관영 매체에 소개됐다.[21]

모범청년의 반대편에는 '부랑청년', '불량청년'이 있었다. 실제 부랑청년, 불량청년은 체제에 정착하지 못하거나 반항적인 젊은이 모두를 지칭했다. 총독부의 교과서가 아닌 한글 신문과 잡지를 읽기만 해도 '위험 사상'에 감염되는 것으로 여겼고, 위험 사상에 감염된 청년은 이미 실질과 착실함을 벗어나는 것이었다.

그중에서도 사회주의에 동조해 일본제국의 국체를 부정하는 '주의'主義의 청년, '영웅지사가 되기를 바라는' 청년이야말로 가장 심각한 부랑청년, 불량청년이었다. 그들은 "교사가 훈도하는 영역에서 벗어나고 부형의 훈화"도 듣지 않으면서 "심하게는 과격한 언동에 광분해 사회의 질서를 어지럽히고 국법에 저촉되기에 이르는"[22] 골칫거리였다.

따라서 권력이 내세우는 착실한 청년이 되기 위해서는 무엇보다 먼저 사회의식이나 정치 지향성을 탈각해야 했다. '선량한 공민'이라는 개념이 최종적으로 목적하는 것은 충량한 황국의 신민 양성이지만, 그에 앞서 권력으로부터 독자적이고자 하는 1920년대 청년의 정치성부터 먼저

---

20 「울진군에서도 명덕청년단明德青年團 조직」, 『매일신보』, 1932년 8월 12일.
21 경기도교육회 편, 『졸업생 지도 근로 미담』, 1933.
22 「조선총독부 함경북도 훈령 제15호」, 『관보』, 1932년 9월 15일.

해체해야 했던 것이다.

제국주의 권력과 지역사회를 매개하는 청년: 중견청년

청년의 탈정치화가 총독부 정책의 필수 단계이기는 하지만 궁극적인 목표는 아니었다. 가장 중요한 것은 농촌사회를 통제하고 동원하는 핵심으로 청년을 조직하는 일이었다. 1930년대에 조선총독부는 농촌 젊은이 가운데서도 일부 엘리트층을 통제와 동원의 핵심으로 조직하는 정책을 시행했다. 제국주의 권력의 청년론은 이들 엘리트 '중견청년'을 중심으로 전개됐다.[23]

중견청년은 총독부에 의해 선발, 양성되어 농촌 지역사회에서 식민 권력의 의도를 실행하는 구심 역할을 했다. 중견청년이 실제로 어떤 젊은이들이었는지는 1930년대의 이른바 졸업생 지도 정책에서 지도 대상의 선정 기준을 보면 잘 드러난다. 대상자는 "보통학교 재학 중 성적과 자질이 우수하고 신체 건강하며, 지조 견실하고 영농의 결심이 공고한 자"여야 했다. 특히 지역사회에 안착해 농업을 지속할 수 있는 의지와 물질적 기반이 중시됐다는 점에 주목할 필요가 있다. 심지어 장래에 고향을 떠날 가능성이 높은 둘째나 셋째보다는 집안의 상속자인 장남을 우선 선정하는 것을 원칙으로 삼는 경우까지 있었다. 중견청년이 자기 역할을 다하기 위해서는 먼저 '지방 향토에 안주'하는 것이 첫째 조건이었다.[24]

일제의 농촌진흥운동 자체가 각 마을을 단위로 하여 진행되면서, 농촌

---

23 富田晶子, 「農村振興運動下の中堅人物養成−準戰時體制期を中心する」, 『朝鮮史研究會論文集』 18, 1981: 이기훈, 앞의 논문, 2000, 300～305쪽.
24 藤村誠治郎, 「農村における卒業生指導の重點」, 『朝鮮の敎育研究』 1932年 3月號, p.61: 「卒業生指導に關する各道の施設報告」, 『文敎の朝鮮』, 1931年 4月號, p.99.

1937년 조선총독부가 전국의 이른바 '중견청년'을 소집하여 개최한 강습회. 미나미 지로 총독이 직접 연설하고 있다. 「동아일보」, 1937년 9월 26일.

의 중견청년은 마을에서의 역할과 관계를 통해 정의됐다. 총독부는 "농촌을 구제하고 농민의 자각을 환기"하는 임무를 제일선에서 수행할 주체로 중견청년을 양성하고자 했다. "농촌을 구제하는 데 자력自力이 업서서는 여하한 시설을 하드라도 허로虛勞"에 불과하며 "농민의 자각을 환기하는 것이 급무"인데, 이를 위해서는 "제일선에 중견청년의 양성"이 필요했다. "농촌의 근본적 개선은 청년으로부터" 시작된다고 할 때,[25] 그 청년이란 "건전한 국민, 선량한 공민으로서의 수양을 하며, 겸해 사회봉사의 훈련을 쌓아 아울러 향당鄕黨 문화, 경제의 발달에 공헌"[26]하는 젊은이를 의미했다. "한 마을 교화의 중심이 되어 향당 부로의 신뢰를"[27] 얻는 중견청년이야말로 총독부 권력의 의지를 향촌사회에 직접 전달하는 중심으로 상정됐다. "농촌 안주의 의지를 배양하여 근검하고 사회에 봉사하는 좋은 농민"으로 청년을 양성하고, 나아가 이들을 "지역사회의

---

25 「중견청년을 양성」, 『매일신보』, 1933년 9월 19일.
26 「조선총독부 충청북도 훈령 을乙 제14호」, 『관보』, 1932년 9월 15일.
27 兪萬兼, 앞의 글, 1932, 14쪽.

중견인물이 되게 하여 그 지도 감화가 일반에 미치게 하여, 이른바 지방 개량의 선구자, 향도자"[28]로 삼겠다는 구도였다.

중견청년이 향촌사회 교화의 선구자라고 하지만, 이는 조선인 사회운동의 청년론에서 제기했던 지도자 역할과 크게 달랐다. 지역사회, 향촌 속에 정착한 중견청년은 항상 누군가의 지도를 받아야 하는 존재였다. 이들에게 '중견'으로서 지역사회를 지도하는 역할이 맡겨진 것은 분명했으나, 그것은 총독부의 정책을 농민에게 전달하는 매개자로서의 역할에 국한된 것이지, 자율적이고 주체적인 의지와 전망에 의한 것은 아니었다.

중견청년의 지도는 지역사회 내의 권력기구가 맡았다. 일제는 중견청년을 교육하고 정착시키는 데 군청, 면사무소, 경찰서, 학교 등 관내의 모든 권력기구가 유기적으로 연대하도록 했다. 청년단 강연에는 군과 농회農會의 기수技手, 경찰, 학교 교사와 교장 등이 강사로 나섰고, 여기에 조선인 유지를 일컫는 '향당의 부형 선배'가 청년을 지도하는 역할을 맡았다.

1930년대 중반까지 총독부 권력이 제시한 '모범청년'과 '중견청년'은 권력의 의지를 수동적으로 반영하는 탈정치화된 입신주의적 주체라는 성격이 강했다. 수동적이기는 해도 '청년'에게는 국가의 의지가 관철되는 수단이라는 이미지가 부여되기 시작했고, 이는 중일전쟁 이후 극도로 국가주의화한 동원적 청년상을 구축하는 근거로 작용한다.

---

28 八束周吉, 앞의 책, 1933, 37~38쪽.

2장_ 계몽과 혁명: 조선인 사회운동의 청년론

계몽적 청년상의 재구성: 민족주의 진영의 청년론

1920년대 말부터 사회주의와의 경쟁이 격화되고 총독부의 정책적·이념적 공세가 강화되면서 민족주의 진영은 운동의 주체를 재정립해야 할 필요성을 느끼기 시작했다. 특히 1920년대 중반 이래 여러 민족주의 진영에서 제기하던 농촌문제를 해결할 주체를 창출해내는 것이 시급한 과제로 제기됐다. 1920년대와 마찬가지로 이 경우에도 청년을 내세울 수밖에 없었다. 과연 어떤 청년이어야 하는가?

그 첫 번째 답은 '청년학생'이었다. 브나로드 시대가 열린 것이다.『동아일보』의 브나로드 운동,『조선일보』의 문자보급운동은 주로 귀향하는 청년학생들이 여름방학 중에 전개하는 문맹퇴치운동이었다.[1] "화산에 비할 정열과 봉사열"을 가진 브나로드 청년학생은 여전히 민족을 깨우치는 근대적이며 헌신적인, 각성한 주체로 부각됐다. "선각한 지방청년"[2]은 "새 나라를 만드는 담임자擔任者이며 현상現想과 전망展望과 희망이 피彼

---

1 「하기夏期와 귀향 학생」,『조선일보』, 1935년 6월 16일;「하기방학을 앞두고-학생 제군에게 고함」,『동아일보』, 1934년 6월 13일.
2 진교일辰橋一 기자,「귀향 학생들과 지방 청년에게-브나로드에 참가하라」,『동아일보』, 1932년 6월 28일.

들의 오직 가진 바 보배"였다.[3] 이렇게 주체적인 현실 인식과 계몽적 사명의 자각, 봉사의 열정 등이 바로 1920년대의 청년 담론을 계승하는 측면이다.

그러나 1930년대의 브나로드 청년은 이전과 같이 완전히 독립되고 자각적인, 자수자양의 존재로는 인정받지 못했다. 특히 이들이 '청년학생'이라는 점은 매우 중요하다. 그

브나로드 운동의 포스터와 관련 기사. 『동아일보』, 1932년 7월 17일.

들은 농촌계몽운동의 주역이지만, 동시에 사상 선도의 대상이기도 했다. "청년들의 이 끓어오르는 봉사열을 조선 사회의 일대 사업인 계몽운동으로 인도하는 것은 조선이 청년에게 공급할 수 있는 최선의 길"이지만, 동시에 브나로드는 "청년들 속에 끓는 열이 비밀운동, 지하운동에서라도 그 분화구를 찾는" 사태를 막는 사상 선도의 일환이기도 했다.[4] 실제로 『동아일보』나 『조선일보』는 청년학생들에게 운동의 독자성을 부여하지 않았다. 운동을 수행하는 조직망은 신문의 지국 체제를 그대로 활용했으며, 총독부 권력과의 충돌은 극력 피하도록 제한했다. '지도와 통제 대상으로서의 청년'이라는 권력의 시각을 이들이 공유했다는 것은, 그만큼 당대 사회의 보수화를 반영하는 것이기도 했다.

---

3 철원일鐵原一 기자, 「한글 강습의 제際에 기하야-철원 청년에게 여與함」, 『동아일보』, 1932년 8월 6일.
4 「계몽운동과 사상 인도」, 『동아일보』, 1934년 7월 6일.

이 시기 계몽운동의 주체로 호명된 청년의 계급성은 중요한 문제였다. 민족주의 청년론의 부르주아 계급성은 1920년대부터 나타나는 특성이지만, 이 시기에 더욱 강화됐다. 브나로드나 문자보급운동의 주체로 규정된 청년학생을 살펴보자. 중등학교 취학률이 극히 낮았던 당시에 중등 이상의 '학생'이란 대개 상당한 유산 계층의 자제일 수밖에 없었다. 『동아일보』는 브나로드와는 다른 차원에서 중산계급 이상의 자산을 가지고 전문학교 이상의 교육을 받은 "유식유산有識有産"청년을 농촌사회의 지도자로 부각시키고자 했다. 그리하여 "유위청년有爲靑年"에게 "자주 독립하려는 의지"를 촉구하면서, 실업난 해결책으로 귀농을 통해 청년 스스로 일감을 만들 것(즉 창업)을 권하기까지 했다. 이러한 청년들이야말로 농민에게 "문명한 공민의 자격을 구비하기 위하여" 필요한 "정신적 훈련"을 실시할 수 있는 유일한 계층이라고 보았기 때문이다.[5] 이 경우 청년은 여전히 조선 사회의 문제를 해결하는 주역이며 스스로 결단하는 자율적 존재였지만, 이들이 자율적 주체가 될 수 있었던 것은 '유식유산'했기 때문이었다. 따라서 이들은 이미 브나로드 청년학생과 동일한 청년이 아니었다. 이런 특성 때문에 1930년대 민족주의 진영의 계몽적 청년상은 총독부의 모범청년, 중견청년에 더욱 쉽게 흡수되었다.

1930년대 중반에 접어들면 농촌 계몽의 청년상은 전반적으로 동요하게 된다. 1934년 『신동아』에서 '조선 청년의 장래'라는 주제의 현상 공모가 있었다. 당선작들은 하나같이 농촌에서 청년문제를 해결해야 한다고 주장하면서도,[6] "지식청년들을 만나서 이야기해보면 대개는 취직은 되지 않고 할 일이 없어 낮잠이 일"이지만, "지식 있는 자는 월급쟁이로, 그

5 「취직난의 청년에게 격檄함-향촌의 부름에 응하라」, 『동아일보』, 1932년 3월 21일.
6 유창선, 「전원공업田園工業 진흥의 도道」, 『신동아』, 1934년 4월호; 신기복, 「조선 청년의 갈 길」과 나병기, 「조선 청년의 갈 길」, 『신동아』, 1934년 5월호.

찌꺼기 무학자無學者는 농민"이 된다고 여기는 풍조가 만연해 있음을 개탄한다.[7]

실제로 계몽운동의 호소와는 반대로 교육을 받은 젊은층이 농촌을 떠나는 현상이 가속화되고 있었다. 이는 귀농이나 브나로드를 주창한 민족주의 부르주아에게는 농촌의 계몽적 근대화 담론 자체가 흔들리는 것을 의미했다. 이에 따라 계몽운동을 주도하던 언론은 떠나가는 농촌청년에게 향토를 지킬 것을 호소하기 시작했다. "금일 농촌을 버리고 도시에 닿는 자의 대부분은 농촌 생산과 농업사회의 중견자요, 지도자인 청년 남녀"인데, 이런 청년층의 이농은 "농촌 잔여 인구의 사회적 열등화를 불러일으켜 농업 생산의 개량 발달은 물론이거니와 농촌 주민의 교화 향상까지도 모두 정지 상태에" 빠지게 할 것이다. 따라서 "농촌에는 농촌청년 스스로 일어나 싸울 장면이 얼마나 크고 넓은가를 스스로 깨달아야 할 것이다. 농촌의 고뇌는 농촌청년이 농촌에서 그 대책을 완성해야 할 것"이라고 호소하기에 이르렀다.[8]

총독부의 적극적인 농촌정책에 밀리면서 민족주의 진영의 농촌운동 전략은 점점 빛을 잃고 있었으니, 이를 주도할 청년 주체의 상도 동요할 수밖에 없었다. 이들이 주창한 농촌 계몽의 주체로서의 청년이란 결국 '지식청년' 또는 '유식유산 청년'으로 귀착되었는데, 이들은 총독부가 내세우는 중견청년과 구별되는 독자적인 자기상을 가지지 못했다. 이는 기독교나 천도교의 농민운동에서도 마찬가지였다.

1930년대 초반에는 기독교계의 농촌운동이 활발히 전개됐다.[9] 기독교

7   신기복, 위의 글, 199쪽.
8   「농촌을 지키라, 농촌청년 제군에게 일언一言」, 『동아일보』, 1932년 9월 14일.
9   일제하 기독교 농촌운동의 전개와 그 사상에 대해서는 한규무, 『일제하 한국기독교 농촌운동 1925~1937』, 한국기독교역사연구소, 1997; 장규식, 『일제하 한국 기독교 민족주의 연구』, 혜안, 2001 참조.

농촌운동에서는 유물론에 맞서 싸울 주체로 '기독청년', 그중에서도 농촌의 기독청년에게 주목했다. 기독교 이론가들은 "농촌에 피가 끓는 기독청년"들에게 "농촌 교화를 위하야 이제부터 조직화하고" 무신론자들과 싸울 것을 호소했다.[10]

이 시기 기독교 농촌운동의 기본 방향은 농촌의 청년 지도자를 양성해 실제 운동을 담당하게 하는 것이었다. 고등농사학원 원장인 이훈구는 농촌문제 해결을 위해 가장 필요한 것이 '농촌청년의 자각'이라고 정의했고,[11] 1932년에 세워진 장로교회의 고등농사학원이나 YMCA의 농민수양소 모두 중학교 정도의 학력을 갖춘 중견청년을 선발해 지방 향촌을 지도하게 하고자 했다.[12]

천도교의 농민운동도 여전히 농민운동의 지도자로서 농촌청년의 중요성을 강조했으며, 특히 농촌 지식청년의 존재에 주목했다. 1932년 천도교 농민운동가인 백민白民(백세명)은 "이삼십의 청년기에는 진취성이 풍부한 법"이므로 청년 농민이 "농촌의 신생활로新生活路를 타개하는 중임"을 맡아야 한다고 주장했다.[13] 그는 특히 지식청년의 사명이 일반농민보다 더 중대하다고 보았는데, 그가 말하는 지식청년이란 보통학교 이상을 졸업한 청년을 모두 일컫는 것으로, 기독교 농촌운동이나 브나로드 운동의 경우보다는 지식인으로서의 면모가 덜한 청년을 주체로 상정했다.

언론사의 농촌문맹타파운동이나 천도교농민운동, 기독교농촌운동은 근본적으로 '귀농'歸農의 논리에 입각해 있었다. 1930년대까지도 귀농의 사고방식은 지식인이나 학생 대중에게 상당히 많은 호응을 얻었다. 학생들의 교지에도 "피폐한 농촌을 다시 일으킬 용사勇士는 (……) 우리 신진

---

10 박학전, 「복음을 들고 나가자, 싸우자」, 『농촌통신』 4, 1935.
11 이훈구, 「농촌청년은 자각하여야겠다」, 『청년』 1932년 7월호, 6~7쪽.
12 홍병선, 「조선중앙기독교청년회의 농촌사업」, 『신동아』, 1935년 2월호, 85~88쪽.
13 백민(백세명), 「청년 농민의 사명」, 『농민』 3권 10호, 1932.

청년"이며, 청년이 "문맹의 대중을 위하여 인도하며 농촌의 중견이 돼야 한다"[14]거나 "조선의 학생들은 특별히 이런 하휴夏休 같은 때를 이용하야 지도자의 임무를 다하여야" 한다는 식의 귀농과 농촌 계몽에 대한 글이 실렸다.

그러나 천도교나 기독교 계열의 농민운동은 독자적인 청년상을 구축하는 데는 그다지 성공적이지 못했다. 이들이 주창한 농촌의 청년상은 결국 지식청년 또는 중견청년으로 귀착될 수밖에 없었는데, 어느 것도 총독부가 내세우는 중견청년과 구별되는 독자적인 자기상을 가지지 못했다.

결국 1930년대 중반 이후 민족주의 청년 담론은 총독부의 권력 담론 속으로 흡수되는 경향을 보인다. 이런 현상은 특히 농촌의 일반 지식청년 사이에서 두드러졌다. 청년이나 청년단체의 독자성이 거의 보이지 않았다. 1930년대 중반이 되면 지방에서의 청년의 활동이 국가기구의 통제하에 진행되는 것을 당연하게 받아들이는 사례가 늘어난다. 다음의 두 글에서 1920년대와 1930년대의 상황을 단적으로 비교해보자.

청년들아, 자결自決하라, 자결하라. 시대에 뒤처진 부형도 믿지 말고 그 누구의 인도를 바라지도 말라. 오직 자기 손으로 자결하라! (……) 이제 새로운 용기를 가지고 새로운 이상적 청년회를 자기 손으로 조직하라. 누군가 제창하는 아래에서 순응적으로 하지 말고 피동적으로도 하지 말라. 오직 자립적으로 자결의 정신을 가지고 이상적 청년회를 건설하기를 나는 참으로 간절히 원하는 바다.[15]

---

14 김형원, 「농촌을 돌아다보며」와 김원현, 「하휴夏休와 우리」, 『계우』桂友 12호, 1932.
15 「홍원만필洪原漫筆-청년회의 설립을 촉促함」, 『조선일보』, 1922년 12월 7일.

그 사회에 있어서 청년 제군이 중추가 됨은 사실인 동시에 중추다운 중추가 되지 않으면 안 된다. 다시 말하면 가치 있는 청년이 돼야 한다. (……) 우리 문경聞慶은 (……) 당국의 지도와 장려하에 이제야 겨우 교육산업 등의 방면에 발달을 보이고자 한다. 그러나 아직도 관민官民 일치협력하야 장려해야 할 것이 너무 많다. (……) 제군이여, 아버지 세대(先嚴)의 업적을 참고하고 유지有志의 힘을 빌려 새로운 문경을, 아니 좀 더 힘차게 건설하기를 충심으로 빌어 마지아니한다.[16]

앞의 글은 1922년 『조선일보』에 실린 독자투고이고, 뒤의 글은 1935년 『동아일보』에 실린 독자의 글이다. 앞의 글이 청년과 그 조직인 청년회가 (제국주의 권력을 포함해) 누구로부터도 독립적이어야 한다고 역설하는 것에 비해, 뒤의 글은 청년의 임무를 부형과 유지의 지도하에 관과 일치협력해 지역 발전을 이루어가는 것으로 규정하고 있다.

청년의 계급별 해체와 약화: 사회주의 진영의 청년론

1920년대 조선의 사회주의운동은 특별히 청년을 강조해, 일부에서는 '(계급의식을) 자각한 청년'에게 해방운동의 전위 역할까지 부여할 정도였다. 이것은 다른 지역의 운동과 비교할 때 매우 독특한 현상이다. 청년의 역할을 강조한 독특한 인식 구조는 계급운동의 기반은 약하지만 청년운동만큼은 극히 활발히 전개되던 당시 식민지 조선의 사회상을 여러모로 반영하는 것이었다.

그러나 이런 인식은 1920년대 후반 마르크스주의에 대한 정통적 인식

---

16 문경聞慶 일기자一記者, 「청년 제군에게」, 『동아일보』, 1935년 8월 31일.

이 확산되면서 점차 약화됐고, 1928년 12월 테제 이후 청년의 혁명적 특성에 대한 논의는 계급론 구조 속으로 매몰됐다. 이러한 경향은 1930년대 내내 계속됐다.

우선 청년은 혁명 동력에 대한 거시적 분석에서 유의미한 범주가 아니었다. 혁명의 담론은 거의 노동계급, 농민, 도시 소부르주아 등 계급론적 범주에 의해 진행됐으니, 1920년대의 청년은 각 계급 속으로 분산되고 나머지는 '소부르주아 인텔리겐차'(주로 학생) 정도로 축소됐다. 이 과정은 현실 운동에서 청총(조선청년총동맹)의 해소와 함께 진행됐다. 청총의 해소를 주장한 이들의 기본 구상은 청총의 지역별 조직을 해소해 노동자, 농민, 청년은 노동조합이나 농민조합의 청년부로 흡수하고, 청년동맹은 소부르주아 단체로 재결성한 뒤 좌파 헤게모니가 관철되는 협의체를 구성하겠다는 것이었다.

다시 말해 1920년대의 청년을 계급별로 해체하고, 각 계급 내에서 청년의 역할을 다시 부여하겠다는 것이 1930년대 사회주의 청년론의 핵심이었다. 물론 이 시기에도 청년의 진취성, 순수함, 혁명적 폭발력은 인정됐다. "정치적, 경제적, 사회적으로 청년은 특별한 불평불만을 안고 강렬한 투쟁력"을 지녔기 때문에 1930년대 초 혁명적 농민조합 내부에 자체 강령을 가진 청년부를 조직하기도 했다. 하지만 청년의 특성은 계급에 종속되어 발현되는 것에 불과했으니, 각 계급의 청년은 "반제운동의 선두대"로서 계급을 대표해 투쟁의 선두에 서는 이들일 뿐이었다.[17]

물론 원칙적으로 이런 조직의 청년부는 계급운동을 강화할 임무와 함께 다른 청년단체 및 개인을 동원해 청년들의 반제 협의체를 주도할 임무를 가지는 것으로 규정되기도 했다.[18] 그러나 실제 운동의 전개 과정에

---

17 영흥농민조합 청년부의 강령, 「적색赤色 영흥永興 농민조합원 폭동사건」, 『사상월보』思想月報 4~5, 25쪽.

서 사회주의 청년의 역량은 혁명적 노동조합이나 농민조합을 건설하는 과정에서 거의 소진돼버렸다. 현실적으로 거의 모든 투쟁을 청년이 전담할 수밖에 없는 조건하에서 청년은 자신들의 특수한 이해와 요구를 관철하기보다는 투쟁 전체를 주도해야 했다. 역설적이게도 실제 투쟁이 거의 청년에 의해 수행되면서 오히려 청년이 사회주의 혁명 담론 속에서 차지하는 비중이 더욱 약화되는 현상이 벌어지게 된 것이다.

계급투쟁의 선도자로서 청년의 역할만큼이나 강조된 것은 각 계급 청년 사이의 균열과 대립이었다. 청년에게 이른바 '진취성이 풍부한 것은 사실'이라고 해도 "부르주아 청년은 부르주아 진취성에, 프롤레타리아 청년은 프롤레타리아 진취성에" 차 있을 따름이었다. 마찬가지로 농촌을 구하는 것은 빈농, 소작농이지 "계급 관계를 이해치 못하는 청년들의 진취성"일 수는 없는 것이었다.[19] 조선 청년 중에서 새 역사의 담당자는 프롤레타리아와 그 동맹자일 뿐이며, 부르주아 청년은 조선 민족의 생명이 아니라 도리어 그것을 빼앗고 해치는 존재일 따름이라는 인식도 마찬가지였다.[20]

이런 관점은 여운형이 『동아일보』 1933년 신년호에 게재한 「부탁」을 비판한 북해생北海生이라는 필자의 글에서 강하게 드러난다. 여운형은 "우리 민족과 사회의 생명"인 청년에게 "갱생의 정신"과 "신흥의 원기"를 가질 것을 당부했다. 이에 대해 북해생은 조선 청년 중 어떤 "부대部隊(계급이나 계층)"가 "조선 민족과 사회의 참된 생명이 되기" 위해서는 "일정한 계급적 및 역사적 조건"을 갖추어야 한다고 했다. 노동자계급을 지

18 이애숙, 「1930년대 초 청년운동의 동향과 조선청년총동맹의 해소」, 한국역사연구회 근현대청년운동사연구반, 『한국근현대청년운동사』, 풀빛, 1995, 392쪽.
19 한철호, 「조선 내 제諸반동적 유파의 농민＝농업이론을 비판함」, 『신계단新階段』 1932년 12월호, 10쪽.
20 북해생, 「여운형의 '부탁'을 읽고」, 『신계단』 1권 5호, 1933.

칭하는 "새 역사의 담당자인 한 부대"는 당연히 여기에 해당하고, 이 노동자계급 부대의 "종국적 및 시간적 동맹자", 즉 농민 청년이나 각성한 지식인 청년도 그 조건을 충족시킨다. 그러나 이들을 제외한 다른 부대(부르주아, 지주 등)는 단연코 조선 민족의 생명이 될 수 없을 뿐 아니라, 도리어 그것을 빼앗고 해치는 역사적 임무를 열심히 수행하고 있을 뿐이라는 것이었다. 북해생은 여운형의 글에서 프롤레타리아와 프롤레타리아 청년의 존재에 대한 관심이 나타나지 않는다고 비판한다. 즉 여운형이 조선 청년에게 분투와 노력을 당부하지만, 실제로는 '계급'적 시각이 없으므로 아무런 구체적인 방법도 제시하지 못한다는 것이다.

1930년대 중반 이후 사회주의운동이 완전히 지하화하면서 청년을 논할 수 있는 여지는 더더욱 축소됐다. 노동자, 농민을 토대로 당 재건에 전력을 기울이는 동안, 청년 논의는 구체적 내용을 상실한 강령적 수준에서 반복될 따름이었다. 특히 담론 영역은 극도로 위축되어 비합법 지하 출판물에 의존할 수밖에 없었다. 이 출판물들이 지하로나마 대중적으로 확산됐다면 또 다른 담론 체계로서 기능했겠지만, 대부분의 청년운동은 소그룹 단위를 넘지 못하고 좌절됐다. 따라서 사회적으로 의미 있는 담론 체계를 형성하는 데는 성공하지 못했다.

3장_ 청년, 길을 잃다: '청년'의 속류화와 파시즘

고뇌하는 청년, 병든 청년

식민지 조선의 시민사회에서 청년 개념은 1930년대 중반 들어 중대한 변화를 겪는다. 가장 두드러진 현상은 청년이 문제 해결의 주체에서 문제 그 자체로, 사회를 이끌어갈 존재에서 사회가 해결해야 할 고민거리로 역전돼버린 것이었다.

고뇌하고 방황하는 청년의 모습은 과거에도 존재했지만, 이전까지 청년은 스스로 결단해서 문제를 해결하는 주체였다. 취직난 속 청년들에게 농촌으로 돌아갈 것을 권유했던 것이나,[1] 1920년대 말 1930년대 초의 대공황기에는 창조 정신을 발휘해 신국면으로의 활로를 청년 스스로 개척하라고 요구했던 것은 모두 이런 맥락이었다.[2]

그러나 1930년대 중반 이후 청년을 문제 해결의 자율적 주체로 표방하는 경우는 찾아보기 어렵다. 사회운동조차 침체된 상황에서 식민지 청년의 상황은 암울하기 그지없었다. 청년실업이 만연했고 진로는 불투명

---

1   류광열, 논설, 『별건곤』 5호, 1927, 23쪽.
2   「졸업생 제군에게 일언―긆, 구직보다 조직造職」, 『동아일보』, 1929년 2월 10일: 「다시 졸업생 제군에게, 창조력을 발휘하라」, 『동아일보』, 1931년 3월 30일.

했다.[3] 이제 청년문제의 해결은 사회, 그중에서도 지도자의 몫으로 돌려지기 시작했다. 1935년 11월 『학등』學燈에 실린 다음의 글은 이런 변화를 여실히 반영한다.

작금의 청년 조선은 몫이도 헐덕이고 있다. (……) 그 행동이 방종함이여든, 그 행동이 타산적이여든, 그 행동이 난폭이여든, 그 행동이 비애여든, 실진失眞한 젊은이의 병원病源은 실진 이외 다른 데 있지 않다.

눈물과 피로써 정신을 바로잡아주지 않고 때리면 무슨 소용이며, 달래면 무슨 소용이냐. 대담히 '청년 조선'의 병원을 진단하노니 실진＝희망을 잃은 데 있다. 끗없는 번민에서 울어나온 그들의 광태를 함부로 때리지도 말자! 사람을 닷치기 쉽다. 구태여 달래지도 말자! 병세를 조장할 염려가 있다. 그러면 현명하신 이 사회의 선구, 이 사회의 지도자, 이 사회의 명의名醫들이시여! 당신들의 하실 일은 무엇입니까.[4]

조선의 청년은 고뇌하고 방황하며 고통받는 젊은이를 의미하게 된다. 이들의 고뇌와 방황은 매우 현실적인, 그리고 개인적인 문제다. 청년은 민족과 사회의 문제가 아니라, 진학이나 취업 같은 현실적인 생업과 진로 문제에서 헤어 나오지 못한다. 나아가 '청년 조선'은 병증을 가진 존재로까지 취급된다. 문제의 해결이 청년 조선이 가진 질병의 원인을 찾는 것에 비유되는바, 치료의 대상으로 전락하게 된다. 이는 사회운동의 주체로서 청년에게 부여됐던 민족과 사회의 전위적 존재라는 표상이 급격히 약화되고 있음을 보여준다. 이제 청년은 심각한 사회문제의 원인으로 표상되고, 이 사회문제는 '선구, 지도자, 명의'가 해결해야 하는 것이

---

3   배성룡, 「청년의 우울 ― 지식청년에게 일언함」, 『중앙』 3권 4호, 1935.
4   이청, 「청년 조선의 고민상과 지도자의 임무」, 『학등』 11월호, 1935, 6~8쪽.

었다. 사회 각계의 지도자가 곧 사회의 명의로서 청년 조선의 병을 치유해야 했다. 이 경우 선구자=지도자란 문필가, 교사, 실업가 등 이미 사회 안에 자리 잡은 인물들이었다.

고민하고 방황하는 청년상은 권력이 제시하는 청년의 심리학적 특성과 상당히 유사한 면을 지닌다. 이는 한편으로 총독부의 이데올로기 통제가 어느 정도 성공했음을 보여주는 것이기도 하다. 그러나 권력의 시각이 점점 강하게 청년 개념을 지배하게 된 또 다른 원인은, 식민지의 다양한 사회운동이 심각한 침체 국면에 접어들었다는 데도 있었다. 청년이 사회의 선구나 전위가 될 수 있었던 것은, 청년을 주체로 구성하는 사회적인 '운동'이 존재했기 때문이다. 좌파, 우파를 불문하고 조선인 사회의 사회운동이 약화되면서 청년 담론에서 권력의 시각이 우위를 점하게 되는 것은 어쩌면 당연한 일이었다. 이런 상황은 방황하는 젊은이 스스로 자신들의 문제에 대한 해법을 찾을 수 없는 폐쇄된 구조를 만들어냈다. 그리고 이 문제 상황이 파시즘에 경도된 청년이 등장하는 배경이 되기도 했다.

좌우를 막론하고 민족운동이 모두 침체하는 이 시점에 이르면, 기존의 청년 논의를 주도하던 인물들조차 청년문제에 대한 자신 있는 대안을 제시하지 못한다. 안재홍이 학교를 졸업하는 청년에게 주는 다음의 글은 저간의 사정을 잘 보여준다.

졸업생들은 대개가 청년 유위有爲의 사士이라 이 비상非常한 우리의 제회際會에서 허름하고 심심한 말 하기도 싫고, 그러나 대언준담大言峻談으로 일시一時의 쾌快를 탐낼 수도 없다. 이렇게 말하기 어려운 곳에 우리 지대한 시대의 고민이 있는 것이다. (……) 무책임한 말로 청년이여 농촌으로 돌아가라고 하는 권진勸進을 하자 함은 아니다. 그러나 문제는 여기에 있다. 다수 청년의 진로는 어데일까? 비상한 시대에는 비상한 인물을 요한다고 높이 외

처둠이 좋은 줄 아나, 이는 다수 청년에게 모다 적용되는 말이라고 말할 수도 없다. 여기서 한 가지 제안하는 것은 내 일즉부터 말하든 그룹적인 농촌 진출 계획이다. 일정한 지견智見, 취미, 의도가 서로 맞은 청년들이 한 그룹식 일우어 자기의 향리를 중심으로 일종의 문화적 식민을 만들을 것이니, 이는 매우 평범한 형태로서 평범한 코-쓰를 나아가자는 일이다. 진취의 의욕에서 약동하는 청년 제씨에게는 많은 경우에 한번 우슴에 붙임 즉한 조건이다.[5]

청년에게 무엇을 하라고 권유하기가 어려운 것이 당대의 솔직한 상황이며 고민이었다. 1920년대부터 1930년대 초반까지 청년에게 제시된 여러 가지 대안이 현실적으로 거의 좌절된 상황이었으므로 사회운동 지도자들조차 설득력 있는 대안을 자신 있게 내놓기가 어려워졌다. "비상非常한 시대"라는 인식이야 모두 공유하는 것이지만, "비상한 인물"을 요구한다는 것도 공허한 논의로 받아들여졌다. 1920년대부터 지속돼오던 귀농 권유는 이제 사뭇 무책임하다는 비판에 신경 쓰지 않을 수 없는 지경에 이르렀고, 안재홍 자신의 대안조차 그다지 적극적이지는 못하게 됐다.

이 점에서 비록 친일 지식인의 관점에서 본 것이기는 하지만, 조선인 청년이나 일본인 청년 모두 기존의 이념, 특히 조선인 청년의 경우 민족주의와 공산주의를 청산하고 있다는 김윤석의 평가는 그 나름의 근거를 가지는 것이었다. 김윤석은 조선인 청년은 일본인 청년처럼 정치·경제 분야에서 활동할 수 있는 전망도 없고, 또 자연스럽게 귀착할 수 있는 일본정신(야마토다마시大和魂)조차 가지지 못했으므로 더더욱 큰 회의와 허무에 빠지게 된다고 했는데, 원인 분석이야 어떻든 간에, 이는 당시 조선

---

5   안재홍,「졸업생에게 보내는 글」,『학등』1936년 2·3월 합호, 2~3쪽.

사회의 청년 논의가 봉착한 문제를 보여준다고 할 수 있다.[6] 그리고 이 문제적 상황은 파시즘에 경도된 청년이 등장하는 배경이 되기도 했다.

속류 영웅론과 파시스트 청년론

고민하고 방황하는 청년에게 1920년대 방식의 대안은 더 이상 주어지지 않았다. 권력이 제시한 모범청년, 중견청년상이 확산되는 가운데 좌익운동은 지하로 숨어들었고, 우익은 권력의 담론 구조 속에 급격히 포섭됐다. 여기에 자본주의적 대중문화의 생산과 소비 구조가 확립되면서 매체들은 이전보다 덜 계몽적인 대신 훨씬 더 소비적인 문화를 생산했다. 계몽의 압박에서 벗어난 잡지나 서적은 젊은이에게 고원高遠한 이념을 지닌 선각자가 아니라, 달콤한 세속적 입신출세의 영웅을 이상적인 모델로 제시하기 시작했다.

이런 경향은 1930년대 초반부터 파시즘을 수용하기 시작한 일부 지식인에 의해 더욱 강화됐다. "청년학생은 영웅이 아니 되면 아니 된다"라고 한 이광수가 대표할 만한 인물일 것이다. 노골적으로 "차라리 이태리의 파시스트를 배우고 싶다"라고 선언한 이광수는 젊은이에게 "강건한 실질한 청년 남녀들이 굳고 큰 단결을 모아서", "순결하고 건전한 봉사의 생활로 대중을 이끄는 지도자"가 될 것을 당부했다.[7] 이광수는 무솔리니를 "큰 단결의 지도자로 전 민족의 숭앙을 받는 자"[8]라고 칭송했으며, 히틀러의 독일이 국제연맹을 탈퇴한 것을 두고 "젊은 독일의 기백"이라

---

6   김윤석, 「朝鮮靑年の將來」, 『녹기』綠旗 1937년 4월호, 녹기연맹, 43쪽.
7   이광수, 「야수에의 복귀 – 청년아 단결하여 시대악時代惡과 싸우자」, 『동광』 5월호, 1931.
8   이광수, 「간디와 뭇솔리니」, 『동광』 33호, 1933, 29쪽.

고 평가하기도 했다.[9]

이광수의 청년론은 본격적인 파시스트 청년론이라고 하기에는 미흡하다. 그의 청년론이 일관된 논리적 구조나 장기적인 사회운동으로서의 기획을 가지고 있지 않기 때문이다. 정치적, 사회적 운동으로 상승할 의지를 갖추지 못한 이런 식의 감상적 지도자론은 '속류 영웅주의'로 흐를 가능성이 극히 높았다.

이광수류의 영웅론과 지도자론이 대중적으로 더욱 확산되면서 "어느 민족이든지 지도자를 섬길 줄 모르는 그 민족은 참된 지도자가 나설 수 없"다는 주장이 등장했다. 올바른 지도자를 출현시키기 위해서 그 민족이 "시기, 파쟁, 분열, 알력, 암투"는 물론이고 "그 밖에 통일되지 못한 각양각색의 주의, 사상" 등의 고질을 고쳐야 한다는 본말이 전도된 주장이 제기되기도 했다.[10] 파시스트 독재자가 신비화되고 영웅화되기 시작했고, 이에 따라 이상적 청년상도 변화했다. 1935년 권승락이라는 필자는 스스로 히틀러와 독일의 열렬한 숭배자임을 밝히는 「나는 히틀러를 숭상한다」라는 글을 기고했다. 그는 반유대주의의 폭력성조차도 열렬한 민족애의 결과일 뿐이라고 강변한다.

내가 숭상하는 히틀러는 (……) 독일 민족애에 넘치고 넘쳐서 그의 열렬한 심혈과 굳굳한 정성은 너무도 컸기 때문에, 또는 지극했기 때문에 자기 일신의 괴로움도, 지위의 고정固定도 돌아볼 겨를이 없이 제 목숨을 경미한 새털에 견주고 모든 행동을 솔직(원문은 '卒直'이나 '率直'의 오식인 듯하다: 인용자)하게 취하고 있는 것이다. 그러므로 그의 행동은 과격하여 보이고 난폭하여 보임이 사실이다. 그처럼 보일 뿐 아니라 사실 그렇다는 것이 진정

---

9 이광수, 「독일의 기백」, 『조선일보』, 1933년 10월 19일.
10 박호산, 「우리의 지도자」, 『학등』 11호, 1934.

일 것이다. 나는 이 모든 점으로 봐서 히틀러를 숭상치 아니할 수 없다는 것
이다. 나는 히틀러를 숭상하는 일면에는 피 끓는 독일 청년들을 아니 사랑할
수 없다. 그들은 과격한 히틀러의 행동을 저주하지도 않고, 그를 모해하지도
않고, 지나친 반항도 없이 히틀러의 설복에 꾸준히 응하는 정신이야말로 아
름답고 깨끗하지 않은가. 히틀러도 히틀러려니와 독일 청년도 독일 청년이
다. 아아 나는 히틀러를 숭상하고 독일 민족을 칭찬하며 독일 국가를 기대하
고 그의 빛이 온 우주에 빛나기를 비는 자다.[11]

여기서 청년의 이상적인 정신은 '지도자의 행동을 저주하지도, 모해
하지도, 반항하지도 않으면서, 그 설복에 응하는 것'으로 규정된다. 지도
자와 청년 대중 사이에 어떤 불일치나 모순의 가능성도 없는 직접적 일
치를 추구한 것이다. 히틀러나 무솔리니 숭배와 결합된 감상적인 파시즘
편향은 대중매체에 의해 더욱 강화된다. 이런 경향이 속류 출세주의와
맥락을 같이했기 때문이다. 1930년대에 무솔리니나 히틀러는 입신 성공
의 대표적 인물로 받아들여졌다. 1932년 최상현 목사가 쓴 『근대지성공
자』近代之成功者라는 책은 20명의 성공한 위인들 이야기다. 그런데 이 책
의 표지를 장식하며 제일 먼저 등장하는 인물이 바로 무솔리니다.[12]

속류 출세주의 청년론의 전형은 주운성朱雲成의 『열혈청년론』熱血青年
論에 나타난다.[13] 이 책은 전반부의 논설과 후반부에 나오는 히틀러, 무솔
리니, 나폴레옹 같은 인물들의 간략한 전기로 구성된다. 주운성의 논설
은 청년에게 끊임없이 지도자나 위인 되기를 강조한다. "한 명의 천재가

11 권승락, 「나는 히틀러를 숭상한다」, 『학등』 14호, 1935.
12 최상현, 『근대지성공자』, 조선야소교서회, 1932.
13 주운성의 본명은 주대벽이다. 예수교 장로회에서 발간하던 『종교시보』宗教時報의 기자로
대중적인 저술과 웅변으로 알려졌으며, 이후 노골적인 친일 논설집을 저술해 반민특위에 의해
수배된 경력도 있다. 『열혈청년론』은 상당히 인기를 얻어 1년 6개월 만에 4판까지 발행됐고,
해방 이후인 1948년 덕흥서림에서 재발행되기도 했다.

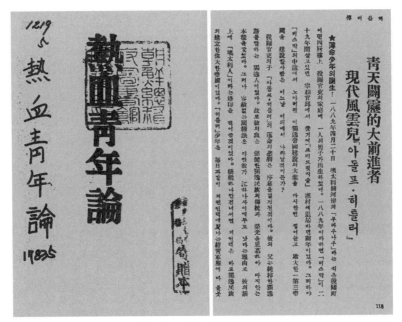

1935년에 간행된 『열혈청년론』 표지와 「히틀러전」 부분. 히틀러를 "청천벽력적 대전진자", "현대 풍운아"로 소개한다. 주운성, 『열혈청년론』, 전진사, 1935.

1만 명의 무능자에게 도전한다", "규율에는 사람이 되지 말고 기계가 되어라", "한 지도자의 출몰은 곧 그 대중의 성쇠를 좌우하는 것이다"라며 천재적인 지도자의 역할을 특히 강조하고, 조직과 규율에 대한 복종을 앞세운다는 점에서 주운성은 상당한 파시즘적 편향을 드러낸다.

주운성의 청년론이 최종적으로 귀착되는 지점은 지극히 남성 중심적인 입신출세 의식이다. 그는 "우리의 자랑 가운데 제일 생각할수록 유쾌하고 만족한 것은 당당한 남아男兒로 태어난 것"이며, 남아이니만큼 "고뇌에서 미소"하면서 최후까지 분투하라고 독자를 격려한다.[14] 심지어 "히틀러의 용모가 너무 아름다워서 백림伯林 낭자군이 침을 흘린다"느니,

---

14　주운성, 『열혈청년론』, 전진사, 1935, 4~5쪽.

히틀러나 무솔리니의 여성 편력도 영웅의 성공기로 읽혔다. 『중앙』, 1934년 4월호에 실린 나진형의 「정치가와 로만스 – 독재상 히틀러와 여인 군상」.

"고래로 영웅은 호색이라 했지만 실상은 애정이 강한 까닭"이라느니 하는 근거 없는 주장까지 일삼는다.[15]

청년이 목표로 삼아야 하는 것은 '대장부'로서의 자질과 품격을 갖추는 것이다. 그렇게만 하면 사회가 그 사람을 버려두지 않고 대경륜과 대사업을 발휘하도록 할 것이었다.[16] 주운성이 나폴레옹이나 히틀러, 무솔리니의 영웅전을 쓴 것은 '열혈청년 제군'에게 성공한 영웅, 대장부의 전형적인 사례로서 '좋은 모델'을 제공하고 모방하게 하기 위해서였다.

한편 남성적 지도자, 카리스마적 영웅에 대한 숭배가 유행하면서 '조국' 또는 '민족'에 대한 맹목적인 충성을 청년의 특성이라고 보는 견해도 나타났다. 다음의 글을 읽어보자.

"우리에게는 의무가 있을 뿐, 권리는 없다. 오직 하나의 권리가 있으니, 그는 곧 우리의 의무를 우리가 실행하겠다고 주장하고, 실행할 권리 그것뿐이다." 이것은 이태리 청년의 신조입니다.

"우리는 조국을 위하야 하로에 한 시간식 더 일을 하자." 이것은 청년 독일의 부르짖음이었습니다. 얼마나 사내다운 말입니까. 얼마나 장쾌한 결심

---

15 주운성, 위의 책, 38쪽.
16 주운성, 「대장부론」, 『종교시보』 4권 4호, 1935, 14쪽.

입니까. 우리는 한 푼의 노력으로 두 푼 서 푼의 보수를 바라는 비열한 무리가 아닙니다. (……) 오직 의義를 사모하는 뜨거운 물결이 우리 가슴에서 끓을 뿐입니다. 이 물결은 그릇된 우리의 가정을 바루잡고야 말 것이며, 그릇된 우리 향토를 바루잡고야 말 것입니다.

　이태리를 바루잡은 것이 무쏠리니가 아니라, 끓는 가슴을 부디안은 이태리의 청년입니다. 독일을 바루잡은 것이 독일의 위정자가 아니라, 굳은 신념에 사는 독일 청년입니다. 안일에 처하야 음週하지 아니하고 위난에 임하야 미소를 띠이는 것이 청년의 의기입니다. 의義를 태산의 무게에 견주고, 명命을 홍모鴻毛의 경輕에 붙이는 것이 남아의 본령입니다. 아 과거의 조선은 얼마나 이 의인을 요구했든고. 이태리 청년에 이태리 혼이 있을진대, 독일 청년에 독일 혼이 있을진대, 우리 조선 청년에는 조선 혼이 있을 것이외다.[17]

　여기서 제시된 '조선 혼'은 이탈리아나 독일의 전체주의 청년조직 속에서 형성된 극히 국수적이고 배타적인 민족의식을 모범으로 삼았다. 파시스트 청년이 이상적인 모델로 제시된 것이다. 이탈리아의 파시스트 청년운동은 말할 것도 없거니와, 독일의 반더포겔 운동도 당시 잡지에 자주 언급됐다. 예를 들어 1935년 『삼천리』에서는 반더포겔 운동이 독일 민족의 영웅적 전설을 부흥, 진작하는 역할을 했다고 평가한다.[18] 실제 반더포겔 운동은 갖가지 반문화적 요소가 혼재된 우익 히피 운동으로, 대부분 나치의 히틀러 청년단으로 흡수됐다.[19] 반더포겔 운동뿐만 아니라 체코의 소콜 운동, 이탈리아의 파쇼 운동, 1930년대 후반 이후 독일의 히틀러 유겐트, 소련의 콤소몰 운동 등 국가주의 청년운동들이 모두

17　이종준, 「청년 제군께 드리는 글」(제1신), 『학등』 2호, 한성도서주식회사, 1933.
18　장태경, 「독일 청년의 조국부흥운동」, 『삼천리』 7권 1호, 1935, 170쪽.
19　재닛 빌·피터 스투덴마이어, 김상영 옮김, 『에코파시즘』, 책으로 만나는 세상, 2003, 28∼31쪽.

긍정적으로 소개되었다. 국가 또는 민족에 대한 일방적 충성을 강요하는 국가주의 청년운동이 청년운동의 이상형으로 소개되면서 파시즘 영웅에 대한 환상도 더욱 강화됐다.

입신출세 지향 '청년'의 확산

주운성과 같이 극단적인 경우는 아니더라도 1930년대에 청년은 속류적 입신출세를 지향하는 경향이 강했다. 이는 권력의 청년론이 점점 더 영향력을 확대한다는 방증이기도 했다. 그리고 속류 입신주의 청년상은 1930년대에 부쩍 늘어난 소비 지향적 대중매체에 의해 확대, 재생산됐다. 입신양명의 성공을 청년의 목표로 제시하는 잡지와 책이 늘어나기 시작했다. "사업에 성공해 종교가로나 정치가로나 문학가로나 또는 실업가"가 되는 것이야말로 청년이 항상 염두에 두어야 할 문제라고 주장하게 되었다.[20]

『열혈청년론』 같은 책이 읽혔을 뿐 아니라, 『실생활』과 같은 잡지는 청년의 입신 성공을 집중적으로 다루었다. 「청년처세십훈」靑年處世十訓, 「청년과 입지」, 「성공의 의의」와 같은 글이 실렸고, 청년의 '각성'이란 근검절약의 중요성을 깨닫는 것이었다.[21] 청년에게 가장 필요한 것은 '착실한 사상'이었으며, 청년의 책임이란 부모의 희망을 저버리지 않는 것이었다.[22] 요새 청년은 너무 시적이고 나약하며 감정적이라고 비난하면서 "적어도 남자가 태어난 이상 약한 소리를 하지 말고 일할 것"을 요구

---

20 최상현, 앞의 책, 1932, 1쪽.
21 낙원거사樂園居士, 「청년의 각성」, 『실생활』 7권 2호, 1936, 1쪽.
22 인왕산인仁旺山人, 「현대 청년의 가치」, 『실생활』 5권 7호, 1934, 17~18쪽.

했다.[23] 월간 잡지에서도 이런 관심을 반영해 청년의 입신과 축재를 다룬 기사를 내보냈다.[24]

이전의 청년에게 끊임없이 조선 민족과 사회 전체의 문제가 제기됐다면, 1930년대 중반에 접어들면서 청년은 취직과 입신 등 사적인 문제에 몰두하기 시작했다. "비 없는 사막에 떨어진 풀씨와 같이 살기 어려운 사회에 태어난" 조선의 청년 또는 청소년이 봉착한 가장 큰 현실적인 문제는 "취직자리를 얻지 못하야 혼돈한 천지에서 회색의 우울을 안고 생활고의 중압"에 시달리는 것이었다.

브나로드가 마지막으로 강조됐을 때에는 취직난에 허덕이는 청년에게 월급자리를 포기하는 지사적 결단을 요구하기도 했다. 조선이라는 사회 전체의 선구자로서, 농촌을 계몽할 주역으로서 청년을 상정한 것이다.[25] 그러나 1930년대 중반에 접어들면서 청년은 사회문제를 고민하거나 농촌을 구제하는 계몽적 주체로 표상되는 대신, 스스로 취직자리를 구하기에 급급한 존재가 되어버렸다. 따라서 이들 청년에게 요구되는 덕목 또한 계몽운동에 투신하기 위한 용기나 헌신과 같은 이타적인 것이 아니었다. 청년의 이상적인 모델도 세속적인 성공과 인정이라는 가치를 중심으로 변화해갔다.

예를 들어 1935년 박찬일이 『호남평론』에서 청소년에게 이상적인 성공의 모델로 제시하는 김 군은 갖은 역경과 고난을 헤치고 "농촌생활 3년 만에 지방영농가로 그 존재를 무시키 어려운 기초를 잡게" 됐다.[26]

---

23 정세권, 「청년의 생활 신조」, 『실생활』 5권 9호, 1934, 8~9쪽.
24 「인테리 청년 성공 직업」(5권 10호), 「소자본으로 인테리 청년이 할 새 장사 소개」(7권 6호), 「적수공권赤手空拳으로 성공한 상계商界 인물」(7권 8호), 「재계 거두가 '돈과 사업'을 말함」(9권 4호). 이상 『삼천리』; 「분투노력 성공미담」(2권 1호), 「성공의 문을 바라보며」(2권 6호). 이상 『중앙』.
25 「취직난의 청년에게 격려檄勵함-향촌의 부름에 응하라」, 『동아일보』, 1932년 3월 21일.
26 박찬일, 「역경의 청소년 제군에게」, 『호남평론』 11월호, 1935, 26~28쪽.

그가 마침내 거둔 승리란 지극히 개인적이고 세속적인 지방영농가로서의 인정과 성공을 의미한다. 김 군을 일러 '농촌운동의 거두'라고까지 했지만, '학사농부'인 김 군의 농촌운동이란 "야학을 설립하고 무산아동을 교육했으며 동리 일이라면 솔선하야 노력"하는 정도에 그쳤다. 청년 김 군은 "모든 역경을 구든 의지의 힘으로 정복하야 마침내 승리한 쾌남아", "건실하게 뚜벅뚜벅 걸어가는 청소년, 일정한 목표를 향하야 전 정신을 집중하고 돌진하는 사나이"였지, 민족과 사회의 문제를 고민하는 지식인은 아니었다.

1930년대 중반 이후 조선 사회에서 청년이라는 용어는 정치성과 운동성이 탈각되면서 극도로 속류화했다. 이것은 일반적으로 청년 담론 내에서 '개인적 입신 성공을 최우선으로 하고', '근면·성실 등 사적 윤리를 행동의 기준으로 삼으며', '가부장적 속성이 더욱 강화되는' 과정이었다. 결국 속류화한 청년이란 자신의 문화와 가치를 실현하기보다는 기존의 가치관, 특히 국가권력이 제시하는 가치관에 매몰되는 존재였다. 청년의 속류화는 부정할 수 없는 현상이었다. "청년회관 없는 곳은 많지만 주사청루酒肆靑樓 없는 곳은 별로 없는 현상" 속에서 "유위有爲한 다수 청년이 취생몽사로 정신적 멸망을 자촉自促"하고 있다는 것이었다. 원래 청년회관이 있던 곳조차도 퇴락해 사용할 수조차 없는 지경에 이르기도 했다.

1920년에 조직된 목포청년회는 모금 활동으로 1925년 청년회관을 건설했다. 이 청년회관은 수많은 계몽 강연과 토론회, 신간회 활동이 펼쳐진 곳으로, 1920년대 말까지 지역 저항운동의 중심이 됐지만, 청년회 활동이 중지되면서 1930년대 중반에는 주인 없는 건물로 방치됐다. 박화성의 소설 『헐어진 청년회관』은 폐가처럼 서 있던 청년회관이 폭우에 지붕이 벗겨지고 "사방의 벽조차 손바닥만 한 자취도 찾을 길 없이" 무너져버렸다고 묘사했다.[27]

박화성에게 청년회관이란 건물의 실체보다는 1920년대를 풍미했던 계몽과 해방의 청년적 열정, 청년회 정신을 의미했다. '헐어진 청년회관'은 실제 건물이 문제가 아니라, 청년 회원의 퇴폐하고 타락한 정신을 상징했던 것이다.[28] 박화성은 이 소설을 쓴 다음 해인 1935년『호남평론』에 발표한 글에서 "한때는 목포에 노동총동맹이나 노동조합이니 청년회의 청년동맹이니 신간지회니 근우지회니 등등의 건실한 단체"가 있었는데, "이들을 발기하고 지지하든 인사들의 대다수가 영어의 인人이 되며 또는 불귀의 객이 되고 기타는 주색잡도酒色雜道에 전전타락輾轉墮落"해 "근년에 와서 완연히 초토로 화하고 말았다"하고 탄식했다.[29] 이런 '타락'의 상황은 목포에만 국한된 것이 아니었다.

이에 따라 청년의 파시스트화, 속류화에 대한 우려도 제기됐다. 1934년 8월『조선중앙일보』는 세계적 반동정치가뿐만 아니라 조선의 이른바 지도자라는 옛 인물들이 "청년 유혹으로서 업業"을 삼으면서 자신의 "보수적 지위의 붕괴되는 것을 방지하기에 청년의 명名을 빌고 힘을 빌어서 대세를 역전"시키는 이익의 수단으로 삼는다고 비판했다. "청년의 감격성과 진취성, 용감과 활력이 그러한 반동 세력하에서 본연한 활로"를 잃어버리지 않을까 우려하게 된다는 것이었다.[30]

그러므로 청년이 용기와 활력을 잃지 않기 위해서는 "정당한 인생관과 과학적 우주관을 파악"해야 한다. 우선 "세기말적 분위기에서 탈출하야 진실한 학문적 연찬과 인격적 붕우朋友의 친교에 각자 유의"[31]할 것을 당부한다. 그렇다면 어떻게 세기말적 분위기에서 탈출할 수 있을까? 무

---

27 박화성, 서정자 편, 『박화성문학전집』 16권, 푸른사상, 2004.
28 서정자, 「박화성의 '헐어진 청년회관'론」, 『문명연지』 5권 3호, 2004, 47쪽.
29 박화성, 「호남 소년소녀 웅변대회를 보고」, 『호남평론』 10월호, 1935, 24쪽(고석규, 『근대도시 목포의 역사 공간 문화』, 서울대학교 출판부, 2004, 221쪽에서 재인용).
30 「청년과 유혹」, 『조선중앙일보』, 1934년 8월 28일.
31 「악몽을 깨라―무위청년無爲靑年의 타락상을 계계함」, 『조선중앙일보』, 1935년 10월 16일.

엇보다 먼저 청년이 스스로 역사적 대사명과 사회적 사업의 주체임을 자각해야 한다. 그러나 조선인 사회의 역동적인 운동이 한계에 봉착한 상황에서 개인에게 역사적 사명의 자각을 요구하는 것은 쉽지 않은 일이었다. '세기말적 분위기'란 단순한 퇴폐와 향락이 아니라, 당대 조선인 사회의 청년 담론이 봉착한 역사적 한계의 문제였기 때문이다.

4장_ 전시체제하의 청년(1937~1945년)

조선 청년, 전시 동원의 제일선에 서다

1930년대 전반, 청년단 또는 졸업생 지도 등에서는 '신성한 국민'과 '건전한 공민公民'을 동시에 언급했지만, 주로 강조한 것은 '착실'하고 '건전'한 공민으로서의 청년이었다. 물론 공민에게는 국가에 대한 일방적 의무가 강조됐지만, 공민은 권력에 순치된 국민으로서 국가 시책에 순종하는 자세를 의미할 따름이었다. 국가의 명령에 목숨마저도 내던지는 그야말로 헌신적인 애국자를 요구한 것은 아니었다. 따라서 공민으로서의 수양이란 대체로 착실한 청년이 되기 위한 덕목을 갖추는 것이었다.

그러나 전시체제에 들어서면서 권력이 요구하는 청년상은 크게 변화하지 않을 수 없었다. 우선 일제는 자유주의, 개인주의, 사회주의 등을 모두 전면 부정하면서 전체주의 국가의 새로운 모델로서 신체제를 등장시킨다.[1]

재래 취해오던 자유주의적 개인주의를 포기하고 국가제일주의, 국방제일

---

1   제2차 세계대전 시기의 '신체제'에 대해서는 전상숙, 「일제 군부 파시즘 체제와 '식민지 파시즘'」, 방기중 편, 『일제 파시즘 지배정책과 민중생활』, 혜안, 2004 참조.

주의, 경언要言하면 전체주의의 사상을 함양해야 할 것입니다. 그렇다고 하면 자유주의적 개인주의 사상에 침윤됐던 일부의 국민은 구속이라는 것을 각오해야 하는데, 그것은 통합해가는 국민의 정신 동원을 위해서나 또는 고도 국방국가 건설을 위해서 불가피의 사실.[2]

여기서 '신체제'란 전쟁과 함께 형성된 강력한 동원과 통제의 억압체제를 의미했다. 신체제가 과거와 폭력적으로 단절할 것을 선언했으니만큼, 이 체제의 이념은 청년을 주역으로 동원하는 것이 가장 효과적이었다.[3] 조선총독부 사회교육과장으로 전시체제 이데올로기 담당자였던 계광순桂珖淳은 청년이 "새로운 이상을 동경해 개인적 이해관계를 초월하고 멸사봉공하는 의기가 있으며 창조성이 풍부"하다고 보았다. 기존 이데올로기에 영향을 덜 받은 청년층을 집중 공략해 전체주의 이념과 생활방식을 주입하여 이들이 "철저히 자각해 일반 민중을 적극적으로 지도 개발"하게 하겠다는 전략이었다.[4] 다음의 두 글은 이른바 '신체제'의 담론 구조 속에서 청년의 위치를 여실히 보여준다.

즉 종래의 자유주의적, 개인주의적 사상에 의해 교육되고 영리주의적 관념으로서 사회생활을 영위營爲하여온 사람들이 갑짜기 전체주의적, 공익 우선적 봉공 생활을 함에는 상당한 편달이 필요한 것이다.

여기에 청년의 시국적 대임무가 있다고 생각한다. 청년은 새로운 이상에 살며 정의와 국가적 요청의 앞에는 만난萬難을 배제하여 매진할 수 있는 용

---

2 계광순, 「총독부 고등관 제씨가 전시하 조선 민중에 전하는 서書, 대동아공영권 건설과 조선 민중」, 『삼천리』 13권 4호, 1941.
3 권명아는 전시체제하의 청년을 파시즘적 엘리트이며 전위라고 파악했다. 이에 대해서는 권명아, 「전시동원체제의 젠더 정치」, 방기중 편, 『일제 파시즘 지배정책과 민중생활』, 혜안, 2004 참조.
4 계광순, 「반도 청년에 고함」, 『매일신보』, 1941년 1월 5일.

기가 있고 실행력이 있다. 시국하時局下에 있어서 신도臣道 실천, 멸사봉공을 중심으로 하는 신체제의 실현에 대하여 청년층의 일대 분기奮起를 기대하여 마지않는 소이가 실로 여기에 있는 것이다.

청년은 신체제의 지주요, 추진력이다. 쇼와 유신昭和維新의 성부成否는 신체제의 성부에 있고 신체제의 확립은 청년의 발분發奮 노력에 의하는 것임을 단언한다.[5]

그러나 지금에 와서는 일시동인의 성지聖旨 밑에서 (……) 이 모든 좋지 못한 관념을 버리게 되는 현상은 참으로 기쁜 일이나, 그러나 이러한 사상에 젖었던 사람들로서는 아무래도 그 근성의 적은 한 끝으머리라도 머릿속 어느 구석에 남아 있지 않을까 생각하매, 진정한 내선일체는 역시 과거인過去人보다 순수한 정신을 가진 내선인內鮮人 청소년 제군에게 있다고 봅니다.

고로 과거는 과거로 매장하고, 금일과 명일은 청소년에게 있다고 절규하고 싶습니다. 그러므로 청소년 제군은 "과거인은 물러나라. 금일과 내일은 우리의 것이다"하고 부르짖으며, 대동아 신질서 건설에 용약매진해야 할 것이오, 동양 평화를 위해서 배전倍前의 분투가 있기를 바라 마지않는 바입니다.[6]

청년에게는 신체제에 적응하지 못하는 부로층을 적극적으로 이끌어가는 역할까지 부여됐다. 청년은 신체제에서 전 국민을 동원하는 핵심 계층으로 상징 조작되면서 "국가총력전의 제일선"[7]에 서게 됐다.

근대적 주체로서 청년의 형성은 어떤 이념에서든지 자각의 과정을 매

---

5   시오바라 도키사부로鹽原時三郎, 「신체제와 조선 청년」, 『신시대』 1월호, 1941, 22쪽.
6   이성환, 「대동아 건설의 젊은 용사여 금일과 명일은 너의 것이니라!」, 『삼천리』 12권 7호, 1940, 77쪽.
7   현영섭(天野道夫), 「내선일체와 총후 청년의 임무」, 『조광』 6권 5호, 1940.

개로 이루어졌는데, 그 자각이 개인의 내적 성찰과 민족의식의 획득이냐, 계급의식과 역사 법칙의 인식이냐에 따라, 청년은 민족주의적 주체가 될 수도, 사회주의적 계급 주체가 될 수도 있었다. 제국주의가 제시하는 자각의 과정은, 실제로는 권력이 제시하는 지도와 훈련에 자발적으로 참여하는 것이었다. 즉 조선의 젊은이들이 신체제의 정신을 체득하고 이상적인 황국의 청년이 되기 위해서는 "지원병훈련소, 청년훈련소, 대화숙 등 이런 곳을 쟁선爭先"하여 가야만 했다.[8] 수많은 청년훈련소가 생겨났지만, 기실 그 본질은 "학교와 경찰이 일체로 총후銃後[9]의 청년을 지도"[10]하는 것이었다.

청년에 대한 '지도'와 '훈련'의 요소가 강조되면서 청소년이란 표현도 부쩍 많이 사용되었다. 실제로 청소년이라는 표현은 청년단이 체계화되고 청년단 내에 소년부가 설치되면서 더 많이 나타나기도 하지만, 그 이전부터 지도를 받는 주체로서 청소년이 강조되고 있었다. 앞의 인용문에서 이성환도 '청소년'이라는 표현을 사용했다. "명일을 질머진 청소년 삼가 성지聖旨에 봉답하라"[11]라거나 "청소년 학도는 분기奮起하라"[12]라는 사설이 등장한 것은 물론이고, 전반적으로 중등학교 재학 정도부터 20대 초반까지의 연령대를 '청소년'으로 지칭하는 경우가 늘어났다. 총독부가 이렇게 청소년의 개념을 부각한 것은 동원의 대상을 가능한 한 확장하고자 했기 때문이다.

식민지 조선 사회를 총동원하는 데 핵심적인 집단으로서의 '반도의 청년'은 "내선일체라는 최고 명령에 복종"하여 "국내를 정비하고 국민이

---

8 「청년전시교육의 급무 2-청년신교육론」, 하, 『매일신보』, 1941년 8월 13일.
9 '직접 전투에 참가하지 않는 전선의 후방'이라는 뜻의 일본어.
10 『매일신보』, 1939년 5월 31일.
11 『매일신보』, 1940년 5월 22일.
12 『매일신보』, 1941년 9월 23일.

총친화하고 일대가족―大家族을 형성"해야만 했다. 그런데 이 역할을 착실한 공민 청년에게 기대하는 것은 무리한 일이다. 비록 "총후의 청년"이기는 하지만, 이들을 신체제의 최전선에 세우기 위해서는 새로운 청년상이 필요했다. 전시체제에서 가장 이상적인 청년상은 군인의 모습이었다. "순진무구한, 용맹한 무사의 청년"이 조선 민족 대망의 청년상으로 제시됐고, 이런 청년은 '훈련'으로 양성할 수밖에 없었다.[13]

용감한 무사의 청년을 제시한 현영섭도 모든 젊은이에게 군인의 덕목을 요구하지는 않았다. 총후의 청년에게 지원병으로 나갈 것을 권유하기는 했지만, 학창學窓이나 회사, 관청에 있는 청년은 주로 일본 국민으로서 장래에 비약하기 위해 더욱 인격을 수련하고 기능을 연마하여 육체를 강건하게 해야 한다고 주장했다.

지원병제도는 이상적인 청년상으로 황군皇軍의 상을 제시한 것이기는 했다. 즉 반도 청년이 "차此 지원병, 진進하여 황군의 일원이 될 총전전사銃前戰士에 의해 비로소 숭고한 국민 훈련이 완성되고 군軍에 종從하여는 충용忠勇한 군인이 되고 향鄕에 퇴퇴退하여는 선량한 신민이 되는 것이 어시호於是乎 향당鄕黨의 중견中肩 됨을 득得할 것"이며, "모름직이 사私를 사捨하고 의義에 부赴하여 향당 부형의 격려에 능히 자숙자계하여 군인정신을 도야"[14]할 수 있다는 것이었다. 하지만 아직 그것은 모든 조선 청년에게 전면적으로 적용되는 규범이라기보다 "장래의 반도 청년층에 적극적으로 작용할 수 있는 실력"을 지닌 계층의 청년을 6개월간 훈련소에서 단련시키고, 나아가 병사로서 체험을 쌓게 한 뒤, "재향군인으로 병적을 보유하게 하는 동시에""군사교육을 통해 체득한 정신을 유용

13 현영섭, 앞의 글, 1940, 193쪽.
14 이종만, 「지원병사 제군에게, 10만 돌파의 보報를 듣고 전 조선 청소년 제군을 격려하는 서書―지원병과 혈혈血, 한汗, 애愛의 인人」, 『삼천리』 12권 7호, 1940.

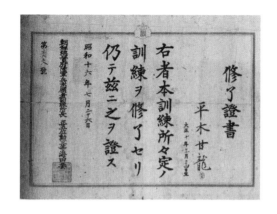

조선총독부 육군병지원자훈련소 수료증. 1941년 7월 26일. 민족문제연구소, 『식민지 조선과 전쟁미술』, 2004, 115쪽.

하게 활용"[15]하겠다는 것이었다. 전쟁 초기의 지원병은 실제 군사적 요구를 충족시킨다는 면도 있었지만, 전시 통제와 내선일체 강화를 위한 선전 효과를 노리는 측면도 강했기 때문이다. 어떤 면에서 황군이 될 지원병조차 중견청년의 일원이었으니, 여전히 '중견청년'이 총독부가 제시하는 이상적 청년상의 기반이었다.

일제 침략전쟁의 도구, 흥아청년

신체제는 제국주의 일본의 새로운 판도와 질서를 전제로 한 것이었다. 신체제의 청년이란 '흥아興亞 신질서'를 구현하는 주체이기도 했다. 침략전쟁의 결과 광대한 판도를 장악한 일제는 조선을 이른바 대동아공영권의 주축이 되는 중핵에 포함했다. 청년 제도와 조직에서도 일본-조선-만주를 연결하는 축을 강화했고, 1939년에는 조선연합청년단을 대

---

15 조선총독부, 극비, 「조선인 지원병제도 실시요항」, 1937년 11월, 1쪽(미야타 세쓰코, 『조선민중과 '황민화'정책』, 일조각, 1997, 41쪽에서 재인용).

일본연합청년단에 가맹시키고, 이를 계기로 대일본청년단대회를 경성에서 개최했다.[16] 경성 전체를 떠들썩하게 하며 열린 이 대회에서는 두 가지를 결정했다. 하나는 '동아청년단결'東亞青年團結 여섯 글자를 인왕산에 새기자는 것이었고, 또 하나는 남산 조선신궁 구역 안에 청년회관을 건축하자는 것이었다.[17] 이 두 가지 결정은 '흥아청년'의 논리가 구성되는 틀을 보여준다는 점에서 흥미롭다.

흥아청년은 침략전쟁을 수행하면서 확보한 일본제국의 판도를 개발할 적극적인 대륙 진출의 청년 주체를 말했다. 그러기 위해서는 강력한 내선일체가 전제돼야 했다. 조선신궁 구역 안에 세워지는 청년회관은 일본정신을 체득한 내선일체 청년을 상징하는 것이었고, 내선일체 청년이야말로 흥아청년의 실질적 주역으로 상정될 수 있었다.

흥아청년은 구호로만 그치지 않았다. 징용이나 징병이 실시되기 이전부터 노동력 동원을 위해 청년층을 일본과 만주로 투입하고, 이들을 흥아청년의 모범으로 적극 홍보했다. 조선총독부는 1939년 조선 청년으로 흥아근로보국대를 조직해 만주로 보내고,[18] 다음 해인 1940년부터는 만주건설근로봉사조선청년부대滿洲建設勤勞奉仕朝鮮青年部隊를 조직했다.[19] 동아시아 청년의 대단결을 보여주기 위한 청년 봉사대원들의 선전용 근로봉사 활동은 신문에 연일 보도됐으며, 보고대회도 성대하게 치러졌다.[20]

총독부는 1941년부터 농업보국청년대農業報國青年隊를 조직해 일본 농촌으로 보내 현지에서 봉사활동을 하게 했다. 명목은 선진 영농법 습득이었지만, 실질적으로는 부족한 농업 노동력을 제공하기 위해 조선인

---

16 「미래는 우리의 것. 흥아청년의 대행진」, 『매일신보』, 1939년 8월 25일.
17 「신역神域에 지을 청년회관-일본정신 함양의 전당」, 『매일신보』, 1939년 9월 29일.
18 『매일신보』, 1939년 6월 10·13·14일, 7월 15·18·20일 등.
19 『매일신보』, 1940년 6월 1일, 1941년 7월 6·23일 등.
20 『매일신보』, 1939년 8월 29일, 1941년 7월 16일 등.

청년층을 동원하는 방법을 시험해본 것이었다. 나아가 내선일체 청년상을 선전하는 계기이기도 했다.[21] 총독부 문서과에서는 농업보국청년단과 함께 촬영 팀을 보내 이들의 활동을 영화로 제작해 상영했다.[22]

21 「농업보국청년대의 내지 파견」, 『매일신보』, 1941년 6월 3일.
22 「농보청년대의 영화 불일不日 완성」, 『매일신보』, 1941년 7월 22일.

5장_ 청년, 국가에 속하다

청년단 체제와 국가에 부속된 청년

젊고 변화에 빠르게 적응할 수 있었던 청년을 전국 차원의 단일 청년단으로 조직함으로써, 총독부 권력은 보다 효율적인 전시 동원과 선전 체제를 확립하고자 했다. 1941년 1월 조선총독부는 정무총감 통첩으로 「청년단 조직 및 지도에 관한 건」을 발포해 학교 교육을 받지 않는 전 청소년을 대상으로 하는 조선청년단을 확대, 조직했다.[1] 이전의 청년단이 초등학교 졸업생 이상의 엘리트를 대상으로 한 것이라면, 1941년 이후의 청년단은 젊은이 전체를 포괄함으로써 본격적인 청년 동원 체제가 형성되기 시작했다.

　지방행정의 최말단 단위까지 조직된 청년단을 통해 총독부는 전시정책을 일반민에게 직접 전달하고 통제할 수 있었다. 청년단원을 동원한 홍보는 이전보다 훨씬 효과적이었다. 청년단 조직은 특히 부녀자에게 총독부 시책을 교육하고 계몽하는 데 중요한 역할을 했는데,[2] 때로 간단한

1　허수, 「전시체제기 청년단의 조직과 활동」, 『국사관논총』 88, 2000, 191쪽.
2　농촌 부인의 황민화 교육에서 실제 이들에 대한 선전 작업을 수행했던 것은 주로 청년단이었다(권명아, 「식민지 경험과 여성의 정체성」, 『한국 근대문학과 국(가)의 형성과 분화』, 한국근대문학회 11회 학술대회 발표문, 49~51쪽 참조).

연극 공연 등을 통해 홍보 효과를 높이기도 했다.[3]

  청년단원들은 일본어 보급 운동에도 중요한 역할을 수행했다. 총독부는 이른바 '국어(일본어) 보급'을 위해 각지의 보통학교가 개설한 일본어 강습소나 청년훈련소 등을 통해 교육하기도 했으나, 도시나 농촌 마을에서는 청년대원들이 동네의 예배당이나 회관을 빌려 일본어 야학을 실시하는 경우가 많았다. 게다가 총독부는 공공사업이나 전쟁에 대비한 노역 사업에 청년단원을 조직적으로 동원했다. 자연재해 복구 공사는 물론이고 방공 대책을 위한 공사, 시설 개수 등에 청년단원들이 핵심 인력으로 동원됐다. 그리고 실제 작업을 위한 인력 동원과 현장 지휘 등에서 청년단원들이 주도적 역할을 하기도 했다.[4]

  1940년대 들어 일제는 청년들과 청년조직에 국가의 의지를 인민에게 전달하고, 인민을 계몽하는 핵심 역할을 수행시키고자 했다. 총독부 권력이 창출하고자 한 이런 청년상은 일반 대중에게도 영향을 미치지 않을 수 없었다. 전시체제하에서 저항하는 청년이 완전히 사라진 것은 아니었지만,[5] 일반 대중에게 그 저항이 알려질 가능성은 매우 작았다. 따라서 이전에 국가로부터 상대적으로 자율적인 공간을 의미했던 청년은 이제 역으로 '국가의 의지를 인민에게 강제하는 전위'라는 의미를 강하게 지니게 됐다.

3 가네미쓰 마사오金光政雄, 「징병령과 반도 청년」, 『조광』朝光 8권 10호, 1942, 42쪽.
4 가네미쓰 마사오, 위의 글, 41쪽; 우미노 미츠구海野貢, 「징병령 기다리는 청년에게」, 『조광』 8권 10호, 1942, 41쪽.
5 여기에 대해서는 변은진, 「일제 전시 파시즘기期(1937~1945) 조선 민중의 현실 인식과 저항」, 고려대학교 박사학위 논문, 1999 참조.

국가 소유가 된 청년의 몸

국가가 청년 개개인을 직접 장악하고 통제하는 것은 청년과 청년의 몸에 대한 담론 자체에 큰 변화를 가져왔다. 이제 청년의 몸은 청년 자신의 것이 아니게 됐다. 1942년 3월 조선총독부는 만 18~19세의 조선 남성 6만여 명을 대상으로 체력검사를 실시했다. 일정 연령층에 대한 전수조사로서, 체격 외에도 학력, 일본어 이해 정도, 결혼 여부까지 함께 조사했다. 일제는 지원병제도 확충 여부를 체력검사의 공식적 명분으로 내세웠지만, 실제로는 조선에서 징병제를 실시할 수 있을지 시험해보기 위해서였다. 즉 이 체력검사는 실질적인 예비 징병검사였다.[6]

이때부터 본격적으로 국가는 청년의 몸을 파악할 뿐 아니라, 그 몸을 활용할 권리를 가진 존재로 묘사되기 시작했다. "국가의 중견청년은 그 타고난 몸은 개인의 것이기는 하지만, 체력과 활동력은 국가를 위해서 봉사를 해야 하는 것"이므로 "청년층의 체력은 국가에서 관리"해야 한다는 것이었다.[7] 이때까지만 해도 "그 타고난 몸은 개인의 것"이라는 전제가 있었지만, 곧이어 청년의 몸은 전적으로 국가의 것이 됐다. "국민 각인各人의 신체는 천황과 국가에 속하는 것"이고, 결코 "자기 일개인의 신체가 아니"며, 청년 각자는 이 사실을 깨닫고 "국가의 요청이 있을 때는 어느 때, 어느 곳, 어느 방법이라도 나가서 국가의 대업에 익찬翼贊"해야 했다.[8] 청년에게 체위 향상과 건강 증진을 통해 자기 신체를 강건하게 하는 일은 개인의 자유가 아니라, 국가에 대한 최고 의무라는 주장이 자연스럽게 제기됐다.[9]

6　신주백, 「체육교육의 군사화와 강제된 건강」, 공제욱·정근식 편, 『식민지의 일상 지배와 균열』, 문화과학사, 2006, 237~240쪽.
7　「청년들의 체력관리-명년부터」, 『매일신보』, 1941년 7월 25일.
8　「대동아 건설과 청년의 체력」, 『매일신보』, 1941년 2월 21일.

기실 조선 청년의 체력은 개탄의 대상이었다. 청년단원에 대한 체력검사 결과는 실망스러웠고,[10] 조선인이 체력적으로 열세하다는 주장은 내지 청년과 같은 반열에 설 수 없다는 증거로 이용되기도 했다.[11] 그러나 이제 국가가 필요로 하므로 조선인 청년은 정신과 체력을 모두 '연성'鍊成해 황국의 군이 돼야만 했다.

몸에 대한 통제는 청년등록제도를 통해 절정에 달했다. 1941년부터 조선총독부는 청년층 전체를 대상으로 거주지, 학력, 직업 경력, 급료, 부양자 수, 취직 희망, 기타 등의 항목에 대해 청년 스스로 등록하게 하는 청년등록제도를 준비했다. 1941년 일본에서부터 실시된 청년등록제도는 징병제 실시에 필수적인 전제였으며, 동시에 청년 각자가 완전히 국가에 부속된 존재라는 점을 다시 한 번 각인하는 것이기도 했다.[12]

조선 청년, 황국 군인이 되다

전시체제로 접어들면서 강조된 청년을 대상으로 한 '훈련'은 1941～1942년경부터 '연성'이란 말로 대체됐다. 연성은 '칼을 갈아 녹을 없애고 거울을 닦아 맑게 하듯 스스로를 연마해 원래의 강인하고 투명한 일본인 본연의 상태로 돌아가게 한다'는 것인데, 1940년대 일본에서는 교육이나 훈련을 대체하는 말로 일반적으로 쓰였다.[13] 연성은 단순히 '교육'을 대체한 데서 나아가, 정신과 단체 생활, 육체적 단련을 중시하는

9   고원훈, 「흥아청년 제군에게 고함」, 『매일신보』, 1942년 1월 5일.
10 「泳力도 全혀 '제로', 京城 靑年의 體力에는 檢査員들도 啞然失色」, 『매일신보』, 1939년 8월 30일.
11 「반도 청년과 보국 태세」, 『매일신보』, 1942년 3월 15일.
12 『매일신보』, 1941년 2월 13일(2~3면), 4월 18일(2면의 여러 기사들).
13 五十嵐祐宏, 『鍊成提要』, 皇國圖書株式會社, 1944, pp.22～33.

청년특별연성소의 군사훈련. 민족문
제연구소, 「식민지 조선과 전쟁미술」,
2004, 109쪽.

새로운 병사형 인간을 만들어내는 과정을 의미했다. 전 국민이 연성의
대상에 포함됐지만, 특히 조선에 징병령이 실시되면서 청년에 대한 연성
은 각별한 의미를 지니게 됐다. 전국의 학교는 연성체제로 전환해 군사
훈련 위주의 교육을 일층 강화했다.[14]

연성이란 결국 군사적 인간형을 양성하는 것이 됐고, 청년이 지향해야
할 바는 이상적인 '황군'으로서의 자질을 갖추는 것이었다. 실제로 조선
에서 청년의 연성은 궁극적으로 징병령의 실시와 연동하고 있었다. 징병
제를 실시하는 데는 모든 조선 청년이 일본어를 이해하는 것은 물론, 군
인으로서 필요한 지식과 체력을 갖추도록 '연성'하는 일이 필요했다. 이
에 따라 1942년 10월 1일 '조선청년특별연성령'을 공포, 청년특별연성
소를 개설해 징병 대상 청년 전체가 황국 청년으로 연성의 대상이 됐다.
조선의 청년층이 아직도 '냉소적'이고 '민족적 의식을 소지'하며 '무자
각·무감각'하다고 판단한 총독부 당국은 조선 청년층을 연성해 징병제

---

14 1943년 3차 조선교육령 아래의 전시 교육정책에 대해서는 신주백, 「일제의 교육정책과
학생의 근로 동원(1943~1945)」, 『역사교육』 78, 2001 참조.

소수공립청년훈련소에서 수료자에게 수여한 상장.

실시에 대비하고자 했다. 그리고 청년 특별연성소는 "근로를 통해 국가에 봉사할 황국 근로자를 양성"하고자 하는 목적이 있기도 했다.[15]

황군이 된다는 것은 일본 군인으로서의 자질을 갖춘다는 뜻이었으므로, 권력의 입장에서는 연성이란 조선 청년을 "내지 청년"과 같은 수준으로 만들어놓는다는 것을 의미했다. "오랫동안의 생활환경과 교육의 밀도의 차이에 의하여 뒤떨어진 바가 있지만 연성과 교육에 의하여 내지 청년의 수준에까지 높일 수 있다"[16]라는 논리는 청년의 연성이 이른바 내선일체의 완성이라는 성격을 지니고 있음을 보여준다.

여기서 "내지 청년의 수준"이란 결국 "미영 격멸米英擊滅의 투혼을 결집하여 훌륭한 신병神兵", 이른바 황군으로서 필요한 지적·신체적 능력을 갖추는 것을 의미했다. 조선에서 청년을 연성하는 실질적인 목적은 "반도 장정의 자질의 수준을 될 수 있는 대로 끌어올려 입영 후 본인이 받게 될 지장을 미리 방지"하고, "황국 신민으로서 완성되는 데 지장이 생기는 것"[17]을 예방하기 위해서였다. 정규 교육기관에서 교육 기회를 얻은 젊은이라면 학교에서 이런 교육을 받을 것이지만, 문제는 아직 다수

15 곽건홍, 『일제의 노동정책과 조선 노동자』, 신서원, 2001, 191~193쪽: 이상의, 「일제 지배 말기의 '노무관리'와 노동통제」, 『역사와 현실』 50, 2003, 476~479쪽.
16 이토 지코伊東致昊(윤치호), 「생명을 바칠 때」, 『춘추』 4권 8호, 1943, 42쪽.
17 朝鮮總督府 學務局, 「徵兵制の實施と朝鮮靑年の特別鍊成」, 『文敎の朝鮮』, 1943年 2月號, p.28.

를 차지하는 교육 기회를 얻지 못한 청년이었다. 청년의 특별 연성은 "국민학교에 다니지 못한 청년에 대하여 일정한 연성을 베풀어 입영 전 조선 장정의 자질을 가급적 향상"[18]시켜 군대에서의 교육에 문제가 없도록 하겠다는 발상이었다. 청년특별연성소는 1943년 4월 2,637개소에 설치되어, 17세부터 21세까지 도지사의 명에 따라 입소한 청년에게 1년간 교육을 실시했다. 대부분의 대상자가 직업을 가지고 있었으므로 교육은 야간에 실시했고, 연성의 항목은 이른바 훈육, 학과, 교련, 근로를 중심으로 구성됐다.

청년특별연성소가 황국 신민으로서의 국가의식을 주입하는 것을 무엇보다 우선했다는 사실을 새삼 강조할 필요는 없을 것이다. 연성 항목 가운데 훈육을 통해 국체의 본의를 깨닫고, 황군의 본질을 파악해 병역의 사명을 이해하게끔 우선 가르쳤다. 그런데 실제 중시된 교육은 일본어의 습득과 생활 훈련 등 '정신적 방면의 연성'이었다.[19] 군인으로서 필요한 자질 중 가장 기본이 되는 것이 일본어 의사소통 능력이었으므로, 일본어 습득이 중시된 것은 당연했다. 따라서 학과는 물론 훈육과 교련 중에도 일본어 의사소통 능력이 끊임없이 강조됐다.

이와 함께 강조된 정신적 방면의 연성이란 "규율을 엄격히 준수해 명령에 절대 복종하는 기풍을 진작할 것", "국민 예법의 정신을 이해하는 것"[20] 등이었는데, 명령에 대한 복종과 상관에 대한 예절, 단체 규율은 군인으로서 기본적으로 갖추어야 할 자질이었다. 이것을 몸에 익히는 것이, 평상시의 '기거동작'起居動作이 '한 사람 몫의 훌륭한 청년'으로서 부족함이 없도록 하는 연성이었다.

---

18 總督府 鍊成科長 竹內俊平,「徵兵制實施と靑年鍊成」,『春秋』4卷 5號, 1943, p.26.
19 위의 글. p.27.
20 「朝鮮靑年特別鍊成令 訓育要旨 及 要目」,『文敎の朝鮮』1942年 12月號, pp.35~36.

연성을 통해 조선의 청년은 일본제국의 군인이 될 수 있었다. 이것은 또한 조선 청년을 일본 청년의 수준으로 끌어올린다는 명목으로 내선일체를 강제로 수행하는 것이기도 했다. 조선 청년에게 부과된 병역은 "천황의 고굉股肱"으로 "부르심을 받잡았"음을 의미했다. 이제 청년은 다른 조선인들에 앞서서 내선일체를 체현하고, 나아가 "반도 동포가 대동아공영권 내에서 여러 군데 후진 국민을 지도할 명실을 함께 갖춘 지도적 지위"에 설 수 있도록 이끌어가는 선도자가 됐다. 이 점에서 청년을 "그 나라의 지도자"이며 "그 민족의 희망"이라고 정의했다.[21]

청년을 지도자나 선도자로 부른 것은 제국주의 국가의 정책에 잘 호응하고 국가 정책을 민중에게 잘 전파할 수 있는 집단은 청년이라고 여겼기 때문이다. 제2차 세계대전이 한창인 가운데 조선 청년의 연성은 내지 청년과 마찬가지로 제국의 군사적 자원이 될 수 있는 수준에 도달하는 것을 의미했다. 일본어 해득은 물론이고 일본인의 예의와 생활습관까지도 체득하는 것이 청년의 의무가 됐고, 이렇게 황국신민화를 선도하는 청년이 "반도의 주인공"으로 호명됐다.[22]

---

21   가네미쓰 마사오, 앞의 글, 1942, 42쪽.
22   우미노 미츠구, 앞의 글, 1942, 40~41쪽.

4부

청년의 두 얼굴, 국가 폭력과 저항의 주체

해방 이후

1장_ 반공청년의 시대(해방~1950년대)

거리에 넘쳐나는 정치·폭력 청년
: 해방공간의 좌우익 청년 간 투쟁

건국의 청년들 : 감격의 시대, 분열의 시작

'청년'은 정치적, 사회적 의미를 강하게 띤 일상어다. 소년, 중년, 장년, 노년과 같이 다른 연령대를 지칭하는 말과 비교해보아도 청년이 훨씬 더 정치적 울림이 강하다. 지금까지 살펴본 논의도 청년이라는 호칭에 부여되는 다양한 사회정치적 전략의 역사였다. 이제 우리는 청년이라는 말의 정치적 울림이 극에 달하는 시기를 다룰 것이다. 그 계기가 된 것은 '해방'이었다.

1945년 8월 15일 해방 이후 한반도에서는 정치가 일상적으로 폭주하기 시작했다. 당시 많은 사람들이 이런 현상을 크게 개탄하기도 했는데, 실제로 문제가 적지 않았다. 해방은 단순히 일본인이 물러간다는 사실보다 훨씬 중요한 의미를 지니고 있었다. 공식적으로 통치만 존재했던 공간이 새로운 권력과 사회운영 방식으로 채워지길 기다리며 비어 있었기 때문이다.

250쪽의 사진을 보자. 흔히 1945년 8월 15일 해방 당일 사람들이 환호하는 풍경이라고 알고 있지만, 사실 이 사진은 그다음 날인 8월 16일

해방이 되자 수감되어 있던 정치범들이 석방되었고, 이들을 환영하기 위해 수많은 사람들이 몰려들었다.

오전의 풍경이다. 맨 앞줄에 서 있는 사람들을 잘 보라. 하나같이 빡빡머리를 하고 있다. 그들은 서대문형무소에 갇혀 있다 이제 막 석방된 민족운동가들이고, 인파는 이들을 환영하기 위해 몰려든 사람들이다. 뒤에 서 있는 전차는 이곳이 당시 전차 종점이었던 서대문형무소 근처임을 보여준다.

왜 8월 15일이 아니고 다음 날인 16일일까? 사람들이 해방의 기쁨 탓에 민족운동가들이 갇혀 있다는 사실을 잠시 잊은 것일까? 아니다. 건국준비위원회를 주도했던 여운형이 8월 15일 이른 아침 총독부 정무총감 엔도 류사쿠를 만나 첫째로 제시한 요구 조건이 전국적으로 정치범, 경제범을 즉시 석방하라는 것이었다. 조선총독부가 이 요구를 받아들이자 8월 16일 오전 9시 여운형은 건준 관계자들과 함께 서대문형무소를 방문하여 석방 절차를 진행했고, 석방된 정치범들은 환영 나온 인파와 함께 서울시내를 누비고 다닐 수 있었다.[1]

해방을 맞았어도 권력이 완전한 진공 상태에 놓이지는 않았다. 일제가 항복을 선언했지만 실제로 승리를 거둔 미군이나 소련군은 아직 한반도에 도착하지 않았다. 조선총독부가 장악하고 있던 물리적 국가기구로부터 벗어나 자치를 실현하기 위해서는 그럴 만한 실체가 필요했다. 그 역할을 맡은 것은 건국준비위원회였다. 중앙과 지방의 건준이 자치를 실현하는 동안, 청년학생이 중심적 역할을 수행했다. 여운형이 엔도 류사쿠에게 요구한 것 중 하나가 "학생과 청년을 훈련, 조직하는 데에 간섭하지 말 것"[2]이었으며, 초기에 조직되었던 건국치안대도 청년·학생을 중심으로 운영되었다. 이후 치안 유지에 중요한 역할을 담당했던 것도 조선학도대, 학병동맹 등과 같은 단체였다.[3] 청년들은 학교나 산업기관만이 아니라 때로 경찰서마저 접수하고 무기를 손에 넣기도 했다.[4] 그들은 파시즘 통치기구가 사라진 해방을 실감할 수 있었다.

　정치성이 정점에 달하는 해방은 청년에게 국가 건설의 역군, 건국의 초석이라는 새로운 역할을 부여했다.[5] 개인적 욕심이란 털끝만치도 없고 죽음에 대한 공포도 없는 순수한 청년이 정치에 개입하지 않으면 조선을 구할 수 없다는 것이었다.[6] 청년의 넘쳐나는 열정과 감격에 비해, 그 대상이 될 국가는 사실 현존하지 않았다. 누구나 애국해야 한다고 하지만, 현존하는 국가권력은 스스로도 영속성을 주장하지 않는 미군정이었다. 그렇다고 스스로 '국가'를 선언하고 나선 '조선인민공화국'이 실제 국가권력을 장악하고 있는 것도 아니었다. 미군 진주가 확정되자 1945년 9월 여운형이 중심이 된 좌파는 조선인민공화국 창설을 선포했다. 일부 지방

1　이규태, 「해방 직후 건국준비위원회의 활동과 통일국가의 모색」, 『한국근현대사연구』 36, 2006, 12쪽.
2　이규태, 위의 글, 9쪽.
3　김행선, 『해방정국 청년운동사』, 선인, 2004, 48~52쪽.
4　강혜경, 「한국경찰의 형성과 성격(1945~1953)」, 숙명여자대학교 박사학위 논문, 2002, 21쪽.
5　「대한청년당 준비총회 개최안내」, 1945년 9월 12일.
6　'독립촉성중앙협의회 결성대회에서 학병동맹 대표의 발언', 『매일신보』, 1945년 10월 23일.

에는 인민위원회가 자치를 하는 곳도 있었지만, 미군정이 권력의 실체를 장악하고 있었고 조선인민공화국은 하나의 정치세력이었을 뿐이다. '건국'이라는 방향은 명확했지만 어디로 가야 할지, 어떻게 가야 할지 어떤 것도 결정되지 않았다. '정치'가 분출할 수밖에 없는 조건이었고, 8월 15일 이후 자치를 경험해본 청년 세대는 해방의 강렬한 기억과 체험으로 말미암아 정치에 민감하지 않을 수 없었다. 또 정치세력은 이런 청년들을 더욱 정치화하고자 했다.

식민지에서 벗어나 막 해방된 조선 사회는 정당은 물론이고 10년 이상 언론과 결사의 사회적 커뮤니케이션 기능이 제대로 작동하지 않고 있었다. 신문사는 저마다 소식을 쏟아놓았지만, 가장 정치성이 넘쳐나는 곳은 거리 그 자체였다. '가두청년', 길거리의 청년이 해방공간의 가장 전형적인 청년상이었다. 사람들이 모여드는 종로, 대중집회가 열리는 서울운동장이나 남산공원에서 청년들은 흘러넘치는 삐라를 통해 정보를 접했고, 흥분한 연사들의 선동으로 인해 시위와 행진에 나섰으며, 때로는 자신도 모르게 거대한 폭력에 가담했다. 거리 그 자체가 하나의 정치적 미디어가 되었다.[7]

애초 청년들은 오히려 탈정치를 내세우고, 청년의 순수성을 강조했다. 해방 직후 치안을 담당한 조선학도대나 학병동맹 등 단체의 강령은 정치주의를 배격하고 인격 수양, 문화 개발, 미래에 대한 대비 등, 미래를 준비하는 청년 세대로서의 특수성을 강조했다. 조선학도대는 "학생은 정치적 색채를 떠나 대동단결하여 자주적 입장에서 치안 유지에 노력할 것"을 강령에 명시했다.[8] 학병동맹도 다음과 같은 강령을 내세웠다.[9]

---

7   정선태, 「삐라, 매체에 맞서는 매체 : 해방 직후 소설을 통해 본 삐라의 정치학」, 『서강인문논총』 35, 2012; 송효정, 「해방기 감성 정치와 폭력 재현-해방기 단편소설에 나타나는 공간 미디어와 백색 테러」, 『한국문학 이론과 비평』 57, 2012, 323쪽.

강제학병제도로 인하여 사선을 넘은 동무들이 친목을 도모하고 견고한 단결을 하여

① 제국주의 세력을 철저히 구축하여 민족 해방의 완전을 기함.

② 신조선 건설의 추진력이 될 것.

③ 신조선 문화 활동에 진력할 것.

④ 현 과도기에 있어서 치안 유지에 협력하고 장차 국군 창건에 노력할 것.

해방공간에서 처음 주도권을 장악한 좌익은 청년 문제를 두 가지 시각에서 바라보았다. 1945년 12월 11일 결성된 조선청년총동맹(청총)의 전국대회는 이 시기 좌익이 '청년'에 접근하는 두 가지 관점을 잘 보여준다.[10]

첫째, 정치적·사회적 투쟁의 주체로서 '청년'을 파악하는 관점이다. 여운형은 이 대회의 축사에서 "과거 조선 혁명의 역사는 젊은 청년들의 피의 역사"라고 단언하며 그렇기 때문에 "혁명운동에 참가하였던 청년은 앞으로 건국운동에도 참가할 권리"가 있다고 했다. 그리고 "과거의 봉건적 잔재를 부수기 위하여 주먹을 내밀"고 파시즘의 대두를 짓밟기 위해 발을 구를 것을 요구했다. 새 땅에 새집을 짓는 주역이 되어야 한다는 것이었다.[11]

조선에서 '진보적 민주주의 국가'를 건설하는 일은 "진실로 조선을 사랑하여 싸워온 혁명가 제반선배"와 "순진한 조선 청년"이 수행해야 할 역사적 과업이다. 조선 청년은 진보적 민주주의를 위한 "민족통일전선"

---

8   민주주의민족전선 편, 『해방조선』 I, 과학과사상, 1988, 247쪽.

9   『매일신보』, 1945년 9월 19일;『자료 대한민국사』 1, 국사편찬위원회, 1968, 118쪽.

10 대회의 회의록이 안병욱 엮음, 『한국사회운동의 새로운 인식』 1, 대동, 1992, 379~394쪽에 부록으로 수록되어 있다.

11 안병욱 엮음, 위의 책, 382쪽.

의 주역이 되어야 한다. 그렇다면 이 전선에서 싸워야 할 대상은 누구인가? 민주주의적 건국을 방해하는 "일본제국주의의 주구배와 사리사욕으로 국가의 진전을 그르치는 모리배", "비민주주의적 반동 세력"이다. 이런 관점이 강령에 그대로 투영되었다. 4개의 항으로 이루어진 강령 중 처음 두 가지는 다음과 같다.

- 우리 청년은 대동단결하여 진보적 민주주의 국가 건설에 강력한 추진력이 되기를 기함.
- 우리 청년은 일본제국주의 잔재와 봉건적 요소 및 모든 반동 세력의 철저 숙청을 기함.

투쟁 주체로서 청년은 인민 전체의 대표자였다. 혁명의 역사나 과거 혁명가들이 언급되는 것은 그것이 전 인민을 대변하는 투쟁 전위대로서 청년 주체의 보편성을 입증해주었기 때문이다. 이들이 불렀던 「청총가」[12]는 인민을 대변하는 투쟁 주체로서의 청년상을 잘 드러내준다.

학대와 압박의 긴 밤에도
혁혁한 투쟁의 빛난 전통
(……)
청총의 깃발은 피에 젖어
우리들 진두에 나부낀다
우리는 젊은 친위대
인민조선의 젊은 친위대

---

12 「조선청년총동맹 결성대회 방청기」, 『건설』 6호, 1946년 1월 19일, 11쪽(김남식·이경식·한홍구, 『한국현대사자료총서』 6권, 돌베개, 1986, 140쪽에서 재인용).

청년의 자유가 없는 곳에

인민의 자유가 어딨느냐

인민의 자유가 없는 곳에

국가의 자유가 어딨느냐

둘째, '계층 혹은 세대'로서 청년을 바라보는 관점이다. 미래 지향의 젊은이 집단으로서 청년은 배우고 단련해야 하며, 이를 위해서는 청년의 사회적 지위가 향상되어야 했다. 여운형은 이날 축사에서 청년들에게 "부형을 닮지 말라고" 부탁했다. 청년들이 "억세게 자라야" 하기 때문이다. 그러기 위해서는 "단련과 훈련으로 몸을 튼튼히 하는 동시에 새로운 지식을 항상 섭취하야 정신을 또 건전하게 해야 한다."[13] 청년의 특수성을 강조하는 이런 입장은 조선청년총동맹의 강령에도 반영됐다. 강령의 나머지 두 조항은 다음과 같다.

- 우리 청년은 청년의 정치적, 경제적, 사회적, 문화적 지위의 향상을 기함.
- 우리 청년은 심신을 연마하고 진리를 추구하야 세계평화 건설에 공헌함을 기함.

이 대회는 결정서를 채택했는데, 그중 여덟 번째가 "청년의 특수한 정치적, 사회적 지위의 향상"에 대한 것이었다. 청년은 권리를 획득하고 의무에 충실해야 하며, 문화 향상과 체력 증강에도 매진해야 한다는 것이다.[14]

---

13 안병욱 엮음, 앞의 책, 1992, 382쪽.
14 안병욱 엮음, 앞의 책, 1992, 386쪽.

한편 이 대회에서는 주의 깊게 살펴야 할 주장이 등장한다. 인민공화국을 대표한 홍남표는 이 대회 축사에서 "젊은이는 진보적이라야 한다. 진보적인 것이 젊은이의 특징"이라고 했다. "나이 젊은 노인"이 있다는 것인데, 홍남표는 한발 더 나아가 "늙은 젊은이의 제거"를 주장했다.[15] 제거해야 할 나이 젊은 노인의 실체는 무엇일까? 아홉 번째 대회 결의가 이를 잘 설명해준다. "친일파 민족반역자 등 반동분자"가 "순진한 청년으로 하여금 음모와 재화의 힘으로써 기만하며 가장 비열한 테러 행위"까지 하게 한다는 것이다. 청총은 이런 현상이 이념의 결핍과 훈련의 불철저함에서 기인하며 과학적 이론, 진보적 교양의 체득과 조직체 훈련의 도야로 청년을 바로잡을 수 있다고 했다. 하지만 이것은 그리 만만한 일이 아니었다.

1945년 말부터 우익 청년단체가 등장하고 이들이 실력행사, 즉 테러를 시작했다. 우익 청년단체가 처음부터 공격적 성향을 보인 것은 아니었다. 1945년 9월 9일 발기인 대회를 열었던 고려청년당에는 이철승, 신도성, 정광렬 등 이후 우익 청년운동의 선봉에 서는 맹장들이 참가했다. 그들은 취지서에서 현명한 선배들의 지도를 앞세우며 "배후에서 지지하며 추진하는 것이 또한 우리 청년들의 임무"라고 했다. "자주독립국가의 완성, 민족 전체의 행복과 번영, 세계 신질서 건설"을 내세운 강령은 별다른 특징이 없었지만, 이들의 정치적 경향은 "국가에 절대 충성을 맹서"하고 "질서를 존중하고 국법을 준수"하며, "지도자의 명령에 복종"하겠다는 실천요령에 그대로 드러난다.[16] 아직 존재하지도 않는 국가에 어떻게 절대 충성하며, 또 어느 국가의 법을 지키겠다는 것일까? '지도자'

---

15 「조선청년총동맹 결성대회 방청기」, 『건설』 6호, 1946년 1월 19일, 5쪽(『한국현대사자료총서』 6권, 돌베개, 1986, 143쪽에서 재인용).
16 김현식·정선태 편저, 『삐라로 듣는 해방 직후의 목소리』, 소명출판, 2011, 38쪽.

가 누가 되든 상관없이 무조건 명령에 복종하겠다는 것인가? 이들에게 내재되어 있던 전체주의적 국가관과 청년관이 결합하여 실천요령으로 나타난 것은 아닐까?

우익 청년의 반격이 본격화된 것은 좌익의 인민공화국에 대한 '대한민국 임시정부'라는 대안이 현실화되면서부터였다. 11월 무렵 우익 청년단체가 뿌린 삐라는 대한민국 임시정부에 대한 절대적 지지를 표방한다. 이들이 볼 때 민족통일전선은 대한민국 임시정부를 중심으로 건설되어야 하고, 여기에 반대하는 입장은 모두 '반동 세력'이었다.[17] 대한민국 임시정부를 제외한 모든 건국 운동은 "반역적 책동"으로 규정됐다.[18]

1945년 말부터 좌익 주도의 정국을 흔들기 위해 우익 정치세력과 청년단이 결합하여 직접 공격을 가했다. 1945년 11월 20일에서 23일까지 열린 인민공화국의 전국인민대표자대회에 한민당으로부터 자금을 지원받은 조선건국청년회, 양호단, 유학생동맹 등 500여 명의 우익청년단체 소속 청년들이 습격한 것이다.[19]

이 무렵부터 우익이 '청년'을 주체로 호명하고, 청년이 싸워야 할 적을 이름 붙이는 방식을 살펴보자. 우익 청년은 '의열'과 '열혈', '우국'의 직접적인 투사들이었고, "애국심에 불타는 지사"이자 조선의 일꾼이었다.[20] 좌익이 합리적이고 지성적인 청년 주체를 상정한 것에 비해, 우익은 애국의 정열과 우국의 순정[21]에 넘치는 존재이며 "모든 번쇄煩瑣한 이

---

17 북선北鮮청년회, 「선언」, 김현식·정선태 편저, 위의 책, 116쪽.
18 「대한민국임시정부 환영회를 촉구하는 우익 청년단체들의 '성명서'」, 김현식·정선태 편저, 위의 책, 116쪽.
19 임나영, 「1945~1948 우익 청년단 테러의 전개 양상과 성격」, 『한국사론』 55, 2009.
20 대한청년의혈당, 「반동적 언론기관을 분쇄하자!」, 1945년 11월 27일, 김현식·정선태 편저, 앞의 책, 2011, 117쪽; 한국민주당 훈련부, 「성명」, 1945년 12월 21일, 김현식·정선태 편저, 같은 책, 150쪽.
21 대한청년의혈당, 위의 글과 북선청년회, 앞의 글, 김현식·정선태 편저, 앞의 책, 2011, 116~117쪽.

론을 파쇄破碎하고, 단연코 실천에 일로一路로 돌진"하여 시국의 부름에 응하는 정열적인 투사형 인간을 청년 주체로 상정했다.[22] 이러다 보니 적에 대한 태도도 살벌했다. 이들에게 여운형 등 좌익 지도자들은 정치적 야심가이며 분열, 반역의 화신이었다. "타도 인민공화국!"은 물론이고, "타살打殺 반동적 언론인!"[23]이라고까지 외쳤다. 신의주와 함흥에서 인민위원회와 우익 학생들 사이에 충돌이 발생했을 때, 좌익을 민족반역자, 매국노로 처단해야 한다고 주장하고,[24] 좌익만이 아니라 자신들의 노선을 비난하는 이들에게는 정의의 채찍질로 응징하리라는 위협을 가했다.[25]

이들이 특정한 사상적 기반 위에서 '열혈', 우국', '순수' 등을 개념화한 청년 주체상을 구축한 것도 아니었다. 매국노와 애국자를 논리적으로 규정한 것도 아니었다. 몇 가지 논리적 장치는 있었지만 최종적으로 우익 청년론은 극단적으로 공격적인 반공, 반소 이데올로기였다. 1930~1940년대 파시즘 청년상과 어느 정도 유사한 면도 있지만, 실제 파시즘의 영향을 받았던 조선민족청년단의 청년상은 이 정도까지 공격적이지 않았다. 적을 '반역'으로 몰아갈 논리적 연계가 부족했으니 지식인 계층은 물론이고 대중적 지지 기반의 약세를 탈출하기에는 역부족이었다.

'테러'하는 청년: 삼상회의 절대 지지 vs 신탁통치 결사 반대

우익이 논리적, 정치적 수세를 한꺼번에 만회한 것은 1945년 12월 모스크바 삼상회의의 결정이 신탁통치라고 알려지면서부터였다. 미소 양 점

---

22 대한독립촉성청년총동맹, 「선언」, 1945년 12월 21일. 김현식·정선태 편저, 앞의 책, 2011, 130쪽.
23 대한청년의혈당, 앞의 글, 1945년 11월 27일.
24 「십만 학도에게 소訴함」, 김현식·정선태 편저, 앞의 책, 2011, 130쪽.
25 한국민주당 훈련부, 앞의 글, 1945년 12월 21일.

령군 대표로 구성된 미소공동위원회와 한국인 정당·사회단체의 협의로 민주주의 임시정부를 구성한다는 내용이 빠진 채, 미국은 즉시 독립을, 소련은 신탁통치를 주장했다는, 사실과 다른 내용이 『동아일보』를 비롯한 국내 언론에 보도되었다.[26] 우익은 즉각적인 반탁투쟁을 반소·반공투쟁으로 연결했다. 찬탁＝친소＝공산주의＝매국노의 도식이 완성되었고, 반공투쟁과 반탁운동은 우익에게 정치적·이데올로기적 정체성을 부여했으며, 이를 계기로 대중으로부터 지지를 이끌어낼 수 있었다.[27] 좌익 세력을 "우리나라가 완전한 독립국가로서 되기 전부터 계급투쟁을 먼저" 시작해 민족을 분열시키는 "사리사욕에 도취"된 "매국노"로 규정하면서 "일제히 매국노를 소탕하자", "신탁통치 절대 반대", "외력 의존 절대 배격"을 주장하기 시작했다.[28]

삼상회의 결정을 "민족이 노예화"되는 것으로 규정하고, 차라리 "우리 손으로 모두 무찔러서 이 땅을 황무지로 인적 하나 없는 광야로 만들고 우리도 모두 죽어버리"기 위해 "결사동맹, 아니 자살동맹"을 맺자는 극단적인 논리마저 횡행했다.[29] 제2차 세계대전 중 일본제국주의 군대의 '옥쇄'를 연상케 하는 이런 주장이 대규모 반탁 집회에서 급속히 확산되었고 집단적인 폭력으로 전환됐다. 감성과 열정을 고취하는 연설과 선동, 일제의 문화적 잔재이기도 한 혈서 쓰기가 이어지고 우익 청년단체는 어느 때보다 강력한 메시지를 전달했다.

좌익을 매국노, 역적이라고 비난하는 데서 한발 더 나아가 직접 좌익 인사에 대한 테러를 선동하는 삐라도 등장했다. 전국학생총연맹본부[30]

---

26 한국사특강편찬위원회, 『개정신판 한국사 특강』, 서울대학교 출판부, 2008, 182쪽.
27 서중석, 『한국현대민족운동연구』1, 역사비평사, 1996, 316쪽.
28 조선유학생동맹총본부, 「청년학도는 외친다」, 김현식·정선태 편저, 앞의 책, 2011, 220쪽.
29 「오냐 싸우자」, 김현식·정선태 편저, 앞의 책, 2011, 218쪽.
30 전국학생총연맹은 1946년 7월 결성되는데 본부 조직이 없다. 전후 맥락으로 보아 1946년

명의로 된 「삼천만 동포에게 고함」이라는 제목의 삐라는 다음과 같이 주장한다.

일. 신탁통치를 찬성 지지하는 매국적은 공산당, 인공이다.

이. 역적 무리 인민공화단人民共和團 타도

삼. 매국적 공산당 공산분자 말살

사. 1월 3일 데모한 자는 매국노다. 죽이자.

너는 노서아露西亞로 가라.

오. 이것을 지도한 놈들 우리 청년이 잡아 죽이자.

육. 인공, 공산당, 인민당, 인민위원회는 나라 팔아먹는 매국당이다. 악마다.

칠. 시골 분들은 지방인민위원회를 때려부숴라.

팔. 1월 3일 데모는 꺼꾸러지는 공산당의 최후 발악이다.

구. 인공은 문제 아니다. 공산분자를 몰살하자.

십. 신탁은 소련이 주장하였음을 아느냐.

십일. 악마 박헌영, 허헌, 여운형 타살

어머니 아버지 전 학생과 같이 만세 부릅시다.

일. 신탁통치 절대 반대!!

이. 민족자결 자주독립만세!!

삼. 국부 이승만 박사 만세!!

사. 김구 주석 만세!!

오. 대한민국 임시정부 만세!!

육. 전 학생과 뭉쳐 조국해방 만만세!!

1월 3일 결성된 반탁전국학생총연맹(위원장 이철승)일 가능성이 크다.

삼상회의 결정 지지론자는 모두 공산당이며 매국적, 역적, 매국노, 매국당, 악마라고 규정한다. '악마'라고 한 것은 민족의 적일 뿐만 아니라 인류의 적이라는 의미일 것이다. 이들에 대한 응징도 극단적이다. 타도하고, 말살하고, 죽이고, 부수고, 몰살하고, 때려죽여야 한다. 이런 극단적인 증오와 폭력의 반대편에 절대적 충성의 대상이 형성되었으니 '국부' 이승만 박사와 김구 주석, 대한민국 임시정부가 그것이다. 그리고 그들을 향해 만세를 외치고 있다.

증오는 수사에 그치지 않았다. 우익 청년단체는 반탁운동을 좌익에 대한 실질적인 테러로 이끌고 가면서 더욱 급격히 성장했다.[31] 누구나 민주주의를 주장했고, 미군정도 자유민주주의 제도 확립을 공언했지만, 국가 건설의 주도권을 둘러싼 투쟁은 민주적인 정치 경쟁의 틀 속에서 진행되지 않았다. 1945년 말부터 정적은 물론이고 일반 민중을 상대로 한 '정치 폭력'이 일상화되었고, 이것이 해방기 한국 정치의 특징처럼 되어버렸다. 1945~1948년 사이 테러로 인해 송진우, 여운형, 장덕수 등 정치지도자가 암살되었고, 미군정 경무부 집계만으로도 1945년 8월에서 1947년 4월까지 276건의 테러가 발생해 100여 명이 사망하고 1,000여 명이 다쳤다.[32]

정치세력이 '삼상회의 지지'와 '신탁통치 반대'의 두 진영으로 확연히 구분되면서 테러는 일상적으로 행해졌다. 계획적으로 폭력을 동원하여 상대방의 지도력과 조직력, 선전력을 무력화하는 한편, 자신의 위세를 드러내 보이는 정치 테러는 우익 정치세력과 우익 청년단체의 합작품이었으며, 미군정은 이를 용인하거나 이용했다.[33] 우익 청년단체의 테러가

31 김수자, 「대동청년단의 조직과 활동」, 『역사와 현실』 31, 1999, 159쪽.
32 『독립신보』, 1947년 5월 31일.
33 임나영, 앞의 글, 2009, 392~394쪽.

심해지자 청총 서울시연맹에서는 "폭력은 건국의 암이며, 테러행위는 반민족적 건국의 방해물"이라 규정하고 대한민국 임시정부에 테러를 일삼는 건국청년회와 관계를 끊을 것을 요구했다. 그러지 않을 때는 "폭력단의 본거, 대한임정을 타도하고 말 것"이라고 선언했다. 그러나 충돌은 우익 청년단체가 오히려 원하는 바였다.[34]

1946년 1월 18일 반탁전국학생총연맹(반탁학련)은 집회를 끝내고 조선인민보사와 조선인민당, 서울시인민위원회를 습격했다. 이 소식을 듣고 달려온 좌익 물리력의 중추였던 학병동맹과 반탁학련이 충돌했는데, 이것을 기회로 군정 경찰은 학병동맹 본부를 포위하고 공격했다. 학병동맹원 세 명이 사망하고 140여 명이 체포됐다. 우익 청년단체는 반탁시위 →소련영사관 시위→좌익 언론 습격→좌익 정당과 단체에 대한 습격과 테러를 반복적으로 구사했고, 좌익이 반격하면 미군정이 개입하여 좌익 단체 관계자들을 구속했다. 결과적으로 좌익 정당 및 단체의 지도력과 조직력은 현격히 저하되고 말았다.[35]

좌익은 '신탁통치 문제'를 '설명'하여 우익 주장의 허구성을 드러내고 그 실익을 설명하려 했다. "청년의 미점美點은 피 끓는 정열만이 아니"며 "진리를 탐구하고 정의를 애호하는 것"이 청년의 본성이라고 강조하면서, 청년들에게 "정신의 여유를 가지고" 신탁통치제의 내용을 검토하자고 했다.[36] 우익의 선동은 삼상회의 결정과 좌익에 대한 중상 무고이며 오히려 신탁 반대는 노동자·농민을 착취하려는 우익 독재자들의 음모라고 주장하면서, 청년들에게 '반소'도 '반미'도 경계하고 오직 민주주의

---

34 청총 서울시연맹 청년돌격대, 「'대한임정'이여!! 건국청년회와의 관계를 끊어라」(1946년 1월 11일), 김현식·정선태 편저, 앞의 책, 2011, 172쪽.

35 임나영, 앞의 글, 2009, 427쪽.

36 조선공산청년동맹 서울시위원회, 「신탁통치문제에 관하여 청년 제군에게 격함」, 김현식·정선태 편저, 앞의 책, 2011, 164쪽.

국가군의 일원으로 독립할 준비를 하자고 촉구하기도 했다.[37]

탁치 정국 이후 좌익과 우익이 전면적으로 대결하는 양상이 고착되자, 좌익 청년단체들은 1946년 4월 15일 기존의 조선청년총동맹(청총)을 조선민주청년총동맹(민청)으로 개편하여 통일전선 조직을 강화했다. 민청의 강령은 다음과 같다.

> 강령
> 1. 본 동맹은 민주주의적 이념과 경향을 가진 청년들이 대동단결하여 강력한 독립국가 건설에 총역량을 집중함.
> 2. 본 동맹은 정치·경제·문화에 있어 일본제국주의 잔재 및 봉건적 요소를 근본적으로 숙청함.
> 3. 본 동맹은 절대적인 남녀평등을 주장하며, 특히 청년의 정치적 자유와 경제적 이익을 위하여 투쟁함.
> 4. 본 동맹은 중·소·미·영 기타 민주주의 제국가 청년들과 우의적 친선에 노력하여 세계평화와 안전보장에 기여함.
> 5. 본 동맹은 진리를 탐구하고 심신을 연마하여 청년 남녀 및 아동에 대한 과학적 지식의 보급과 문맹퇴치 사업에 노력함.
> 6. 본 동맹은 경제적 건설을 위한 산업·교통·운수기관의 부흥에 급속한 발전을 기함.[38]

민청의 강령 자체는 청총의 그것에 비해 크게 다르지 않았다. 다만 '민주주의'를 더 강조하고 민청을 "조선 300만 청년이 다 같이 모여 민주주

---

37 조선공산청년동맹 서울시위원회, 「친애하는 청년 제군-테러 중상 무고-기만 흉계」, 1946년 1월 23일. 김현식·정선태 편저, 앞의 책, 2011, 227쪽.
38 『해방일보』, 1946년 4월 27일; 김행선, 앞의 책, 2004, 244쪽.

의를 배우는 학교"라고 규정하면서, 민주주의를 알아야만 비로소 새 조선의 민주주의적 발전을 추진할 수 있다고 보았다.[39] 이는 이 무렵 개최되고 있던 미소공동위원회에 문제 해결을 기대하며 정면 충돌을 피하려던 좌익의 시각이 투영된 것이다. 1946년 하반기 들어 미군정의 탄압과 우익의 공세에 맞서 좌익이 새 전술을 구사할 시점에 민청은 투쟁의 주역이 된다.

1946년 상반기에는 강력한 극우 청년조직도 속속 결성되었다. 1946년 4월 9일 대한민주청년동맹(대한민청)이 결성되었는데, "삼천만의 전투적 전위부대, 완전한 자주독립의 전취戰取, 국가의 지상명령에 절대 복종, 만인 공생의 사회 건설에 방해가 되는 악질적 요소에 대한 결사적 투쟁, 절대책임의 원칙을 엄수하여 민족적 명예를 천하에 선양함"을 강령으로 내세웠다. 이 단체는 김두한이 이끌던 종로와 명동 일대의 폭력조직원들이 행동대원으로 참여했다.[40] 그리고 1946년 3월 5일 평양 출신 월남 청년들이 평남동지회를 조직한 데 이어 5월 7일 평안남북도 월남 청년을 규합하여 평안청년회(평청)를 만들었다. 평안청년회는 '반공, 반탁, 자주독립, 남북독립'을 강령으로, "평청은 전적으로 좌익을 타도한다", "테러는 테러로 대항한다" 등의 슬로건을 내걸었다.[41] 평안청년회는 다시 서북청년회로 이름을 바꾼다. 한편 1946년 4~6월 사이 이승만의 이른바 '남선 순행'은 미군정과 경찰, 우익 청년단, 우익 유지가 연계하여 지방에서 우익의 영향력을 강화하는 계기가 됐다. 경찰과 미군정이 호위하는 동안 이승만이 지방을 방문하여 대규모 강연회를 개최하고 그 위세를 틈타 우익 청년이 좌익 단체를 공격한 다음 독립촉성국민회 지부

---

39 민청 문화부 문일민文一民, 「청년은 배우자」, 『조선인민보』, 1946년 4월 30일.
40 김행선, 앞의 책, 2004, 382쪽.
41 김행선, 앞의 책, 2004, 201쪽.

나 독립촉성국민회청년회(국청)의 지부를 결성하는 방식이었다.[42]

반공 청년과 우익 테러

해방공간의 독특한 거리 풍경 중 하나는 가두 청년들이었다. 거리가 정치적 열정으로 넘쳐나기도 했지만, 탈식민 이후 인구 이동과 경제적 곤란으로 인해 대규모 실업자들이 거리를 방황하고 있었기 때문이기도 했다. 1946년 9월까지 남한에는 중국, 만주와 일본 그리고 북한에서 유입된 인구가 168만 명이 넘었고, 이들 중 다수가 청년층이었다. 특히 초기에 북한에서 월남한 사람들은 기독교인을 비롯하여 정치적·사상적 이유로 북한 인민위원회의 권력을 피해 내려온 청년학생들이 많았으니, 50퍼센트 이상이 20대였다.[43]

월남한 청년들은 남한에 연고가 없어 생활난에 허덕이다가 자연스럽게 지역별로 조직된 청년단으로 흘러들어갔다. 이 청년단들은 한민당 및 우익 정치세력, 기업가, 서북 출신 관료들의 자금 지원으로 조직을 운영했다. 서북청년단은 서울에 50여 개의 합숙소를 운영해 청년들에게 숙식을 제공하는 한편, 단원들을 공장 관리인으로 취직시키거나 대학에 편입시켰다.[44]

초기인 1945~1946년까지 월남한 청년들은 북한의 민주개혁에 반발한 지주층이거나 기독교도, 천도교도로 반공 학생운동에 가담한 사람들이 다수였으나, 1947년에 들어서 양상이 달라졌다. 1947년 5~6월경 월남한 3만 1,859명의 월남 동기에 대한 분석에 따르면, 생활난이 65.1퍼센트로 가장 많고, 귀향이 29.5퍼센트로 전체의 94.6퍼센트를 차지한다.

---

42 임나영, 앞의 글, 2009, 429쪽.
43 박명선, 「북한 출신 월남인의 사회경제적 배경 및 사회이동에 관한 연구」, 이화여자대학교 석사학위 논문, 1983, 43·48쪽.
44 임나영, 앞의 글, 2009, 405쪽.

사상적 이유는 불과 1.6퍼센트에 불과하다. 1946년 미군정의 남북교역 제한으로 1947년 북한이 겪었던 심각한 식량위기가 월남의 주요한 원인이었던 것이다.[45] 일찍 월남한 적극적 반공 청년들이 남한에서 청년단을 조직하여 우익 정치세력과 연계하고 있는 상황에서, 이후 월남한 청년들이 동향이라는 기대감을 가지고 생계를 위해 청년단에 다수 가입했다.

이들이 세력을 확대할 수 있었던 또 다른 계기는 1946년 가을의 9월 총파업과 '10월 인민항쟁'이었다. 결과적으로 미군정의 실정과 남한의 경제적 혼란이 크게 한몫한 셈이었다. 미군정은 시장 조절의 실패로 1946년 초 쌀값 폭등 사태를 맞이하자 또다시 강제 공출을 실시하여 농민의 반발을 불러일으켰다. 물가 앙등, 지주제의 지속, 북한의 토지개혁 소식 등은 남한 민중의 불만을 크게 자극했고, 미군정과 우익의 공격으로 위축되고 있던 좌익이 반격할 수 있는 계기가 됐다. 1946년 9월 1일 민청의 국제청년기념일대회 결의사항은 이런 생존권 투쟁의 전조를 보여준다. 이들은 다음의 요구 조건을 내걸었다.[46]

- 청년의 최저생활을 보장해주는 일터와 쌀을 달라.
- 청년의 민주 해방을 가져오는 북조선토지개혁법령, 노동법령, 남녀동등권법령 및 청년의 선거권과 피선거권을 포함한 민주적 민법을 남조선에도 곧 실시하라.
- 국립대학안의 즉시 철폐와 소학교 교육의 의무교육제를 실시하라.
- 청년의 강제 검거와 학살을 절대 반대하며 소위 위폐공판 시 피검된 청년들과 조선의 전 지역을 통해 민주주의 옹호 운동으로 투옥된 청년들

---

45 조선은행 조사부, 『조선경제연보』, 1948; 김귀옥, 『월남인의 생활경험과 정체성』, 서울대학교 출판부, 1999, 44쪽.
46 『조선인민보』, 1946년 9월 2일.

을 즉시 석방하라.

이것은 곧 9~10월의 대규모 대중 소요 사태에서도 요구 조건으로 제기됐다. 1946년 9월 23일 철도 파업을 시작으로 전국에서 좌익이 주도하는 총파업이 일어났다. 미군정, 군정 경찰, 우익 정치세력, 우익 청년단이 일체화되어 이 파업을 진압하는 데 나섰다. 우익 청년단원들은 이전부터 미군정 정보기관의 정보원으로 활동하고 있었지만, 이 시기에는 실제 파업을 진압하는 데 직접 개입했다. 40여 개의 우익 청년단이 파업대책위원회를 구성하여 진압에 앞장섰다. 우익 정치세력이 파업 진압을 위한 자금을, 경찰이 무기를 제공했고, 경찰과 우익 청년단이 함께 파업 현장에 돌입하여 노동자를 공격하고 노조 간부를 검거했다. 무자비한 진압 과정에서 희생자가 속출했다. 우익 청년들은 남로당, 민전, 민청 등 좌익 기관과 단체 사무실을 공개적으로 습격하여 활동이 불가능하도록 했다. 이전에는 경찰의 비공식적인 비호 아래 있던 우익 청년단체들은 1946년 가을 이후에는 공개적인 준국가기구, 경찰보조기구로 활동하기 시작했다. 이후 경찰력이 확장되는 가운데 우익 청년단원들은 대거 경찰에 임용되었고, 대한민청과 서청단원은 인민항쟁을 진압한 후 철도경찰에 투신했다.[47] 서울에서 파업을 진압하고 좌익 단체, 언론기관을 집중 공격하여 무력화시킨 다음에, 서울의 청년단들은 지방으로 대거 내려갔다. 대한민청은 60명을 단위로 한 50개의 특공대를 조직했다고 한다. 이들은 특공대 완장을 차고 장총, 단검으로 무장하고 경북 예천, 영천, 왜관, 청도, 고령, 성주 지역의 대중 항쟁 진압에 투입됐다. 지방 청년단원들도 좌익 인사를 직접 구타하고 체포하여 경찰에 넘겼다. 우익 청년단

---

47 류상영, 「초창기 한국 경찰의 성장과정과 그 성격에 관한 연구」, 연세대학교 석사학위 논문, 1987, 112~115쪽.

원들은 보통 하루에 300~500원을 받고 동원되었는데, 당시 노동자 1일 평균 임금 61원에 비하면 큰 소득이었다.[48]

널리 알려진 서북청년단(서청)은 함북청년회, 대한혁신청년회, 북선청년회, 평안청년회, 양호단, 황해회청년부 등 월남 청년단체들이 연합하여 결성한 단체다. 1946년 11월 30일 통합 서북청년단이 정식으로 결성되기에 이르지만,[49] 9월 총파업 당시에 서청준비회 형태로 경성방직 노조 파업을 성공적으로 진압했으며, 10월 이후에는 지방으로 진출하여 경기·충청·전남을 거쳐 경남까지 세력을 확대했다.

이들의 활동은 1947년에 더 활발해졌다. 부산에서는 서청이 중심이 되어 좌익계 신문 『대중신문』, 『부산일보』를 공격하고 남로당 경남도당, 민애청 본부, 민전 사무실을 쑥대밭으로 만들었다. 서청과 대한광복청년회(광청), 대한노총 등 우익 청년세력은 연합하여 트럭을 타고 다니면서 전평 계열의 노동조합 조직을 파괴했다. 경찰은 수수방관할 뿐 아니라 청년단이 체포한 좌익을 인계받았다. 이 와중에 부산에 경상남도 서청 본부가 설치됐다. 이제 서청은 우익 테러의 대명사가 됐다. 광화문 네거리를 지나는 시민들은 서북청년단 중앙총본부의 간판을 보고 "저곳이 무시무시한 서청 본부구나" 하며 몇 번씩 쳐다보게 될 정도였다.[50]

한편 좌익 청년단체인 민청이 해산되고 난 다음, 조선민주애국청년동맹(민애청)이 결성되었으나 좌익 청년단체는 이미 남한에서 세가 불리한 것이 확연했다. 민애청은 미소공위의 속개를 주장하는 데 총력을 기울일 수밖에 없었다.[51] 더구나 2차 미소공위가 결렬된 후 1947년 8월 좌익 계열에 대한 대규모 검거와 사무실 폐쇄가 진행되었고, 민애청의 활동은

---

48 임나영, 앞의 글, 2009, 432~433쪽.
49 건국청년운동협의회, 『대한민국 건국청년운동사』, 1989, 301쪽.
50 이경남, 『분단시대의 청년운동』 상, 삼성문화개발, 1989, 68쪽.
51 김행선, 앞의 책, 2004, 601~641쪽.

거의 지하화됐다. 신문은 1947년 말의 상황을 다음과 같이 전한다.[52]

> 남로당에는 물론 인공당(인민당인 듯)에도 집도 차도 없고, 테러의 습격과 탄압으로 오래 문을 닫았다 다시 열었던 민전회관에는, 전국 800만의 회원을 가졌다는 이름이 무색하게 몇 명만이 집을 지킬 뿐이다. 그들은 테러를 당하거나 그렇지 않으면 투옥되고, 잡혀가지 않으면 도망가는 처지가 되었다.

이제 우익 청년단체가 무엇을 표방하는지는 더 이상 문제가 되지 않았다. 실제로 그 '청년'들이 무엇을 하는지 사람들은 알고 있었고, 그것이 청년단체에 대한 인식으로 확정됐다. 미군정 정보기구 CIC는 한국의 청년단체를 이렇게 파악했다.[53]

> 한국 정치의 힘에서 어떤 정당이 자신의 대의에 열렬히 충성하며 '더러운 일'dirty works을 수행할 강력한 무장 청년단체가 없다면 다른 정치조직에게 아무런 위협도 될 수 없다. 한국에서 청년은 40세 이전까지이며 청년단체는 보이스카웃과 다르며 한국의 청년단체는 연장자에 대한 극단적 숭배라는 오래된 전통이 있다.

좌익 계열 청년단체는 보통 연령을 18~30세 정도로 제한했지만, 대부분의 우익 청년단은 그마저 뚜렷하지 않았다. 행동대원 역할을 하는 단원들은 젊은이였지만, 조직을 확대해가는 와중에 지방 조직에는 이미 중년에 들어선 사람들도 많았다.

1947년 7월 미소공위가 결렬되고 우익 청년단의 테러는 더욱 확대됐

---

52 『독립신보』, 1947년 12월 21일.
53 정용욱 편, 『해방 직후 정치사회사 자료집』 10, 다락방, 1994, 83쪽.

다. 이전까지의 테러가 주로 좌익 조직이나 언론사, 주도적 인물을 향했다면, 이제는 일반 민중도 공격 대상으로 삼았다. 적을 색출하는 과정이 끝나자, 충성을 다하느냐 아니냐를 두고 노골적으로 주민들을 검증하기 시작했다. 또 뚜렷한 재정적 기반이 없었기에 세력을 확대하고 단독정부 지지 운동 등을 벌이면서 주민들에게 기부금을 강요했다. 우익 청년단원이 일반 주민의 집을 찾아가 이승만이 쓴 책이 있는지, 독촉국민회에 가입했는지를 따지며 사람들을 구타하는 일도 있었고,[54] 서청이 마을을 급습하여 전 주민을 모아놓고 18세 이상 30세 미만인 사람을 당장 독촉국민회에 가입하게 한 다음 회비와 기부금으로 쌀 25가마니를 내게 하는 일도 있었다.[55] 서청 단원들이 빨갱이를 때려잡자며 마을 주민들을 구타했는데, 경찰은 오히려 주민들을 구속했다.[56]

지역의 우익 청년단체 회원들까지 테러 행위에 개입하면서 기부금 강요에서 약탈, 사감에 의한 폭행 등도 일어나고 있었다.[57] 사태가 심각해지자 1947년 9월 조병옥 경무부장이 청년단체 대표 30명을 직접 불러 경고하기도 하고 검찰총장 이인이 청년단원들의 범죄행위를 발본색원하겠다고 공언하기도 했으나,[58] 그야말로 법은 멀고 주먹은 가까운 형국이었다. 경찰과 사법기구는 법에 따른 엄정한 조치를 확언했으나 민중은 믿을 수 없었다. 청년단이야말로 국가 그 자체와 동일시되었고, 그에 반대하는 것은 '빨갱이'로 낙인찍히는 일이었다.

54 『독립신보』, 1947년 7월 8일.
55 『독립신보』, 1947년 7월 9일.
56 『독립신보』, 1947년 7월 8일.
57 『동아일보』, 1947년 6월 15일.
58 『동아일보』·『조선일보』, 1947년 9월 14일.

반공국가의 청년

정부 수립 직전의 국가와 청년

강력한 물리력을 가진 집단인 청년단이 국가기구와 일체화되어 있으니 이에 대한 공포는 커질 수밖에 없었다. 1946년 말 미군정의 후원을 받는 전국적 청년조직인 조선민족청년단이 성립되면서 일반 민중이 국가와 청년단을 구별하기는 점점 어려워졌다. 애초에 미군정은 1946년 가을 남한 민중의 정치적 소요를 진압하는 과정에서 경찰을 보조할 우익 청년 군을 구상했다. 본국의 반대로 군 조직을 만드는 데는 실패했지만 미군정 관리하의 공식적인 우익 청년조직 결성을 시도했고, 마침 광복군 2지대와 함께 귀국한 이범석이 이 역할을 맡아 조선민족청년단(족청)을 창설했다.[59]

이범석이 단장을 맡고, 광복군 2지대 관계자들이 실무 간부진을 맡았으며 안호상, 정인보 등 학자들도 참여했다. 1947년에만 미군정은 조선민족청년단에 2,000여만 원의 예산을 지원했다. 조선민족청년단은 직접적인 반공투쟁에 몰두하던 다른 우익 청년단과 달리 중앙훈련소를 중심으로 하여 단원의 훈련과 지방조직 확대에 힘을 썼다. '민족지상 국가지상'을 내세운 조선민족청년단의 중앙훈련소 교육 과정과 이념은 중국 국민당의 삼민주의청년단 중앙훈련소와 매우 유사했다. 민족의 혈통을 중시하고, 인종과 민족 간 투쟁을 세계의 법칙으로 여기며, 민주주의를 예의염치주의 정도로 가볍게 파악하는데, 파시즘적인 사상 경향은 바로 여기서 연유한다.[60]

---

59 안상정, 「조선민족청년단의 조직 과정과 활동」, 성균관대학교 석사학위 논문, 1991.
60 후지이 다케시, 『파시즘과 제3세계주의 사이에서 – 족청계의 형성과 몰락을 통해 본 해방 8년사』, 역사비평사, 2012, 133~175쪽.

1946년 12월 2일 200명의 훈련생이 입소하고 이후 지방조직 건설에 착수했는데, 1947년 8월에 단원 20만 명, 1948년 말에는 120만 명을 확보했다.[61] 이렇게 조선민족청년단이 급성장하면서 다른 우익 청년단과 조선민족청년단 간에 갈등이 생겼다. 1947년 남한에서 우익의 우세가 확고해지면서 이승만과 김구 사이의 노선 분화, 우익 청년단 간의 내분이 물리적 충돌로 나타났다. 조선민족청년단이 전향한 민청 관계자들을 수용하면서 갈등은 더욱 심해졌다.

미군정이 후원하는 조선민족청년단과는 별개로 나머지 우익 청년단을 통합하려는 움직임이 있었다. 이 또한 장차 설립될 국가의 군사적 준비와 무관하지 않았다. 1947년 4월 광복군 총사령이었던 이청천이 귀국하면서 우익계 청년단을 통합하여 '건전한' 사상교육과 군사훈련을 실시하겠다고 밝혔다. 이승만, 김구, 김규식이 이를 지지하면서 청년단 통합이 급물살을 탔다. 그러나 이승만의 단독정부 노선이 본격화하면서 김구의 임정 계열과 노선 갈등이 드러났고, 우익 청년단 간에도 알력이 나타났다. 이승만 노선 지지자들이 새로 만들어지는 대동청년단에 합류하는 것을 보류하면서 합류파와 잔류파가 서로 폭력을 행사하는 일도 비일비재했다. 1947년 11월 우익 청년단체 회원의 약 70퍼센트가 대동청년단에 합류했으나 재정 문제를 해결하는 데 실패하여 회원과 자금 모집을 위해 일반 민중에게 폭력을 행사하는 일도 빈번했다.

청년단 사이의 노선 갈등은 1948년 2월 단독정부 수립이 기정사실화하면서 이승만 지지로 귀착됐다. 김구 지지를 표방한 단체들도 이승만 지지로 돌아섰고, 단독선거를 대비한 정치세력화가 추진됐다. 1948년 2월 5일 이승만 지지 청년단들이 구국청년총연맹을 조직하여 남한총선거를 요구하는 서명운동을 벌이고 총선거촉진국민대회를 개최했다. 우

---

61 건국청년운동협의회, 앞의 책, 1989, 305∼306쪽.

익 청년단은 남북협상파까지 공격하여 한때 지도자로 칭송했던 김구를 '빨갱이'라고 맹비난했다.[62]

미군정과 경찰은 단독정부 결사 반대를 주장하며 무장투쟁을 선포한 좌익의 반대를 제압하고 5·10 선거를 원활히 진행하기 위해 1948년 4월 향보단을 조직했다. 경찰 보조 조직으로 좌익 공격에 대한 감시와 방어를 수행한 향보단원은 대부분 우익 청년단원에서 충원됐다. 향보단이 아니라도 청년단원들은 단독정부 지지와 좌익 감시, 탄압을 열렬히 수행했다. 그리고 이런 활동은 이승만의 적극적인 비호를 받았다. 경찰과 청년단체가 노골적으로 이승만을 지지하고 반대파를 탄압하는 것에 대해 기자가 질문하자, 이승만은 청년단체를 해산한다면 총선거 진행은 물론이고 좌익의 파괴공작 방지, 치안 보장, 우익 인사 보호는 어떻게 할 것인지 반문하며 청년단을 감쌌다.[63]

우익 청년단체의 활동은 민중에 대한 과도한 압박, 폭력과 살인 등으로까지 번졌다. 제주 4·3 사건은 경찰과 청년단체의 민중에 대한 압박이 극에 달한 사례였다. 1948년 6월 제주도 출신으로 구성된 서울 제우회濟友會의 진정서나 제주를 시찰하고 온 서울지방심리원 양원일 판사 모두 청년단체들이 "경찰 이상 경찰권을 행사"하고 탄압을 가하여 도민들의 원성을 샀다는 점을 지적하고 있다.[64] 청년단이 횡행하면서 '청년'의 개념 속에는 극우 폭력의 이미지가 짙게 스며들었다.

청년단의 국가기구화

청년단이 국가기구화하면서 통치자 개인에 대한 충성 조직으로 전환된

---

62 임나영, 앞의 글, 2009, 456쪽.
63 『경향신문』, 1948년 3월 25일.
64 『조선일보』, 1948년 6월 17·22일.

1949년 10월 3일 대한청년단 안동훈련소 3기 수료생들의 수료 기념사진과 분열하는 모습. 현재의 안동초등학교에서 식을 거행했다. 안동대학교 박물관, 『사진으로 보는 근대 안동』, 도서출판 성심, 2002, 57쪽.

것은 대한청년단이 창설되면서부터였다. 1948년 정부 수립 이후 이승만은 자신의 지지 조직인 독립촉성국민회를 국민회로 개편하여 정당화하려 했으나, 국민회가 분열하면서 대한청년단을 더욱 중요한 기반으로 삼았다. 대한청년단의 창설에는 1948년 10월 14연대 반란의 충격이 크게 작용했다. 여수 주둔 14연대가 반란을 일으키자 정부는 숙군작업과 함께 청년단체의 통합을 추진했고, 국회에서도 '애국청년단체'를 중심으로 5만 명의 민병대(호국군) 창설을 시도했다.[65]

1948년 11월 독촉국민회청년단(국청), 대동청년단(대청), 대한독립청년단(독청), 서북청년회(서청), 조선민족청년단(족청), 청년조선총동맹 등이 통합 논의를 진행했다. 이 자리에는 이승만과 내무장관 윤치영, 문교장관 안호상, 사회장관 전진한이 직접 참석했다. 1948년 12월 19일 이들을 통합한 대한청년단이 결성되었는데, 단계적 통합을 주장한 족청도 이승만의 명령으로 해산, 1949년 1월 합류하지 않을 수 없었다.[66]

대한청년단은 정권의 정책을 민중에게 관철하고, 정당의 역할을 대행

65 『조선일보』, 1948년 11월 13일.
66 하유식, 「이승만 정권 초기 정치기반 연구—대한청년단을 중심으로」, 『지역과 역사』 3, 1997, 210쪽.

하는 동시에 부분적으로 군과 경찰 역할도 수행했다. 자유당이 창당되고 안정화되기 전까지 사적 조직의 확대 강화를 통해 이승만 정권을 유지하는 핵심 역할을 했다. 대한청년단은 강령과 선언에서 '파괴분자의 숙청', '공산주의자의 말살'과 함께, 총재 이승만 대통령의 명령에 절대 복종할 것을 명시하여 조직의 성격을 명확히 했다.[67]

대한청년단 강령

일. 우리는 청년이다. 심신을 연마하고 국가의 간성이 되자.

일. 우리는 청년이다. 이북동포와 합심하여 통일을 완성하자.

일. 우리는 청년이다. 파괴분자를 숙청하고 세계평화를 보장하자.

대한청년단 선언

일. 우리는 총재 이승만 대통령의 명령을 절대 복종한다.

일. 우리는 피와 열과 힘을 뭉치어 남북통일을 시급히 완수하여 국위를 천하에 선양하기로 맹세한다.

일. 민족과 국가를 파괴하려는 공산주의 적구도배赤狗徒輩를 남김없이 말살하여버리기를 맹세한다.

일. 우호열방의 세계 청년들과 제휴하여 세계평화 수립에 공헌코자 맹세한다.

내무장관이었다가 국방장관이 된 신성모는 청년단의 사업계획에 도로 수선, 식림 등 각종 민간사업을 포함시켰으나, 가장 중요한 임무는 '방공'이라고 청년단의 군사적 목표를 분명히 했다.[68] 기존 청년단체 지도자

---

67 『독립신문』, 1949년 1월 8일; 『평화일보』, 1949년 12월 21일; 건국청년운동협의회, 『대한민국건국청년운동사』, 1989, 1488~1490쪽.

들을 부단장 또는 최고지도위원으로 끌어들였고, 각 시·도단부의 간부들은 해방 직후 지방권력을 장악한 신흥 우익 세력들을 임명했다. 일부 지방에서는 도·군단부의 감투를 놓고 암투를 벌이다 서로 테러를 가하는 사태가 발생하기도 했다.

빨치산과 좌익을 탄압하는 데 군경의 보조요원으로 활용하고 민중에 대한 감시와 통제를 직접 담당한다는 측면에서 대한청년단원의 훈련은 매우 중요했다. 대한청년단은 족청의 단원 훈련제도를 도입하여 지방 단부 간부와 훈련책임자를 중앙훈련소에서 훈련하였으며, 지방 단부에서는 5~20일간 국민학교에서 공민교육, 기초훈련, 전투훈련 등 합숙훈련을 진행했다.[69] 국민학교에서 기초교육을 실시해 군사력 자원을 확보한다는 점은 일제의 청년연성소와 매우 유사하다. 대한청년단원들은 실제 전투에도 참여하여, 여순사건 이후 한국전쟁 이전까지 토벌작전 중 전사자가 전남 351명, 제주 196명, 경북 185명, 경남 155명, 충북 56명, 전북 51명, 강원 17명, 충남 3명 등 총 1,014명에 달했다.[70] 이승만이 직접 "내무부에서 각 도지사와 부윤, 군수 및 경찰관리들에게 국민회와 대한청년단을 모아서 관민합작으로 반공운동을 전적으로 추진"하라고 지시하는 상황에서, 대한청년단은 최고통치자에게 충성하는 국가기구 그 자체로 받아들여질 수밖에 없었다.[71] 실제 지방에서 '청년'의 이름으로 어떤 일이 벌어졌는지 사례를 통해 살펴보자.

---

68 『동아일보』, 1948년 12월 29일.

69 하유식, 앞의 글, 1997, 214쪽.

70 전갑생, 「한국전쟁 전후 대한청년단의 지방조직과 활동」, 『제노사이드연구』 4, 2008, 67쪽.

71 『서울신문』, 1949년 4월 12일.

'청년'의 이름으로 자행된 범죄: 경주의 사례

1948년 5·10 선거 전날 경주 최 부자로 유명한 최준崔浚[72]의 막내동생이며 백산무역주식회사 이사, 경남은행 감사, 풍산금속 이사 등을 역임한 최순이 돌연 정체불명의 괴한에게 살해당했다. 살해 현장에 "지주 가문 출신의 극우분자를 처단한다"라는 글이 적힌 유인물이 뿌려져 있어서 좌익 테러로 여겨 수사했지만, 범인은 오리무중이었다. 경주에서만 수사를 계속했다면 이 사건은 계속 미궁 속에 있었겠지만 서울에서 단서를 잡아 해결의 실마리를 찾을 수 있었다. 대동청년단 경주지단 선전과장 강덕모를 서울에서 체포하여 여죄를 추궁하던 끝에 그가 이 사건의 진범임이 드러났고, 범행을 공모하고 지시한 대동청년단 경주지단장 서영출徐永出과 검사과장 주득명까지 함께 체포하여 서울로 압송했다.[73]

대동청년단 경주지단장 서영출은 원래 대구사범학교 특과를 졸업하고 보통학교에서 교사를 하다 경찰에 입문한 뒤 안동농림학교의 비밀결사 조선회복연구단을 추적, 검거하여 와해시킨 고등계 경찰이었다. 출세를 위해 자신이 가르친 제자들을 고문하는 일조차 서슴지 않다 보니 사와다澤田(창씨명이 澤田永出) 경부라고 하면 모르는 사람이 없었다고 한다.[74] 해방 후 경주경찰서장(1945년 10월~1946년 2월)을 지내고 나서 광산을 경영하여 부를 축적하고, 경주 대동청년단장, 독촉국민회 경주지부 청년부장, 대한노총 경주지부 고문 등 직함만 10여 개에 달했다. 이 사건은 전

---

72 1884~1970. 경주 최 부자 가문의 마지막 종손. 조선국권회복단, 광복회 재무부장을 역임하고, 후일 경상북도 도의원을 지냈다. 둘째 윤潤은 경상북도 도의원과 중추원 참의, 셋째 완浣은 상하이 대한민국 임시정부 재무위원을 지냈다(권대웅, 「경주 부호 최준崔浚의 생애와 독립운동」, 『한국독립운동사연구』 45, 2013).
73 『경향신문』, 1948년 10월 17일.
74 신승훈, 「안동농림학교 학생항일운동연구」, 안동대학교 석사학위 논문, 2006, 40쪽; 허종, 「친일 경찰의 대부 최석현」, 대구사학회 엮음, 『영남을 알면 한국사가 보인다』, 푸른역사, 2005, 403쪽.

직 고등계 경부가 지방 독립운동가이며 전국 8대 부호의 친동생을 암살한 것으로 큰 파문을 일으켰다. 최순이 왜 암살됐는지는 불분명하다. 당시 신문 보도는 기부금 모집에 호응하지 않아서라고 했지만, 선거 직전에 살해된 이유로는 적절하지 않다. 아마도 선거관리위원인 최순을 암살하여 다음 날 선거에 영향을 미치고자 한 것이 아니었을까?

어쨌거나 전국에서 손꼽히는 대부호이며 유력한 지방 유지조차도 지방 청년단원들이 공모하면 한순간에 목숨을 빼앗겼다. 사건의 범인으로 기소된 것은 강덕모와 주득명 두 사람뿐이었다. 서영출은 증거 불충분으로 풀려나고 권총과 실탄을 불법 소지한 혐의로 기소되었을 따름이다.[75] 살인 혐의에서는 벗어났지만 서영출의 위기는 여기서 끝나지 않았다. 1949년 2월 반민특위가 유명한 친일 경찰이었던 그를 체포하여 기소했다.[76] 그러나 1949년 9월 29일 서영출은 공권 정지 3년을 구형받았음에도 형 면제로 풀려났다.[77] 그는 경주로 돌아와 다시 유지로 행세했다. 1950년에는 대한청년단 경주군단부 단장으로 활동했고, 1954년 5월에는 경주 을구에서 민의원 선거에 무소속으로 출마했다. 그리고 나서도 1958년 선거에, 심지어 4월 혁명 이후인 1960년 참의원 선거에도 출마했다.[78]

이협우에 비하면 서영출은 오히려 덜한 편이다. 1923년 경주 내남면에서 태어난 이협우는 대구농림학교를 졸업하고 농회의 기수로 있다가 해방 이후 우익 청년운동에 투신했다. 내남면 대동청년단장(1947~1949), 대한청년단장(1949~1950)과 민보단장을 지냈다. 민보단

75 『동아일보』, 1948년 10월 27일.
76 『경향신문』, 1949년 2월 2일, 4월 13일.
77 『경향신문』, 1949년 9월 29일.
78 건국청년운동협의회, 앞의 책, 1989, 494쪽; 『경향신문』, 1954년 5월 9일, 1958년 4월 8일; 『동아일보』, 1960년 7월 30일.

장으로 공비 토벌에 협조한다는 명목하에 경찰과 협력하여 친척 동생을 비롯한 대한청년단원을 민보단원으로 만들었다. 이들은 법 규정도 없이 총기를 소지했으며, 공비 토벌로 표창을 받자 더욱 위세가 등등했다. 서울에 왕래하며 고위층과 잘 통한다고 하여 경찰조차 그의 눈치를 보지 않을 수 없었다고 한다.[79]

1949년 3월 이협우가 이끄는 대한청년단원 중심의 민보단은 내남면 명계리 이장 김씨 일가와 친척 등 30여 명을 빨갱이로 몰아 총살하고, 이외에도 덕천리, 노곡리 등 내남면 곳곳에서 민간인을 학살하고 재산을 약탈했다. 4월 혁명 이후 유가족들이 고소한 바에 따르면 5회에 걸쳐 98명을 죽였는데, 일가족과 친척을 몰살한 경우도 많았다.[80] 모두 공비 혹은 빨갱이로 몰아 죽였기 때문에 가옥과 토지를 몰수하여 직접 소유할 수 있었다. 20대 후반에 불과했음에도 이협우의 위세는 대단했다. 1950년 월성 을지구에서 2대 국회의원에 당선된 이래 내리 3선을 계속하여 경주는 이협우 왕국이라는 소리까지 들을 지경이었다.

이협우의 행적이 드러나기 시작한 것은, 학살의 와중에 피신했던 유가족 한 사람이 해병대에 입대했다가 1957년 토지반환소송을 제기하면서부터였다. 그러나 이때는 국회의원 이협우의 위세가 등등하던 때라 고소를 후원한 해병대 장교들은 강제 예편되었고, 고소를 취하하는 것으로 사건은 종결됐다.[81]

국회의사당에서 정부 여당을 비판하는 야당 의원에게 주먹을 날리고 야당의 저항을 돌파할 때 선두에 서는 행동파였던 이협우는 국회의원 재직 중에도 내남면장과 짜고 공문서를 위조하여 면민에게 돌아갈 곡식을

---

79 이창현, 「한국의 민간인 학살 재판 연구 – 경주 내남면 학살 재판 사건을 중심으로」, 『한국사학보』 39, 2010, 207쪽.
80 『동아일보』, 1960년 6월 17일.
81 『동아일보』, 1957년 9월 4일.

빼돌려 자신이 경영하는 양조장에서 술 원료로 사용한다는 이유 등으로 원성이 높았다.[82]

4월 혁명 이후 주민들의 폭로와 고발이 이어지면서 이협우는 법정에 서게 됐다.[83] 1961년 3월 6일 대구지방법원은 1심 판결에서 기소 사실 중 일부를 인정하여 이협우에게 사형을 선고했다. 그러나 5·16 쿠데타 이후 상황이 변했다. 증인들은 증언을 번복했고, 1963년 5월 대법원은 최종 무죄를 선고했으며 국가는 이협우에게 형사보상금으로 3만 2,000원을 지급하기로 했다.[84] 이협우는 1967년 자유당(1967년 이재학 등이 만든 군소 정당) 공천을 받아 국회의원에 다시 출마했다. 1975년 3월에는 민주회복국민회의 경주 지부 상임대표위원으로 선출되기도 했다.[85]

한국전쟁과 전후의 청년

대한청년단이 저지른 '국민방위군 사건'

대한청년단은 실질적인 준군사기관이며 국가기구였다. 1949년 병역법은 상비병 3만 명 충원과 예비병 20만 명의 편성을 규정했다. 예비병 20만 명을 청년방위대라 했는데, 그 운영을 대한청년단이 맡았다. 이승만은 직접 담화를 발표하여 1949년 말 "청년방위대를 조직해서 청년단의 우수한 정예분자와 호국군, 민보단 등 조직체에서 정당한 자격을 택해서 조직"할 것을 지시했다. "각 지방의 촌락과 부락까지도 이 청년방위대가 청년단들과 활동"해서 치안을 보장하는 일이 "가장 급하고 간절"

---

82 『경향신문』, 1956년 7월 2일, 1958년 12월 7일; 이창현, 앞의 글, 2010, 307쪽.
83 『동아일보』, 1960년 5월 23일, 7월 13일.
84 『동아일보』, 1964년 1월 9일.
85 『동아일보』, 1975년 3월 11일.

하다는 것이었다.[86] 한국전쟁이 일어났을 때 보도연맹원을 소집하고 학살하는 일에도 대한청년단이 개입되어 있었고, 좌익은 대한청년단 간부들에게 집중적인 보복을 벌였다.

중국군 참전 이후 정부는 제2국민병으로 국민방위군을 조직했는데, 이때 청년방위대를 국민방위군에 합류시켰다. 대한청년단이 국민방위군 운영을 맡았는데, 단장 김윤근이 사령관이 되고 대한청년단 출신들이 간부직의 대부분을 차지했다. 이들은 국민방위군 운영 과정에서 식량과 피복비를 대규모로 착복하여 결과적으로 엄청난 사상자를 낸 이른바 '국민방위군 사건'을 일으켰다. 결국 국민방위군은 해체되고 책임자 일부는 사형에 처해졌다. 청년단이 군대를 운영하기까지 했지만, 청년단은 국가기구의 공식적 체제가 아니라 대통령 이승만 개인에게 사적으로 충성하는 조직이었다. 이는 천황에 대한 사적 충성이라는 일제하 청년단 경험의 재현이었다.

대한청년단은 제2대 국회의원 선거를 통해 적극적으로 정치권에 진출하여 열 명의 당선자를 냈고, 자유당·국민회 등의 단체와 적극 협력하여 내각책임제 개헌 부결을 위한 국민운동을 벌였다. 민중자결단, 백골단, 땃벌떼 등 대한청년단 출신이 만든 정치 테러 집단이 관제 민의운동을 전개하는 등 활약했으나, 제2대 정부통령 선거에서 부통령 후보 이범석과 함태영을 둘러싸고 내분이 일어났다. 선거 후 안호상이 사퇴하고 내분이 심화되자 이승만은 대한청년단을 해산하고 자유당을 통한 통치방식을 선택한다.

한국전쟁은 '청년'에 대한 정부의 직접 통제를 강화하는 계기가 됐다. 국가는 청년을 직접 입대시키거나 국민방위군으로 편제했다. 그러나 국민방위군 사건에서 알 수 있듯 반공의 이념만이 강조되었을 뿐, 국가는

---

86 『동아일보』, 1949년 12월 4일.

조직화된 청년들을 실질적으로 관리하지도 못하는 상황이었다. 대한청년단은 나치 독일의 청년조직을 연상케 하지만, 실제 완전한 국가기구로 자리 잡지는 못했다. 청년단체들은 정당과 결탁한 정치 폭력집단으로 전환되는 경향을 보였고, 반공 청년단체니 청년연구회니 하는 조직은 자유당의 외곽조직이나 선거 대비 조직이 되기 십상이었다.

폭력과 절망으로 신음하는 전후의 청년

1950년대는 공식적으로는 반공청년의 시대였다. 용감, 순진하고 정열적인 청년학생이야말로 가장 진보적이며 진보적인 만큼 반공에 앞장서야 한다는 논리가 전개되었다. 석방된 반공포로들이야말로 애국청년의 표상이었다. 한국전쟁 말기인 1953년에는 휴전 반대 궐기대회가 곳곳에서 열려 "내몰자 공산 오랑캐", "멸공 통일"을 외치며 청년들에게 총을 잡고 북진할 것을 요구했다. 수십 명이 손가락을 깨물어 북진통일을 주장하는 혈서를 쓰고, 석방된 반공포로들은 다시 입대하여 공산군과 싸우겠다고 했다.[87]

전쟁이 끝나도 반공 혈서를 쓰는 유행은 사라지지 않았다. 1955년 예비역 소위 유구열은 3·1절을 맞아 "36회 독립정신을 살리자. 청년은 감투를 노리지 말자. 청년은 남북통일에 일심하자. 남한에 여야당이 있을소냐"라는 혈서를 쓰고 국방부에 현역 복귀를 신청했다.[88] 국제적인 반공청년대회가 개최되기도 했다.[89] 아시아 반공청년대회라고는 했지만 한국, 대만, 홍콩, 남베트남 네 개 나라가 참여하는 것에 불과했다.

실제 현실에서 청년들은 폭력과 절망으로 신음하고 있었다. 반공은 신

---

87 『경향신문』, 1953년 4월 27·28일, 7월 1일; 『동아일보』, 1953년 6월 26일.
88 『동아일보』, 1955년 3월 8일.
89 『동아일보』, 1956년 10월 17일.

노골적인 육체적 욕망과 청년들의 반나치 투쟁을 나란히 배치한 이 영화 광고는 1950년대 청년들의 정신적 혼란과 동요를 잘 보여준다. 『경향신문』, 1956년 7월 27일.

넘이라기보다는 생존을 위한 선택이었다. 돈이 있다면 병역을 면제받을 방법은 얼마든지 있었다. 관청이나 기업체에 직장을 얻은 것으로 처리하기도 하고, 호적을 위조하기도 했으며, 대학 입학이나 해외 유학을 병역 면제의 수단으로 이용했다. 돈이 없으면 자해를 해서 징집을 피하려고도 했다. 대개 징집을 피하지 않는 이유 중 하나는 엄청난 청년 실업 문제 때문이었다. 앞서 혈서를 쓴 예비역 소위도 진정한 목적은 현역으로 복귀하는 것이 아니었을까?

'어깨들'이 거리를 휩쓸었고 "말쑥한 청년"들은 정치깡패로 야당의 집회에 난입하여 함부로 폭력을 휘둘렀다.[90] 정체불명의 '청년'들이 나타나 야당 후보의 후보 등록 서류를 탈취하고, 야당 지지자를 폭행했으며 선거함을 빼돌렸다. 정치 폭력에 무감해진 청년들은 도덕적으로 해이해졌다. 신문에는 "100만 환 채무를 대상代償하는 여성을 아내로", "양자 또

---

90 『경향신문』, 1957년 5월 27일, 1958년 2월 26일.

는 서양자 되길 희망함", "고독한 청년이 양부모의 애정을 바람" 따위의 소광고들이 난무했다. 할리우드 영화에는 서구의 근대적 욕망이 넘쳐났고 젊은이들에게는 막연한 미국 유학의 열풍이 불고 있었다. 283쪽의 신문 영화 광고에서 보이듯 "정욕의 악마"와 프랑스 레지스탕스 청년들의 반나치 투쟁이라는 상반된 청년의 모습이 나란히 배치되어 있었지만, 어느 쪽도 전후 청년의 현실을 설명하지도, 새로운 청년상을 제시하지도 못했다.

2장_ 저항과 재건

: 청년, 역사의 주체로 다시 살아나다(1960~1970년대)

젊은 사자들의 등장: 4월 혁명과 학생운동

한국 현대사에서 4월 혁명(4·19 혁명)은 흔히 생각하는 것보다 더 중요한 의미를 지니는 사건이다. 5·16 쿠데타에 가려져 그 역사적 의미가 제대로 평가되지 못하고 있지만, 한국 현대의 사회구조, 한국인의 문화와 심성, 정치체제 등에 4월 혁명이 남긴 영향과 자취는 심대하다. '청년'의 개념사에서도 4월 혁명의 의미는 지대하다. 4월 혁명이 정치 테러나 국가에 종속된 주체에서 젊은이로서의 상징성, 변화와 진보, 역사의 주체라는 청년의 의미를 회복하는 계기가 되었기 때문이다. 특히 대학과 대학생을 청년 세대의 정치적, 문화적 주체로 거듭나게 한 역사적 사건이었다.

1950년대 청년의 이미지는 대체로 부정적이었는데, 대학생에 대한 인식은 더 나빴다.[1] 대학생 수가 많지도 않았지만,[2] 책임 관념이 부족하고 정열과 기백도 없으며 군 기피가 목적이지 공부는 하지도 않고, 영화관이나 다방에 다니면서 미국 갈 생각만 한다는 부정적인 인상이 널리

---

1 권보드래·천정환, 『1960년을 묻다-박정희 시대의 문화정치와 지성』, 천년의상상, 2012, 36쪽.
2 1955년 4년제 대학 대학생 수는 7만 8,649명에 불과했다. 강성국 외, 『한국 교육 60년 성장에 대한 교육지표 분석』, 한국교육개발원, 2005, 69쪽.

4월 혁명에서 대학생은
투쟁과 혁명의 주체로 부
각되었다. 『경향신문』,
1960년 4월 29일.

퍼져 있었다. 한마디로 대학생의 "지성의 부족과 덕성의 부족과 생활의
타락"을 질타하는 목소리가 높았다.[3] 이는 대학생에게 거는 기대가 그만
큼 컸다는 반증이기도 하다. 하지만 정비석의 소설 『자유부인』에서 보이
듯 대학생이란 "무기력하고 현실적·기회주의적이어서 자기희생은 하지
않"는 존재이므로 "고등학생이라면 몰라도 대학생에게는 희망을 걸 수
없"다는 인식이 많았다.[4]

4월 혁명은 이런 인식을 단번에 뒤집는 계기가 되었다. 1960년 봄,
3·15 정부통령 선거에서 벌어진 대규모 선거부정은 민주적 헌정 질서
자체를 부정하는 국민 주권의 강탈행위였고, 4월 혁명은 이를 도로 찾기
위해 벌인 주권 투쟁이었다.[5]

이 투쟁을 주도한 것은 학생이었다. 그중에서도 대학생, 서울시내 각
대학의 학생들은 제2의 해방을 전취戰取한 주체로서, 더 높은 혁명의 깃
발을 내걸었던 "젊은 사자들"로 기억되었다. 위의 1960년 4월 29일자

3   안병욱, 「대학생활의 반성」, 『사상계』, 1955년 6월, 150쪽.
4   이수정, 「4월 혁명의 성격과 그 의의」, 『형성』, 1969년 봄, 11쪽.
5   서중석, 『이승만과 제1공화국 – 해방에서 4월 혁명까지』, 역사비평사, 2007, 269쪽.

『경향신문』 지면은 4월 혁명의 젊은이상을 단적으로 보여준다.

  '학생'이라는 특정한 주체를 중심으로 혁명을 기록하고 기억하는 과정에서 4월 혁명은 "학도의 피와 승리의 기록"의 방식으로 명명되었고,[6] 학생, 특히 대학생이 투쟁과 혁명의 주체로 부각되었다.[7] 보통 4월 혁명은 4월 19일 당일의 풍경으로만 기억하기 쉽지만, 실제로는 1960년 2월부터 선거 부정에 대해 고등학생을 중심으로 한 투쟁이 전개되었고, 3월 15일 부정 선거 이후 마산에서의 1, 2차 항쟁, 그리고 4월 19일 이후의 투쟁에서는 다양하고 이질적인 집단들이 참여했다. 이 항쟁에 참여한 제대군인이나 도시 유민, 근로 소년 등 다양한 도시 빈민은 불특정 다수를 가리키는 '데모 군중'이라는 호칭을 통해 가까스로 존재를 인정받았으며, 그조차도 툭하면 불량배나 폭도로 몰리기 십상이었다.[8] 대학생을 혁명의 주체인 청년학도로 설정하면서 가장 두드러지고 상징적인 표현이 "젊은 사자들"이었다. 1960년 4월 29일 『경향신문』을 시작으로, 『동아일보』「젊은 사자들 다시 학교로」(1960년 5월 3일), 「'젊은 사자'들 시위, 서울대학생들의 국민계몽대國民啓蒙隊」(1960년 7월 7일) 등의 기사가 등장했으며, 대학 학보나 일반인의 수기에도 '젊은 사자'라는 표현이 쓰이기 시작했다.[9] 『사상계』도 '4월 혁명' 특집으로 '노한 사자들의 증언'을 다루었다. 심지어 『동아일보』는 도서관 풍경을 찍은 사진에 '진리에 사는 젊은 사자들'이라는 제목을 달았고,[10] 『조선일보』에도 '젊은 사자'를 언급한

---

6   현역 일선 기자 동인 편, 『4월 혁명 - 학도의 피와 승리의 기록』, 창원사, 1960.
7   김미란, 「'청년세대'의 4월 혁명과 저항의례의 문화정치학」, 『사이間SAI』 9, 2010, 11~12쪽.
8   김미란, 「'젊은 사자들'의 혁명과 증발되어버린 '그/녀들' - 4월 혁명의 재현 방식과 배제의 수사학」, 『여성문학연구』 23, 2010, 81쪽.
9   최필자, 「젊은 사자들이 누워 있는 병실에서 - 적십자 간호봉사원의 수기」, 『적십자 소식』 37, 1960년 5월 20일; 이극찬, 「민권을 쟁취한 젊은 사자들 - 4·19 학생혁명을 보고서」, 『경북대 학보』, 1960년 5월 23일.
10   『동아일보』, 1960년 7월 26일.

표현이 등장한다.[11]

〈젊은 사자들〉은 1958년 미국에서 제작하여 1959년 1월 18일 한국에서 개봉한 영화다. 제2차 세계대전을 배경으로 말런 브랜도, 몽고메리 크리프트, 딘 마틴 등 당대 스타배우가 등장하여 화제를 불러 모았던 작품이다. 어윈 쇼의 원작소설은 을유문화사에서 세계문학전집으로 1959년 8월에 간행됐다.[12] 영화는 흥행에 크게 성공하지 못하고 곧 재개봉관으로 내려갔다. 시네마코리아 극장에서 1960년 4월 26일부터 28일까지 1년 만에 '왕년의 명화'로 재상영했다.[13] '젊은 사자들'이란 표현은 이 영화와 직접 관계가 있다기보다는 그 어감이 혁명의 주역들을 묘사하는 데 어울린다고 당시 사람들이 느끼면서 관행화된 듯하다.

박준규의 글은 '젊은 사자'로 상징된 '청년학도'의 이미지를 가장 잘 보여준다.[14] 박준규는 4월 혁명을 "완전무결하고도 가장 순수한 평화적 혁명"이라고 평가했다. 혁명의 주체인 "청년학도들의 가슴에는 우리가 이해하기 힘든 그 무엇에 대한 동경심이 끓고 있으며 그것이 모든 가치의 근본"이기 때문이다. "나라에 대한 사랑일 수도 있고, 자유와 민주주의에 대한 한없는 애착심일 수도 있고, 부정과 사회악에 시달린 힘없는 동포들에 대한 동정"일 수도 있는 그런 가치를 생명보다 더 소중히 여기는 것이 "10대, 20대의 청년학도들"이라는 것이다.

박준규는 학생들 외에 시위대가 있었던 점을 인정하지만, 유독 청년학

---

11 홍종인, 「정치 도의의 빈곤. 4월의 '젊은 사자'들은 통곡하리」, 『조선일보』, 1960년 8월 7일; 「'젊은 사자' 좋은 길로. 대학마다 지도위」, 『조선일보』, 1960년 12월 16일; 「잊으랴 그 날! 피의 화요일. 4·19를 말하는 젊은 사자들의 좌담회」, 『조선일보』, 1962년 4월 18일.

12 『동아일보』, 1959년 8월 29일.

13 『동아일보』, 1960년 4월 26일. 4월 혁명의 투쟁 분위기와 재상영이 관계가 있는지는 알 수 없으나 이후 재상영되는 일은 없었다.

14 박준규, 「우리는 책 든 젊은 사자의 뒤를 따른다」, 『인물계』, 1960년 5월, 16~17쪽. 박준규는 민주당 소속으로 3, 4대 국회의원 선거에 연속으로 낙선하고 서울대학교 정치학과에 강사로 있다가 4월 혁명 이후 5대 국회의원 선거에서 당선됐다.

생들의 시위가 결정적인 성과를 올리게 되었다고 말한다. "그들이 줄을 지어 눈물에 홍안紅顏을 씻고 자유와 민주주의를 부르짖는 대열에는 순결이 깃들고 후광이 비치는 듯"하여 "거리에 선 방관자"들조차 감동하지 않을 수 없었다. 심지어 지금은 "유아독존의 과오에 살고 있던 이승만 박사도 젊은 시대의 애국자 청년 이승만"을 발견하고 회개의 눈물을 흘렸을 것이라 한다. 죽음을 두려워하지 않는 청년학도들의 순수함이야말로 4월의 혁명을 가능하게 한 원동력이며 특성이라는 것이었다.

　'젊은 사자' 표상의 가장 큰 특징은 '순수'였다.[15] '순수한 청년학도'는 국가권력이 장악한 기존의 '반공청년'을 넘어서는 새로운 청년상이자 정치적 대안이었다. 박준규는 학도들의 용감함보다 더 "소중한 이성과 순수성의 지배"를 그들의 "무계획의 계획성" 속에서 발견했다고 말한다. "정치인들의 데모에 대해 무표정한 태도를 보이고 학원과 상아탑을 고수하던 그들"이 "흥분 중에도 성조기와 태극기에 응분의 경의를 표"하고, "질서의 회복을 주장하고 학도는 학원으로의 복귀운동"을 하는 것이 바로 이 순수성의 표현이라는 것이었다.[16] "쏟아지는 탄환 앞에 무서움 없이 다가서던 그날", "싸우는 그 민족 젊은이"들의 비통은 간절하고 기개는 장대했다.[17] "반독재 반부정의 깃발을 휘날리며, 자유를 포효하던 젊은 사자들"[18]은 이후 대학생의 이미지를 대표하는 기본 바탕이 되었다. 이렇게 4월 혁명의 주역으로서 '젊은 사자＝청년학생－대학생'이라는 이미지가 구축되고 확대되었다.

15　김미란, 「'순수'한 청년들의 '평화' 시위와 오염된 정치 공간의 정화」, 『상허학보』 31, 2011.
16　박준규, 앞의 글, 1960, 17쪽.
17　「민족통일을 향해 젊은 대열은 전진한다. 서울대학교 4월 혁명 제2선언문」, 1961년 4월 19일, 김삼웅 편, 『민족·민주·민중선언』, 한국학술정보, 2001, 37쪽.
18　「그 횃불이 우리의 손을 태울지라도 그 횃불로 우리의 길을 밝히리라. 서울대학교 4월 혁명 제7선언문」, 1967년 4월 19일, 김삼웅 편, 위의 책, 43쪽.

그런데 실제 4월 혁명 과정에서 대학생은 마지막 국면에야 등장하고, 4월 26일 이후에는 오히려 혁명의 급진화를 막는 핵심적인 역할을 수행했다. 실제 시위를 조직하고 수행하였던 중심에는 고등학생이 있었다. "4·19 당시의 전체적인 데모를 본다면 대학생이 주동이 아니라 고등학교 학생이 주동"이었다는 회상이 정확한 관찰에 가깝다.[19] 혁명 초기 고등학생들의 시위에서 '기성세대 물러가라'는 플래카드에는 괄호 속에 '대학생부터'라는 문구가 들어 있었다고 한다.[20] 앞서 언급한, 그렇게 학생들을 찬양하던 박준규도 스스로 4월 19일 당일까지 거국적인 대학생 시위가 실제로 일어날까 의심했다고 고백했다.[21] 이런 면에서 4월 혁명의 대학생은 그 마지막 국면에서 희생과 저항, 수습의 순수한 주체로 형상화되고 기억됨으로써 새로운 세대적 주체의 핵심으로 사회문화적 주도권을 획득했다고 볼 수 있다. 대학생이 4·19를 만들어냈다기보다 4·19가 대학생이라는 사회·문화적 주체를 탄생시켰다는 지적이 옳다.[22]

그러므로 실제 1960년의 젊은 사자들의 다수는 상아탑이 아닌 '학교'로 돌아가야 했다. 1960년 5월 2일 휴교했던 서울시내 중고등학교가 다시 개학하자 『동아일보』는 "젊은 사자들 다시 학교로" 돌아갔다고 보도했다. 실제 1960년 3월부터 4월 혁명의 진행 과정에서 사용된 '학도' 혹은 '청년학도'라는 표현은 고등학생을 의식한 경우가 많았다. 최근 연구에서 밝혀지고 있듯이, 4월 혁명은 4월 19일 그리고 서울이라는 하나의

---

19 신상초 발언, 「좌담: 주도 세력 없는 혁명은 정변에 불과 – 4·19 2주년을 회고하며」, 『사상계』, 1962년 4월.
20 신상초 발언, 위의 글, 163~164쪽.
21 박준규, 앞의 글, 1960, 17쪽. 광주의 경우 1960년 4월 19일 광주고등학교 학생들이 시위를 먼저 주도했고, 광주시내 고등학생들이 주로 참여했다. 전남대학교 학생들은 4월 19일 시위에는 조직적으로 참여하지 못하고 다음 날인 4월 20일 오전에야 1,000여 명이 모여 시내에서 시위를 벌였다. 『전남일보』, 1960년 4월 21일.
22 권보드래·천정환, 앞의 책, 2012, 39쪽.

1960년 4월 혁명의 '청년학도'는 중고
교생을 포괄하는 말이었다. 「동아일보」,
1960년 5월 3일.

귀결점을 향해 전개되었던 것이 아니라, 여러 지역에서 동시다발적인 시
위와 투쟁 과정 속에서 확산, 진행됐다.[23] 이 무렵 지방 도시에서 대학생
수는 몇 되지 않았으니 학도라면 으레 중고교생이었다. 1960년 3월 마산
무학초등학교 담장의 선거벽보와 자유당 정부통령 선거대강연회 선전
벽보 옆에는 "학도들아 일어나라. 힘차게 굳세게. 우리 학도들은 한마음
한뜻으로 일어나라"라고 손으로 써 붙인 벽보가 붙어 있었다.[24] 부산에
뿌려진 호소문에서 학생들은 기성세대를 질타한다. "우리는 상관 말라
고 한다. 왜 상관이 없느냐? 내일의 조국 운명을 어깨에 멜 우리들이다.
썩힐 대로 썩힌 후에야 우리에게 물려주려느냐? 우리더러 배우라고 한
다. 그러나 무엇을 배우랴? 국민을 기만하고 민주주의를 오용하고 권모
술수 부리기와 정당 싸움만 일삼는 그 추태를 배우란 말인가?" 1960년
3월 16일 반공청년단장이며 학도호국단 경상남도 단장 신도성이 담화에
서 "학업을 소홀히 하고 불순한 정치운동에 이용된다면 우리 겨레의 앞

날은 또다시 나라 없는 노예의 비참을 맛보지 않을 수 없게 될 것"이라고 한 것에 대한 날선 공박이다.[25] 이 호소문은 학도들을 대상으로 한 것이 아니다. 학도들은 이미 궐기했다. 동포들에게 잠을 깰 것을 호소한 것이다.[26] 이미 구속된 학생들을 즉각 석방할 것을 요구하며, 구속하려거든 "백만 학도"를 모두 구속하라고 하고 있다. 이로부터 25년쯤 후인 1985년에야 한국의 4년제 대학 대학생 수가 93만 1,884명이 되니 이때쯤 대학생 "백만 학도"가 성립하게 된다.[27] 실제 "전국 백만 학도", "백만 청년 학도" 등은 1980년대 학생운동 세력이 대학생을 호명하기 위해 사용한 말이다.[28] 1960년에 대학생은 9만 2,930명으로 10만 명에도 미치지 못했다. 고등학생(27만 3,434명)은 물론 중학생(52만 8,593명)까지 모두 포함해야 백만 학도가 될 수 있었다. 그런데 고등학생은 물론이고 대학생도 백만 학도 총궐기를 호소하는 구호를 내걸었다.[29]

4월 혁명 기간에는 고등학생도 스스로 "청년학도"이며 "애국 지성"임을 표방했다. "3·1 정신"을 계승하여 민주주의를 구출해야 할 청년학도들이 "전 한국 지성인의 분기를 촉구하고, 방관자를 배척"할 것임을 선언했다.[30] 대학생이 시위에 참여하면서 본격적으로 청년학도라는 표현을 사용하기 시작한 것이다. 고려대학교 학생회는 4·18 시국선언문에서 "역사의 생생한 발언자적 사명을 띤 우리들 청년학도"만이 "진정한 민주

---

25 「경남의 학도제군에게」, 민주화운동기념사업회, 『4월혁명 사료 총집』 8, 2010.

26 「구속하려거든 백만 학도 모두를」(1960년 3월), 민주화운동기념사업회, 『4월혁명 사료 총집』 5, 2010, 46쪽.

27 강성국 외, 앞의 책, 2005, 69쪽.

28 '백만 학도'는 1987년 헌법제정민중회의 구성을 위한 학생투쟁연합건설준비위원회에서 발행한 팸플릿의 제목이기도 하다. 헌법제정민중회의 구성을 위한 학생투쟁연합건설준비위원회, 『백만 학도』 1~4, 1987년 7월.

29 1960년 4월 19일 연세대학교 학생시위대 플래카드에 "백만 학도 총궐기"라는 표현이 등장한다. 민주화운동기념사업회, 『4월혁명 사료 총집』 8, 2010, 243쪽.

30 「동성데모 결의문」(1960년 4월 19일), 민주화운동기념사업회, 『4월혁명 사료 총집』 5, 2010, 47쪽.

역사 창조의 역군이 될 수 있음을 자각하여 궐기"할 것을 호소했다.[31] 대구 청구대학교 학생들은 1960년 4월 19일 "학도여 일어나라. 청년은 살아 있다" 등의 구호를 외치고 행진곡을 부르며 가두시위를 벌였다.[32]

4월 혁명은 사람들에게 "청년의 정의의 위력이 그 얼마나 크다는 것을 입증"했으며 "무지하다는 대중이 보다 현명하다는 것"을 깨닫게 해주었다.[33] 이렇게 다시 등장한 '청년' 주체는 해방 이후의 청년단과는 전혀 다른 세대적 주체였다. 이 청년들은 기성세대에 대해 극도로 비판적이었다. 고려대학교 학생회의 4·18 선언은 "학생이 상아탑에 안주치 못하고 대사회 투쟁에 참여해야만 하는 오늘의 20대는 확실히 불행한 세대"라고 규정했다. 그러므로 이들이 처음 내세운 구호가 "기성세대는 자성하라!"는 것이었다.

한국 사회에 대한 부정적 인식은 1950년대부터 널리 확산되어 있었고, 기성세대 스스로도 권위를 인정하지 않았다. 함석헌이 이미 1950년대 중반 "권위를 스스로 찾아서 세워야 하니까 지금 청년들의 갈 길은 퍽 어렵"다고 한 바 있는데,[34] 4월 혁명 이후 이런 의식은 더욱 커졌다. "오늘날의 기성의 구세대는 젊은 신세대에 대하여 이 책무를 다하지 못하였을뿐더러 오히려 마이너스의 방향으로 몰고 갔다"[35]라거나 "기성세대란 무력無力의 상징이 되고 우리가 실천한 가치체계란 희극적인 것"[36]이란 고백이 넘쳐났다. 청년은 기성세대에 의존하지 않고 그 한계를 넘어서야 했다. 기성세대는 후진성과 동일시되었기 때문이다. 1960년 4월 18일

31 민주화운동기념사업회, 『4월혁명 사료 총집』 5, 2010, 51~52쪽.
32 민주화운동기념사업회, 『4월혁명 사료 총집』 8, 2010, 363쪽.
33 김민중, 「젊은 세대의 영원한 표적」, 박수만 편, 『사월혁명』, 사월혁명동지회, 1965, 399쪽.
34 함석헌, 「좌담회: 건전한 사회는 어떻게 건설할 것인가」, 『사상계』 38, 1955, 145쪽.
35 안병욱, 「이利의 세대世代와 의義의 세대」, 『사상계』 83, 1960, 104쪽.
36 박준규, 앞의 글, 1960, 17쪽.

선언에서 "기성세대는 자성하라"라고 외쳤던 고려대학교 학생들은 이날 국회의사당 앞에서 낭독한 대정부 건의문에서 "행정부는 더 이상 우리나라를 세계적 후진국가로 만들지 마라"고 요구했다.[37]

그들은 "기아와 절망 속에 방황하고 있는 겨레"라는 "오늘의 비극이 바로 민족성의 타락과 그 주체의식의 결핍으로부터, 또한 아직도 아시아적 정체성에서 탈피하지 못한 사회구조로부터 초래"되었다고 확신했다.[38] '아시아적 정체성'에 빠져 있는 사회구조, 민족성의 타락, 주체의식의 결핍이 한국 사회의 후진성이며, 이 후진사회의 기성세대는 권위를 가질 수 없었다.

어디선가 본 듯한 세대관이다. 우리의 부로父老는 "거의 '앎이 없는 인물', '함이 없는 인물'"이므로 "금일 아한我韓 청년"은 "자수자양"할 수밖에 없다는 1910년 이광수의 논리와 흡사하다.[39] 이광수 세대의 청년을 지배하던 것이 '식민지-비문명'의 현실이었다면, 1950~1960년대를 지배하던 것은 '후진성'의 현실이었다. 식민지-비문명, 후진성은 모두 근대화 경쟁에서 탈락한 패배자의 특징이다. 이들에게는 더 이상 희망이 없으므로, 근대화 주체로서 청년 세대는 끊임없는 계몽의 주체로 단절되고 재탄생해야 했다.

3·1운동은 민족의 청년에게서 근대화와 문명화의 가능성을 확인하는 계기였다. 이는 1920년대 청년운동의 급격한 성장으로 나타났다. 마찬가지로 4월 혁명은 청년 개념 전환의 중대한 역사적 계기였다. 이제 '대학생=청년학도'는 학생운동이라는 사회적 역동성을 구성하며 '젊은 사자'가 될 수 있었다. 하지만 새로운 청년의 탄생은 순조롭지 않았다. 우

---

37 편집부 편, 『4·19의 민중사』, 학민사, 1984, 44쪽.
38 「겨레의 앞장에서 힘차게 싸우자-고려대학교 제2차 4·18 시국선언문」, 김삼웅, 앞의 책, 2001, 34~37쪽.
39 이 책의 1부 4장을 참조.

선 1960년에 스스로 그리고 외부에서 구성한 '순수'한 청년학도의 이미지는 이들의 적극적이고 능동적인 정치 참여를 제한했다. "혁명과업의 완수를 선배들에게 의탁하고 다시 숙연한 지성의 대오를 지어 학원에 돌아간"[40] 것은 결국 학생 스스로도 "특권의식에 찬 그들에게 정권을 되돌려주는 실패"[41]라고 할 만한 결과를 초래했다.

그리고 탈후진-근대화를 향한 욕망은 민주주의에 대한 요구를 약화시키는 결과를 가져올 수도 있었다. 4월 혁명이 5·16 쿠데타에 의해 무너졌을 때 청년학생들이 제대로 저항하지 못한 이유가 바로 이것이었다. 민주주의, 탈후진-근대화, 민족주의의 세 가지 축이 어떤 방식으로 결합하느냐에 따라 청년의 모습이 새롭게 재구성됐다. 국가가 주도하는 근대화, 이에 대한 저항 주체의 형성은 확정된 것이 아니라 형성되어가는 것이었다.

청년, 재건운동과 새마을운동을 이끌다

5·16 쿠데타는 4월 혁명에서 등장한 청년학도들의 현실적 정치 참여를 차단했지만, 군사정권 역시 탈후진-근대화의 주체로 '청년'에 주목하고 있었다. 국가 주도의 근대화 프로젝트를 실행할 청년 주체가 필요했던 것이다. 군사정부는 재건국민운동본부를 조직하고 국민운동으로서 재건운동을 시작했다. 1961년 6월 12일 재건국민운동에 관한 법률을 공포하고 서울특별시와 각 도에 지부를, 이하 행정구역 단위마다 촉진회를 두고 재건국민반을 설치했다. 그러나 재건국민반은 곧 해체하고 마을마다

---

40 전국학생자치총연맹, 「반혁명을 분쇄하자」, 김삼웅, 앞의 책, 2001, 32쪽.
41 「서울대학교 4월 혁명 제2선언문」, 김삼웅, 앞의 책, 2001, 37쪽.

마을에 들어선 재건청년회와 재건부녀회 표지. 『경향신문』, 1963년 4월 30일.

재건청년회와 재건부녀회를 결성하도록 했다.[42] 재건국민운동은 국민혁명의 중추 세력 양성과 재건의 실력 양성 등을 목표로 삼았는데, 재건청년회와 재건부녀회가 마을 단위의 근대화, 즉 문맹퇴치와 계몽운동의 주역이 되었다.[43] 1962년 3월에는 청년 중심주의를 표방하면서 광범위한 청년층을 제일선에 내세우기 위해 각급 행정단위의 재건 촉진회 부회장은 모두 재건청년회 회장으로 대체할 방침을 발표하기도 했다.[44]

그 결과 1962년 6월까지 1년 동안 재건청년회 4만 2,971개가 만들어지고 재건청년회 회원 수가 142만 9,964명에 이르렀다.[45] 재건운동에서 실제 가시적인 사업은 농지 개간, 농로 개설, 청년회관 건설, 변소 및 아궁이 개량 등이지만, 정작 중요한 것은 청년회와 부녀회 등 마을 단위까지 행정력이 미칠 수 있는 조직을 만들고 정부의 시책에 적극적으로 호응할 수 있는 계몽운동의 중심 세력을 만드는 일이었다.

정부 주도이기는 하지만 재건운동의 바람 덕택에 농촌 마을은 비교적

---

42 전재호, 「5·16 군사정부의 사회개혁 정책 – 농어촌 고리채정리사업과 재건국민운동을 중심으로」, 『사회과학연구』 34권 2호, 전북대학교 사회과학연구소, 2010, 54쪽.
43 『동아일보』, 1962년 1월 10일; 허은, 「5·16 군정기 재건국민운동의 성격」, 『역사문제연구』 11, 2003.
44 『동아일보』, 1962년 3월 9일.
45 『경향신문』, 1962년 6월 13일.

깨끗해지고, 어느 마을에나 재건청년회와 재건부녀회가 들어서 있었다.[46] 그러나 마을마다 농촌개선운동이 잘 이루어지는 것은 아니었다. 1963년 천관우는 연재 기사 「호남기행」 중에서 '모범부락'이라는 이름이 붙은 마을일수록 재건청년회, 재건부녀회, 4H 클럽 등의 활동이 활발하다고 했다. 그런데 조직을 주도하는 민간 지도자가 든든한 곳은 마을이 좋아졌지만 지도자가 마을을 떠나면 운동이 갑자기 사그라졌다는 실례도 적지 않다고 하며, 농촌의 지도자가 참으로 중요하다고 지적했다.[47]

이렇게 재건운동의 와중에 청년 중심주의니 재건청년회니 하면서 농촌 마을에서 실질적인 세대교체가 일어났고 마을 변화의 중심으로서 청년회가 등장했다. 경기도 이천의 아미리 마을에서는 1960년 30대 청년이 이장이 되었다. 마을 이장들은 대부분 1950년대에 도시 유학과 군복무를 마치고 돌아온 청년이었다. 교육과 군대 경험을 통해 근대적인 규율과 조직생활, 강력한 국민의식을 소유한 이들은 군이나 면, 조합에서의 행정적인 업무에 능숙했고, 정부의 시책을 시행하거나 지원을 얻는 요령도 잘 알고 있었다. 그들은 이미 1950년대부터 마을 일에 개입하고 있었지만, 45세의 박정희가 주도한 5·16 쿠데타와 이후 재건운동의 시행 과정에서 마을 권력의 핵심으로 성장한다.[48] 30대의 동년배 집단 중의 한 사람이 이장이 되고 나머지 동년배가 반장으로 이장의 리더십을 보조했으며, 이들은 모두 아미리 청년회 회원이었다. 청년회는 마을 내 세대 조직이자 이장과 반장을 보위하는 조직으로 한 몸처럼 마을의 사업, 근대화를 추진했다.[49]

이런 사례는 아미리만이 아니었다. 대개 홍보용 성공 사례이기는 하지

---

46 『동아일보』, 1962년 6월 18일.
47 천관우, 「호남기행」, 『동아일보』, 1963년 6월 24일.
48 김영미, 『그들의 새마을운동』, 푸른역사, 2009, 153~182쪽.
49 김영미, 위의 책, 202쪽.

전북 신평 마을 재건청년회원들
이 조기체조를 하는 모습. 『동아
일보』, 1962년 3월 12일.

만 실제 제대한 청년이 중심이 된 청년회가 마을 개조에 나서는 일은 자
주 있었다. 1962년 전라북도 김제군 육석리 신평 마을에서는 대학 출신
의 30대 청년 두 사람이 30여 명의 마을 '지식청년'들의 뜻을 모아 재건
청년회를 조직했다. 재건청년회원들은 농사개량조합을 만들고, 매일 아
침 조합 앞에 모여 재건체조와 조회를 하고, 그날의 할일을 함께 논의해
결정했다.[50]

지금에야 군대도 학교도 아닌 마을에서의 조기체조와 조회가 새삼스
러운 일이겠지만, 1960년대 초의 농촌 마을에서는 근대화와 농촌 계몽
그 자체의 표상일 수도 있는 풍경이었다. 제대한 군인은 군대 시절의 경
험을 활용하기도 했다. 충남 연기군 청라리는 공병 출신의 제대군인이
중심이 되어 마을 청년 40여 명이 재건청년회를 만든 경우다. 청년회는
마을을 외부로부터 고립시키는 고개를 깎아내고 신작로를 만들었다. 곡
괭이와 삽만 가지고 하는 단순노동으로 길을 뚫을 뿐 아니라, 화약을 구
입하여 다리까지 스스로 놓으려고 했다.[51]

---

50 『동아일보』, 1962년 3월 12일.

재건청년회를 주도한 청년은 청년학생과는 다른 존재였다. 이들은 후진에서 탈피하겠다는 근대화 의식과 국가의식을 지닌 사람들이었고, 지방 권력이나 행정력에 협력하는 데 적극적이었다. 지방 권력이 전통적 지배층과 연결되어 있을 때는 그 후원을 받아내는 데도 적극적이었다. 나주군 동산 마을은 최씨 집성촌이었는데, 1961년 12월 이 마을에도 재건청년회가 만들어졌다. 원예고를 졸업하고 대학을 중퇴한 청년이 중심이 되고, 도시에서 학교를 나와 농사를 짓던 마을 청년 열여섯 명이 모여 만든 것이다. 이들은 바로 자신들의 지식을 공동 노동에 투자했다. 마을 근처 국유림 1만 2,000평에 수박을 재배하여 수익을 냈다. 국유림 대여도 쉽지 않은 일이고, 학교에서 배운 대로 수박농사를 짓는 데 필요한 화학비료 대금 조달도 어려웠지만, 이 마을 출신 면장의 후원으로 해결할 수 있었다.[52]

이렇게 결성된 청년회는 새로운 젊은이가 계속 유입되어 변화하는 조직이라기보다는 이 세대의 결속과 장악력을 유지하는 조직이었다. 강원도 강릉시 박월리는 1962년 28세의 청년을 중심으로 열여덟 명이 재건청년회를 조직했다. 이 청년회는 비닐하우스 등 새로운 영농기술의 습득과 보급, 영농회관 건설 등 이후 새마을운동까지 15년 이상 마을의 변화를 주도하여 새마을운동의 성공 사례로 보고된다.[53]

평택 칠원 마을에서는 1964년 18세부터 45세까지의 남성으로 청년회를 결성하는데, 이 청년회는 '근면성실하며 향토재건에 이바지'할 것을 목표로 삼아 마을공동체를 활성화하는 데 성공한다. 칠원 마을 청년단 총무이며 1965년 29세로 마을 이장이 된 이충웅은 이 시기 농촌에 등

51 『경향신문』, 1961년 12월 15일.
52 『동아일보』, 1962년 8월 16일.
53 『경향신문』, 1976년 4월 3일.

장한 '견실한 청년'의 한 사례이며 농촌 '청년' 세대의 모범이었다. 그는 1955년 수원고등학교까지 졸업했지만 대학 진학을 포기하고 가업을 이었다. 논산훈련소 하사관 교육대에서 군 생활을 마치고 돌아와 마을 일에 적극적으로 개입하여 청년회를 만들고 이장이 되었으며 마을 공유재산을 늘려 마을회관을 지었다.[54]

때때로 이런 변화는 마을의 전통과 관습을 정면으로 부정하는 것이었다. 근대적인 청년의 계몽적 활동은 전통적 사고방식을 부정했다. 전통적인 마을은 주요 통행로에서 바로 노출되기보다는 고개나 우회로를 통해 외부의 시선으로부터 보호받는 배치를 선호했다. 그런 만큼 마을로 들어오는 고개를 진산으로 여기는 경우가 많았다. 신작로를 만드는 것은 이 고개를 허무는 일이었으므로 노인들의 반발이 있었지만 청년들은 '국가시책'을 등에 업고 이를 물리쳤다.[55]

1960년대 군사정부의 근대화 정책하에서 마을 개발에 대해 본격적으로 저항하기는 어려웠지만, 충돌을 완전히 피할 수는 없었다. 1962년 충북 괴산군 구월리 곤동 마을에서는 4월부터 7월까지 원인을 알 수 없는 화재가 열한 번이나 났다. 마을 노인들은 그해 봄 마을 재건청년회가 농로를 내기 위해 마을 뒷산 서낭당을 헐고 신목을 잘라낸 탓으로 도깨비불이 나는 것이라고 여겨 큰 굿까지 벌였다. 마을 청년들은 여기에 승복하지 않고 밤마다 잠복하는 등 조사를 벌인 끝에 인근 마을의 무당 모녀가 동네에 소문을 퍼뜨리고 마을 아이에게 돈을 주고 불을 지르게 한 것이라는 결론을 내고 무당을 처벌해달라고 고발했다.[56] 방화 여부는 정확

54 김영미, 「평택 칠원 마을이 최우수 새마을이 된 사연」, 『역사와 현실』 74, 2009, 68~73쪽.
55 『경향신문』, 1961년 11월 29일; 아미리 마을 청년들도 마을신이 거주하던 신성한 마을 신앙의 중심지 장등을 없애버리고 그 자리에 마을회관을 지었다. 김영미, 앞의 책, 2009, 195~197쪽.
56 『경향신문』, 1962년 7월 29일.

히 밝혀지지 않았으나, 청년 주도의 근대화는 농촌 마을의 전통적 신앙을 폭력적으로 배제하는 일인 것만큼은 분명했다.

이런 변화는 1930년대 이후의 청년단에서도 찾아볼 수 없는 현상이었다. 일제하의 청년단은 스스로 근대적 가치를 내면화한 주체라기보다 일제의 강압을 현실화하는 수단이었다. 반면 1960년대 이래 농촌청년은 교육과 사회 경험을 통해 미신과 불합리를 타파하는 계몽 주체로 성장한 집단이었다. 이들 청년 세대는 청년회를 통해 마을의 문제를 해결하는 데 익숙해졌다. 청년회 모임은 흔한 풍경이 되었다.

재건운동본부가 해산되고 재건운동이 실질적으로 마무리되는 1964년 이후에도 마을 청년회와 부녀회에 대한 후원은 계속되었고, 마을 청년회 활동도 유지됐다. 1965년 완도군 금일면의 작은 섬마을 장도에서는 분교의 교사가 주도하여 마을 청년회원들을 이끌고 섬에 선착장을 만드는 공사를 했다.[57] 청년회에 마을 청년들이 모여 마을 일을 논의하는 일은 일상적이었고, 읍내나 서울에 가서 교육을 받고 돌아온 청년회장이 회원들을 소집해 재교육하거나 사업을 추진하는 일도 자주 있었다.[58]

이후 1970년대 초 박정희 정권이 대규모로 새마을운동을 추진하면서 등장한 새마을 지도자들 중에서도 30대 청년회장이 많았고, 일부는 재건 청년회 출신의 이장이었다. 새마을운동은 재건운동보다 더 과격하고 계몽성도 더 강했다. 청년회원들이 집집마다 다니며 화투짝을 불태우고 술집은 문을 닫게 했다. 주민들을 동원하여 수리시설을 개선하고, 인삼밭에서 마을 사람들을 공동으로 일하게 하여 그 임금으로 마을 공동 정미소를 만들기도 했다. 주민들에 대한 '지도 계몽'이 행정권력과 연계하여

---

57 『경향신문』, 1965년 6월 7일.
58 『동아일보』, 1966년 5월 14일. 강원도 춘성군의 한 산골 마을에 파견 근무를 나온 하사가 마을 청년회원들의 마을문고 관련 재교육 모임을 자신에 대한 성토장으로 오해해 총격을 벌인 사건은 청년회가 마을 문제를 논의하기 위해 일상적 모임을 자주 가졌음을 방증하는 사례다.

실시되었으니 통일벼 재배 같은 정부 시책이 '권장'되고, 환경 개선, 소득 증대의 여러 사업이 청년회를 중심으로 시행됐다.[59]

이들 '청년'은 새로운 연배에 의해 보충되는 집단이라기보다는 1950~1960년대의 근대 교육과 군 경험을 거치고 농촌에 정착한 특정 연령 집단이었다. 실제 농촌사회의 계몽적 변화와는 별개로 농촌의 젊은 인구는 나날이 감소하고 있었다. 청년회 자체가 늙어가고 있었던 것이다. 1960년부터 1977년까지 아미리에는 모두 다섯 명의 이장이 선출되었는데, 거의 20년의 시차가 있는데도 최연장자가 1929년생, 최연소자는 1939년생이고, 나머지는 모두 1932~1933년생으로 비슷한 또래였다. 결국 이 세대가 1960~1970년대 아미리의 청년 집단을 구성한 것이다. 1977년 선출된 이장이 이미 46세였으니 30대 이장 시대는 그때 이미 종결됐다.[60] 이는 이 세대가 마을 권력을 장기적으로 독점했다기보다, 농촌 인구 구성의 노령화가 실질적인 청년층을 농촌에 더 이상 공급하지 못하게 되었음을 반영하는 것이었다.

1970년대 청년문화와 저항의 청년 전략

청년문화에 대한 논쟁

4월 혁명은 대학생을 청년학생의 대표로 인식하는 계기가 되었지만, 대학생 수는 여전히 적었고 여전히 세대 전체를 대표하기에는 역부족이었다. 1960년 9만 2,930명이었던 대학생 수는 1965년 10만 5,643명, 1970년 14만 6,414명에 불과했다. 군사정권이 대학 교육 확대에 부정적

59 『경향신문』, 1972년 12월 1일.
60 김영미, 앞의 책, 2009, 154~159쪽.

이었던 탓이다. 그러나 경제개발계획이 진전되면서 고급인력의 수요가 늘자 대학생 수도 늘어날 수밖에 없었다. 2년제 대학을 포함하면 1975년에는 약 28만 명, 1979년에는 약 42만 명 정도가 되었다.[61] 대학생 수의 증가보다 더 중요한 변화는 1970년대에 이른바 청년문화라고 하는 대학생 중심의 새로운 문화풍조가 확산된 것이었다.

1970년 2월 당시 『서울신문』 편집국장 남재희가 대학생 중심의 새로운 문화를 서구의 'Youth Culture'에 착안해서 "청춘문화"라고 불렀다.[62] 같은 시기 김병익은 새로운 세대와 문화로 '청년층'과 '청년문화'의 부각에 주목하며, 특히 제 나름의 기호와 목표를 가지고 있는 "전국 20개 대학에 970개의 학생 서클"이 "우리나라 대중문화의 주 수요층"을 형성하고 있다고 파악했다.[63]

청년문화론의 등장은 대중매체와 대중문화가 세대 구분의 지표가 될 수 있도록 성장했다는 뜻이며, 한국 사회의 도시화와 산업화가 문화적 측면의 변화를 논의할 수준에 이르렀다는 의미이기도 했다. 무엇보다 대학생을 중심으로 기성 문화와 구별되는 새로운 소비문화를 선도할 수 있는 시장이 형성되면서 가능해진 일이기도 했다. 기실 1970년대 대학생의 소비 수준은 당시 한국 사회 일반에 비하면 꽤 높은 것이었다. 1970년 한 사립대학 학생 400여 명을 상대로 한 조사에서 1인당 월평균 용돈은 1만 원 선이고, 그 용도는 주로 유흥비였다. 또 다른 학교의 여대생 920여 명을 상대로 한 조사에서도 월평균 용돈은 8,000원에서 1만 원 수준이었다. 평화시장 여성노동자의 월급이 3,000원에 불과했던 것에 비하면 턱없이 많은 금액이었다. 통기타, 블루진, 생맥주로 대표되는

61 송미섭, 「한국 고등교육기관의 변천(1945~1982)」, 『교육학연구』 22-1, 1984, 28쪽.
62 남재희, 「청춘문화론」, 『세대』, 1970년 2월.
63 김병익, 「청년문화의 태동」, 『동아일보』, 1970년 2월 19일.

통기타와 생맥주는 1970년대 청년문화의 도식화된 이미지이다. 『경향신문』, 1978년 1월 6일.

소비 취향의 서구문화가 대학생을 다른 사회집단과 구분하고, 라디오와 텔레비전 등의 매스미디어가 서구 소비문화의 확산을 부추겼다.[64] 고도성장 사회에서 가난한 노동자의 반대편에 구매력을 가진 소비 주체로서 대학생이 등장했다. 이들이 "청년시장"을 형성하고 기성 문화와 전혀 다른 새로운 문화를 소비했기 때문에 청년문화가 형성될 수 있었던 것이다.[65]

1960년대 중반 이후 라디오와 텔레비전의 보급이 활발해지고 합창문화가 널리 퍼지면서 포크 음악의 인기가 높아졌다. 새로운 노래문화는 청년문화를 대표하는 아이콘이 되었고, 최인호의 소설 『별들의 고향』은 청년문화의 상징처럼 인식되었다.[66] 한완상 교수는 미국의 경우와 비교하여 한국의 청년문화가 독자적 생활양식과 가치관이 결여된 외형적인 것임을 비판했고,[67] 크리스찬 아카데미에서는 토론회를 열었다.[68]

1974년 초까지만 해도 청년문화론은 추상적인 수준에 머물러 있었고 심각한 논쟁 주제도 아니었다.[69] 1974년 3월 김병익은 『동아일보』 기사에서 통기타, 블루진, 생맥주(통·블·생)의 문화적 현상과 대중문화의 우

64 오제연, 「1970년대 대학문화의 형성과 학생운동」, 『역사문제연구』 28, 2013, 88쪽.
65 김창남, 「김민기 그리고 새로운 청년문화의 구상」, 김창남 엮음, 『대중음악과 노래운동, 그리고 청년문화』, 한울, 2004, 21쪽.
66 오제연, 앞의 글, 2013, 91쪽.
67 『경향신문』, 1973년 1월 29일.
68 『매일경제』, 1973년 5월 31일.

상을 청년문화의 표상으로 제시했다. 그런데 문제는 "블루진과 통기타와 생맥주! 이것은 육당과 춘원, 3·1운동과 광주학생운동, 4·19와 6·3 데모로 연연히 이어온 청년운동이 1970년대에 착용한 새로운 의상"이라고 한 대목이었다.[70] 3·1운동, 광주학생운동, 4월 혁명, 6·3운동이 통기타와 생맥주, 블루진으로 연결된다니!

　김병익의 논설이 발표된 시점은, 유신체제 성립 이후 1년 만인 1973년 10월부터 전국 각 대학에서 반反유신 시위가 연이어 벌어진 지 얼마 되지 않은 때였고, 민청학련의 반反유신 투쟁이 조심스럽게 준비되던 때였다. 각 대학의 신문들이 일제히 반론의 포문을 열었다. 청년문화란 외래 스타일에 빠져 비판정신을 상실한 것이며,[71] 통기타와 청바지는 청년문화의 대변자가 될 수 없다.[72] 청년문화라는 용어는 실체 없는 도깨비에 불과하며 외국 것을 억지로 적용한 "버터에 버무린 깍두기" 같은 것이라는 비판까지 연속해서 쏟아졌다.[73]

　블루진, 통기타, 생맥주는 피상적인 오락일 뿐이며 우리 청년 세대는 국가와 민족의 장래를 생각하고 미래의 희망에 불타 있다는 독자의 반론도 신문에 실렸다.[74] 민청학련 사건의 여파로 서슬이 시퍼런 시점이지만 고려대학교 청년문제연구회는 1974년 5월 4일 '청년문화의 본질과 그 변질', '한국 청년문화의 과제'라는 주제로 심포지엄을 열어 최근 대학가에서 일고 있는 청년문화에 대한 논의를 종합했다.[75] 한완상, 김성식 교

69　허수, 「1970년대 청년문화론」, 역사비평 편집위원회 편, 『논쟁으로 읽는 한국사』 2, 역사비평사, 2009.
70　김병익, 「오늘날의 젊은 우상」, 『동아일보』, 1974년 3월 29일.
71　『고대신문』, 1974년 4월 9일.
72　『연세춘추』, 1974년 5월 20일.
73　『대학신문』, 1974년 6월 3일.
74　고려대학교 교육학과 2학년 정정기, 「생맥주만이 전부가 아니다. 이해 힘든 청년문화 진단」, 『동아일보』, 1974년 4월 15일.
75　「청년문화 오도되고 있다」, 『경향신문』, 1974년 5월 7일.

수가 청년문화에 대한 자신들의 견해를 밝히기도 했지만, 학생들의 생각이 더욱 흥미로웠다. 한 학생은 "배부른 미국 청소년의 문화와 한국의 청년문화는 본질적으로 다르다"고 전제하면서 "향락적인 블루진, 생맥주 그룹을 문화로 볼 수 없다"고 했다. 또 다른 학생은 "한국의 청년문화는 한국의 역사를 보다 새롭게 하고 한국 사회를 활성화하는 촉진제가 되어야 한다"고 강조하면서 "만약 청년문화가 값싼 선진문화를 모방한다든지 또는 가벼운 오락문화의 단계"에 머무른다면 한국 사회 전체가 정체될 것이라고 말했다.

4·19와 6·3을 통기타, 블루진, 생맥주가 계승한다는 김병익의 논리는 충분히 자극적이었지만, 원래 그의 의도는 '천의 얼굴을 가진 젊은이들' 세대의 생활양식을 청년문화로 구분하고, 이 청년문화가 가지는 야성의 힘으로 정치적 좌절과 사회적 패배주의를 극복하도록 하자는 것이었다.[76] 그러나 정작 대학생과 대학 언론들이 김병익의 청년문화론에 집중포화를 퍼부어 그를 당혹스럽게 했다. 논쟁이 그의 의도와 전혀 다르게 진행된 것이다. 그가 제시한 '통·블·생'이란 세대를 구분하는 풍속으로서 의미를 지닌 것이었지만, 청년문화 그 자체의 이미지로 고착됐다. 김병익은 학생들이 자신의 청년문화론을 제대로 읽어보지도 않고 반대한다고 한탄했다.

당시의 청년문화론에 대한 비판 중 일부는 대학 사회의 뿌리 깊은 엘리트주의에 기인한 면도 있고, 지나친 민족주의 성향과 엄숙주의의 영향이기도 했다. 많은 대학 언론과 대학생의 반론은 김병익의 불평처럼 실제 청년문화론을 진지하게 읽어보려 하지 않았거나 이해하지 못한 측면이 컸다. 김병익이 제시한 청년문화론은 문화를 표지로 세대를 철저히 구분하여 젊은층을 새로운 사회문화적 주체로 재구성하려는 전략이었

76　김병익, 「청년문화와 매스컴」, 『신문과 방송』 51, 1974, 59쪽.

다. 분리를 통해 기존 문화의 전복을 추구하면서 마르쿠제(부자유와 억압으로부터의 해방을 주장한 철학자)와 안인숙(영화 〈별들의 고향〉에서 경아 역을 맡은 배우)을 하나의 세대 감성으로 연결하려는 시도라 할 수 있을 것이다. 그러나 당시 성장하고 있던 학생운동권은 이 전략을 전적으로 거부했다. 그들에게 세대적 주체나 문화적 저항은 한국적 상황에서 비현실적이고 이해하기 힘든 전략이었다. 학생운동의 전략은 민중적 저항을 선도하는 주체로서 청년학생을 대학 내에서 구성하는 것이었으며, 민중의 연대를 외부로 확산해나가는 것이었다. 그들의 '오독'이 김병익이 재단한 것처럼 무책임한 것은 아니었다.

오히려 청년문화는 그 대중적 인기 때문에 유신권력과 충돌했다. 학생운동권이 부정적으로 규정했음에도 청년문화는 대학생을 중심으로 대중적 인기를 얻었고, 대학생이 좋아한다는 것 자체가 불온의 증거로 탄압의 대상이 됐다. 약간의 일탈조차 허용하지 않던 초억압적 정치체제가 일상을 통제하려 하면서 대학의 소비문화조차도 장악하려 했다. 유신체제는 '문화'를 철저히 정권 유지와 통치 이데올로기 주입의 수단으로 파악하고 또 거기에 집착했다.[77] 이 과정에서 청년문화는 탄압의 대상이었다. 그리고 대학 언론이 질타하던 '청년문화'의 핵심인 포크가 1980년대 노래운동의 기원이 되는 현상이 발생했다. 이런 문화정치적 갈등은 정권의 의도와는 반대로 대학생을 청년, 젊은이의 문화적 표준으로 정착시키는 역할을 했다.

민중과 청년

1960년대는 대학에서 학생운동이 본격적으로 생성되던 시기였다. 학회라는 이름의 서클을 통해 학생운동권이 재생산되었고, 1960년대 말에는

---

77 오제연, 앞의 글, 2013, 104쪽.

서서히 학생회를 장악하려는 시도가 나타났다. 운동의 주체를 이념적으로 재정립하려는 시도도 진행됐다. 청년학생은 민족·민중·민주라는 보편적 가치를 구현하는 주체이며, 대학은 이를 위한 공간이어야 하고 대학문화는 민중과 민족문화의 산실이어야 했다. 청년문화를 거부한 대학언론들은 세대적 단절과 문화적 저항 대신 민족·민중문화와 학생운동을 연결시켜 새로운 저항의 모델을 제시했다.[78]

1970년대에 접어들면서 학생운동의 전국적 연대가 추진됐다. 사실 '청년학생'이 조직 이름에서는 간혹 사용되지만 실제 1970년대 학생운동의 선언문이나 전단에 '청년'은 그리 자주 나타나지 않는다. 이 시기 청년은 4월 혁명의 시기처럼 주체를 형상화하는 상징이 아니라 조직적 차원의 용어로 전환되었기 때문이다. 많은 경우 '청년학생'은 전국의 대학생을 연합하겠다는 의미로 읽어야 한다. 1971년 4월 '민주수호전국청년학생연맹'이 결성되었는데, 이 조직의 핵심은 "전국의 청년학생"이 "단합된 역량"으로 "우리나라의 민주주의적 제諸질서"를 회복하겠다는 것이었다.[79] 오히려 이해에 결성된 '민주수호청년협의회'가 청년학생이 주체가 아닌 청년운동의 출발을 보여준다는 점에서 시사적이다. 이들 청년은 "후배인 학생들"과 구분되는 세대로서, "대부분 11년 전 위대한 4월 혁명에 대학생으로서, 고등학생으로서 또는 소년으로서 참가"했으며, "민주주의 수호에 역사적 전위대인 청년"으로서 역사적 임무를 수행할 것을 결의하고 있다.[80] 이런 구분은 이후 학생운동과 청년운동을 구분할 때 유용했다. 이후 대학을 졸업하거나 학생운동의 현장을 떠난 사람들이 청년 조직을 구성하고 청년운동을 전개했다. 민청학련 사건 및 긴

---

78 주창윤, 「1970년대 청년문화 세대담론의 정치학」, 『언론과 사회』 14권 3호, 2006.
79 민주수호전국청년학생연맹 결성대회, 「민주수호전국청년학생연맹 선언문」, 1971년 4월 14일.
80 민주수호청년협의회, 「민주수호선언」, 1971년.

급조치 9호 위반으로 구속되었다 석방된 청년들이 1978년 5월 12일 민주청년인권협의회를 결성한 것이나, 1980년대 민주화운동청년협의회가 대표적인 사례다. 어느 경우에나 세대보다는 운동이 주체를 결정하는 것이었다. 민중과 민족, 민주주의가 핵심 내용이었으며, 세대적 주체는 가변적으로 구성되었다.

전국적 대학생 연대 조직을 상징하는 '청년학생'의 가장 중요한 사례는 민청학련이다. 민청학련 사건이 앞서 청년문화론 논쟁과 시기적으로 일치한다는 점 또한 매우 시사적이다. 김병익 스스로 「오늘날의 젊은 우상」을 준비하던 그 3월은 대학가에 심상치 않은 분위기가 감돌고 있음을 누구나 예감하던 무렵이었으며, 적어도 감정적으로 상당한 스릴을 일으켜주었다고 한다.[81] 심상치 않은 분위기는 결국 1974년 4월 민청학련 사건으로 터져나왔다. 그들은 1973년 말부터 서울대학교, 연세대학교, 전남대학교, 경북대학교 등을 중심으로 전국의 각 대학교를 아우르는 전국적 조직을 구성하여, 동시다발적인 시위로 유신정권에 타격을 가하겠다는 구상을 세웠다. 그러나 민청학련의 투쟁은 미리 발각되어 구성원들이 대규모로 구속되고 말았다. 민청학련에 가입하는 것만으로도 사형까지 언도 가능한 긴급조치 4호가 발령됐다.

'민청학련'이라는 이름으로 유명해졌으나 원래 이 연대를 구성한 학생들은 특별한 이름을 붙일 생각이 없었다. 섣불리 조직을 만들었다가 내란음모나 간첩단 사건으로 몰리고 싶지 않았기 때문이다. '전국민주청년학생총연맹'이라는 명칭은 1974년 3월 27일 김병곤의 방에서 이철, 김병곤, 정문화, 황인성 등이 유인물을 만들면서 나온 것이다. 유인물 하단에 누가 만들었다는 명의는 넣어야 하겠기에 황인성이 전국민주청년학생총연맹이라는 이름을 제안하여 편의상 만들어놓은 것이었다. 그것

81　김병익, 앞의 글, 1974, 58쪽.

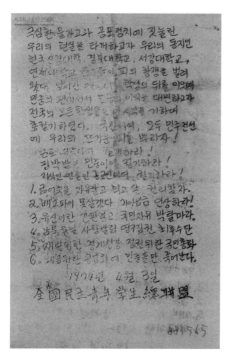

민청학련의 전단지. 민주화운동 아카이브.

이 긴급조치 4호가 발동되면서 실제 조직의 이름처럼 되어버렸다.[82]

이들은 자신들이 "학생과 민중과 민족의 의사를 대변"한다고 선언했다. 학생들은 "앞서간 애국 시민, 학생의 뒤를 이으며 민중의 편에 서서 민중의 이익을 대변"하여 싸울 것이며, "반민주적·반민중적·반민족적 집단을 분쇄하기 위한 숭고한 민족, 민주 전열의 선두에 서서 우리의 육신을 살라 바치"는 존재였다.[83]

이런 학생들에게 세대적 구분은 무의미할 뿐 아니라 주체를 형상화하는 데 장애가 될 뿐이었다. 저항의 청년은 구별되는 세대적 욕망이 아니라, 대신 사회 전체를 대표하는 '민중'의 대변자를 선택했고, 이런 이미지는 학생운동 청년상을 지속적으로 관통했다. 그래서 민청학련의 선언문과 전단에서는 실제 청년을 거의 호명하지 않으며, 반복하여 민중과 민족을 강조하고 있는 것이다.

청년문화라는 세대론이 기존 체제에 도전한다면, 문화를 중심으로 기

---

82 국정원과거사진실위원회, 『과거와 대화, 미래의 성찰-국정원 과거사 진실위원회 보고서』 I, 2007, 181쪽.
83 전국민주청년학생총연맹, 「민중·민족·민주선언」·「결의문」·「전단」(1974년 4월 3일), 한국기독교교회협의회 인권위원회 편, 『1970년대 민주화운동』 1, 1987, 356~357쪽.

성세대와 청년세대를 분리하고 전복과 저항을 추구하는 전략을 선택해야 한다. 그러나 이 시기 학생운동은 민족 전체의 보편적 이해를 대변하며 사회적 변화를 추구했다. 이를 위해 민중이라는 새로운 보편적 주체를 창출하려 했으며, 민중민족공동체를 상상하고 그 전위로 청년학생을 주체화했다. 청년학생은 전복과 도전이 아니라 희생, 헌신의 주체여야 했다.

그래서 학생운동에 참여한 학생들은 동지를 호명할 때 '학우'라고 불렀다. 그들에게 이미 '후진'은 문제가 아니었다. 근대화의 가속을 통해 탈후진할 수 있으리라는 생각은 더 이상 대학가에서 통용되지 않았다. 특히 유신체제의 성립 이후 투쟁의 대상이 명확해졌다. 유신체제는 매판 세력이고, 부패와 불의의 상징이며, 조국과 민족의 위기를 가져온 원인이었다. 조국과 민족, 민주주의의 위기. '구국'의 선언이 일반화됐다.[84] 청년이라는 말을 붙인다 해도 중요한 것은 '학우'였다. 학원에 경찰이 상주하게 되는 1975년의 긴급조치 9호 이후에는 대학의 존립 근거가 위태로웠다. "진리와 정의의 목소리로 역사의 방향을 바로잡아왔던 청년학우"야말로 학원의 민주화투쟁과 구국의 주체가 되어야 했다.[85]

84 '민주구국선언', '1977 연세 민주수호 결사투쟁 선언', '민주구국투쟁선언문', '학원민주선언', '부대자율화민주선언', '1978 경북대 민주구국선언', '78 경북대 구국선언문', '학원민주화 투쟁선언' 등이 1977~1978년 무렵 대학가에 뿌려졌던 학생운동의 유인물 제목들이다. 긴급조치 9호 철폐투쟁 30주년 기념행사 추진위원회, 『30년 만에 다시 부르는 노래』, 지인, 2005, 528~551쪽.
85 서울대학교 학생연합회, 「민주구국선언」(1977년 3월 28일), 긴급조치 9호 철폐투쟁 30주년 기념행사 추진위원회, 위의 책, 529쪽.

근대가 호명한 청년, 청년이 만든 근대

오늘날 우리는 젊은이를 의미하는 말로 '청년'靑年을 아주 자연스럽게 사용하지만, 요즘 사용하는 의미의 '청년'은 19세기 말 일본에서 'young man'의 번역어가 되면서 본격적으로 쓰였다. 그 이전 중국이나 우리나라의 문헌에도 '靑年'이란 말이 간혹 쓰이기는 했지만, 이때는 '젊은 사람'이 아니라 '젊은 시절'을 뜻하거나 '젊은'이라는 형용사적인 의미로 간혹 시에서 사용될 따름이었다. 전통사회에서는 청년 대신 보통 '소년少年'이나 '자제子弟'라는 말로 젊은이를 지칭하였는데, 그 속에는 미숙하고 가르침을 받아야 하는 존재라는 의미가 함축되어 있었다. 그러나 이런 연장자 존중의 의식은 자본주의적 무한경쟁의 시대가 열리면서 사라졌고, 근대적 경쟁을 주도할 새로운 젊은이를 의미하는 말로서 '청년'이 등장한다.

근대어로서 '청년'은 1890년대 말 우리나라에 도입됐다. 도입 당시부터 문명개화적 언어로 인식되던 '청년'은 1905년 이후 애국계몽운동이 전개되면서 본격적으로 확산된다. 애국계몽운동을 주도한 계층은 문명개화론적 성향의 '청년'을 전통적으로 교육의 대상을 가리키던 '자제'와 결합해(청년자제) 개명한 유학자층인 '유지'有志를 운동에 끌어들이고자 했다. '청년'은 '유지한 선각'이 주도하는 교육구국운동의 대상으로 정의되었으며, 교육을 통해 국민의 일원으로 주체화될 수 있었다.

이에 비해 1900년대 말 일본 유학생들은 청년을 독립적인 주체로 형상화하고자 했다. 이들은 스스로 청년이라는 자각하에 새로운 세대로서 문제 해결의 독자적 방식을 모색하려고 했다. 1910년 국권을 잃고 애국계몽운동 주도층의 영향력이 대폭 약화되면서, 일본 유학생 집단은 청년을 선도자로 하는 민족의 새로운 정치적 조직화와 근대화를 본격적으로 모색하기 시작했다. 유학생들은 『학지광』을 주요 매체로 삼아 청년을 자본주의적 근대화의 전위로 삼는 새로운 청년 담론을 주도했다. 조선의 청년은 '피교육자 되는 동시에 교육자가 되어야 하고 학생이 되는 동시에 사회의 일원이 되어야 하는' '자수자양'의 세대이자, 나아가 민족의 문명화를 선도하는 집단이며, 개인으로서 확고한 자의식을 갖춘 근대적 주체로 인식됐다. 이들은 주로 문화주의 철학과 윤리학을 수용하여 인격을 갖춘 윤리적 주체로서의 청년 개념을 구성했다.

1910년대 『학지광』을 통해 형성된 새로운 청년상은 3·1운동 이후 현실의 사회운동과 결합하면서 급격히 확산됐다. '청년'이라는 세대적 주체는 1920년대의 사회정치 공간 속에서 조선 민족이 지향해야 할 새로운 가치와 목표를 상징하였고, 나아가 민족 전체를 아우를 수 있는 통합적 주체로서 부각됐다. 이에 따라 식민지의 다양한 정치세력은 각자의 근대화 전략에 따라 각기 다른 청년상을 제시하여 대중을 장악하고자 했다.

1920년대에 먼저 주도권을 장악한 것은 민족주의자였다. 『동아일보』, 『개벽』 등 민족주의 언론매체는 청년을 당시 '문화운동'을 현실적으로 이끌어갈 사회적 주체로 규정했다. 이들에게 청년은 근대화, 문명화를 선도하는 주체이며 민족을 통합하는 상징이었다. 이들이 이상으로 제시한 청년이란 수양을 통해 근대적 합리성을 내면화하고 문화운동을 이끌어가는 계몽적 주체였다. 수양은 지·덕·체의 전인적 완성을 목표로 하는 종합적인 주체화의 과정이었고, 감성보다는 이를 통제하는 덕성과 지성을 강조했다.

1920년대 중반 이후 민족주의 청년 담론은 사회주의의 도전이라는 새로운 과제에 직면했다. 민족주의와 종교 계열의 언론매체들은 먼저 '준비하고 배우는' 청년의 이미지를 강화함으로써 행동적인 사회주의 청년상에 대응하는 한편, '귀농운동'을 통해 농촌으로의 전환을 모색했다. 천도교와 기독교계가 주도한 이른바 귀농운동은 농촌 계몽의 주체라는 새로운 청년상을 창출하면서 상당한 호응을 얻을 수 있었다.

1920년대 초 문화운동론이 주창한 청년 주체는 당대 사회에서 가장 엘리트적인 남성 집단이었다. 여성은 청년의 아내나 혹은 누이로서 남성 청년 주체의 사회적 조건의 일부가 되거나 계몽의 대상으로 정의됐다. 그러나 동시에 청년이 표방하는 근대화·문명화된 사회에서는 여성에게 남성과 동등한 인격적 권리를 부여해야 했고, 여성해방의 공간이 필요했다. 이 공간은 민족 내부의 다른 많은 사회영역 가운데 하나로서, 청년이 주도하는 민족의 하위 범주로 공인된 것이었다.

이 여성 공간 속에서 청년에 대응하는 여성 주체로 청년여자(여자청년) 와 신여성이 경쟁했으나, 곧 신여성이 여성 계몽의 주역으로 정착됐다. 그러나 신여성은 이른바 정조 문제를 둘러싸고 청년 담론을 주도하던 남성이 설정해놓은 여성운동 공간의 규율과 충돌한다. 이 과정에서 신여성의 대표라고 지칭되던 인물들은 사회적으로 고립됐다. '신여성'이란 지칭 자체도 계몽적 선도자로서의 의미를 박탈당했다. 청년 담론의 남성 중심성은 사회주의자의 경우에도 마찬가지였다. 몇몇 사회주의 지식인은 신여성을 소비적이고 향락적인 존재로 격하했다.

1922~1923년경부터 두각을 나타낸 사회주의자는 통합과 실력 양성의 표상으로서 청년상을 부정하고, 청년에게 혁명적 위상과 역할을 새롭게 부여했다. 마르크스주의 혁명은 계급 전위에 의해 수행되지만 1920년대 조선의 사회주의자들이 처한 현실 속에서 가장 강력한 사회운

동의 진지는 '청년'에 의해 구축되고 있었다. 따라서 사회주의자들은 마르크스주의적 혁명 과정에서 청년의 혁명적 위상과 역할을 새롭게 정의했다. 이들은 계급운동의 기반이 취약한 조선에서 계급적으로 자각한 청년을 마르크스주의적 전위로 나아가는 과도기적 주체로 상정했다. 청년이라는 연령적, 세대적 특성은 필연의 자각이라는 측면에서, 또 프롤레타리아적 덕성이 가장 순수한 형태로 발현된다는 점에서 계급 주체와 등치되거나 또는 그것으로 이행하는 과도적 단계로 취급될 수 있었다.

이런 청년의 정의는 실제로 부르주아적 청년상을 축출하는 가운데서 성립했다. 부르주아 문화운동론은 청년을 나이에 상관없이 문화적, 문명적 시각을 획득한 민족의 선도자로 규정했다. 그러나 사회주의자들은 청년회에 연령이라는 '생리학적, 과학적' 기준을 적용하여 문화운동론자들의 청년상을 축출할 수 있었다.

1920년대 후반에 접어들어 사회주의운동이 다양한 영역에서 성장하고 계급론적 성향을 강화하면서 '청년=해방운동의 전위'라는 등식은 급격히 약화되었다. 특히 1928년 12월 테제 이후 사회주의자에게 청년이라는 세대 구분은 계급론적 분석 이후에나 의미를 지니게 되었으며, 오히려 청년 내부의 계급적 균열을 명확히 하는 것에 집중하게 됐다.

1930년대에 접어들면서 청년 개념의 정치적 지형은 크게 변화했다. 가장 두드러진 현상은 권력의 청년 담론이 급격히 강화되었다는 것이다. 총독부 권력은 1920년대 말부터 청년층에 대한 통제정책을 체계적으로 실시하기 시작했고, 이를 계기로 하여 제국주의 청년론이 본격적으로 확산됐다. 좌우파를 막론하고 조선인 사회운동에서의 청년이 자율적인 주체로서 독자적인 정치화를 모색한 반면, 총독부는 청년을 기존의 국가체제와 지역사회에 의해 훈육되는 주체로 규정했다. 또한 총독부의 관영매체들은 지금까지의 청년회가 관념적인 "지사志士 되는 입문 운동"에 불과했다고 비판하면서 국가사회의 중견인 청년단체는 '착실'한 '생활의 전위'가 되어야 한다고 주장했다. 정치사회적 관심으로부터 멀어진 순치된 인간형으로 청년을 재구성하고자 하는 것이었다. 결국 총독부가 제시한 '건전한 국민, 선량한 공민'으로서의 청년이란 지역사회의 관료와 유지로 구성되는 네트워크 속에 중견으로서 편입되어, 국가의 정책 의지를 충실히 향촌 공동체에 전달하는 존재였다.

총독부의 청년 표상이 강화되는 가운데 민족주의 진영은 1920년대 말 확립된 귀농운동의 연장선상에서 청년을 중심으로 하는 농촌계몽운동을 전개했다. 『동아일보』의 브나로드 운동이나 『조선일보』의 문자보급운동이 그것이다. 기독교와 천도교도 여전히 청년을 농촌·농민운동의 중심으로 내세우고 있었다.

그러나 신문사의 농촌계몽운동에 참가한 청년학생에게는 자율권이 거의 주어지지 않았고 총독부 권력과의 충돌은 극력 회피하도록 제한되어 있었다. 이 청년들은 1920년대와 같은 민족과 근대의 총체적 표상이 되기에 너무 위축되어 있었다. 그리고 기독교 농촌운동이 육성하고자 했던 중견농민이나 천도교 농민운동이 새로운 구심점으로 중시했던 지식청년 모두 총독부가 내세우는 '중견청년'과 구별되는 독자적인 자기상을 가지지 못했다. 1930년대 중반 이후 권력의 통제와 탄압이 강화되면서 민족주의 청년론은 독자성을 상실하고 권력의 청년론 속으로 흡수되기에 이르렀다.

1930년대 사회주의 진영에서 청년론은 거의 활성화되지 못했다. 혁명적 세대로서의 청년은 고사하고 청년에 관한 일관된 논의를 찾기가 거의 어려울 지경이었다. 이 시기 사회주의 청년론은 총독부나 민족주의자의 청년상에 대한 반론을 제기하는 수준에 머물러 있었고, 주로 청년 속에 존재하는 차이와 균열을 강조하는 데 주력했다. 그나마 이조차도 1930년대 후반 사회주의운동이 완전히 지하운동화하면서 급속히 영향력을 잃게 됐다.

좌우를 막론하고 조선인 사회운동이 추진력을 상실하면서 청년 개념은 중대한 변화를 겪게 된다. 가장 두드러진 현상은 청년이 문제 해결의 주체에서 문제 그 자체로, 사회를 이끌어갈 존재에서 사회가 해결해야 할 고민거리로 전락했다는 점이다. 이제 사회적인 문제가 되어버린 청년은 사회의 '선구, 지도자, 명의'들의 해결을 기다려야 하는 처지가 됐다. 고민하고 방황하는 청년상은 권력이 제시하는 청년의 심리학적 특성과 상당히 유사한 면을 지닌다. 이는 총독부의 이데올로기 통제가 어느 정도 성공했음을 보여주는 것이다. 조선인 사회의 청년 담론에도 권력의 시각이 한층 강하게 작용하기 시작했다.

한편 1930년대 조선인 지식인 중 일부를 중심으로 파시스트 청년론이 확산됐다. '영웅'과 '지도자', '의지', '힘' 등을 강조하는 이광수의 청년론은 속류 영웅주의를 크게 자극하였으며 파시스트 이미지에 기초한 청년 개념의 속류화를 더욱 가속화했다. 히틀러나 무솔리니 숭배를 통해 확산된 속류 파시스트 청년론은 입신출세주의와 결합했는데, 주운성의 『열혈청년론』과 같은 책에 집약적으로 표출됐다. 1930년대 조선인 사회에서는 입신출세와 세속적 성공을 목표로 삼는 청년론이 급속히 퍼졌고, 잡지나 책에서도 탈정치화된 청년상을 흔히 볼 수 있었다.

1937년 중일전쟁이 시작되면서 공개적인 장에서는 총독부 권력의 청년론만이 지배했다. 총력전을 수행하는 제국주의 권력은 '착실한 청년'의 수준을 넘어서 제국주의 국가를 위해 헌신하는 청년상을 강요했다. 일제가 강요한 신체제의 청년은 파시즘 체제하 동원의 최일선으로 규정되었으며 연성鍊成을 통해 새로운 병사적 인간형으로 재구성됐다.

전시체제는 능동적이고 적극적이며 헌신하는 청년의 모습을 요구했다. 제국주의 권력은 청년에게 새로운 체제에 적응하지 못하는 부로층을 적극적으로 이끌어가는 역할까지 부여했다. 젊고 변화에 빠르게 적응할 수 있는 청년을 전국적 차원의 단일 청년단으로 조직함으로써, 총독부 권력은 보다 효율적인 전시 동원과 선전체제를 확립할 수 있었다. 이전에 국가로부터 상대적으로 자율적인 공간을 의미했던 '청년'은 이제 역으로 국가의 의지를 인민에게 강제하는 전위로 전환됐다.

1945년 해방 이후 좌우 대립이 격화되는 가운데, 우익의 행동조직은 '청년'의 이름을 중심으로 만들어졌다. 좌파가 '청년'을 포기한 것은 아니었지만, 남한의 국가 수립 과정에서 우익 청년단은 반공 폭력의 대명사가 됐다. 이들은 좌익 조직을 척결하는 폭력을 행사했을 뿐 아니라, 지역사회를 지배하는 실질적 권력으로 부상했다. 특히 대한청년단은 반공국가의 실질적 국가기구의 일부가 되었고 여순사건 이후에는 준군사조직처럼 작동하기도 했다. 이승만의 실질적 권력기반이며 대중 동원 조직이 된 대한청년단은 자유당이 여당으로 활동하면서 해체되었으나, 여전히 반공 청년조직들은 폭력을 행사했다. 극우 폭력과 일인 독재, 전쟁 이후의 경제적 빈곤 속에서 '청년'의 모습은 우울하고 퇴폐적이었다.

이러한 상황 속에서도 근대 교육을 받고 사회적 경험을 쌓은 세대가 성장하면서 새로운 청년이 등장했다. 4월 혁명이 그 결정적 계기였다. 청년학도가 새로운 주체로 등장하면서 민주주의의 수호자가 됐다. 한편 1960년대 농촌 사회에서는 군사정부가 재건의 주체로 청년을 제시하면서, 청년은 근대화의 견실한 주체로 명명되고 조직화됐다.

이 시기에 반공주의와 억압적 통치에 대한 저항 주체로서 '청년'이 재구성되었다. 1960년대 이후 민주주의와 민족자주라는 근대적 가치의 체현자로 등장한 '청년' 또는 '청년학생'은 1920년대 이래 다양한 사회운동에서 제기된 청년 주체의 연장선상에 있었다. 정치적 저항만이 아니었다. 1970년대 청년문화의 붐은 엄숙한 국가주의로부터 이탈하는 새로운 세대와 문화적 저항의 가능성을 보여주었다. 비록 정치적 저항과 문화적 탈주가 곧바로 연계되는 것은 아니었지만, 권력 밖의 청년은 여전히 미래를 향할 수 있었다.

참고문헌

1. 자료

(1) 신문
① 대한제국기 신문
『대한매일신보』, 『대한크리스도인회보』, 『뎨국신문』, 『독립신문』, 『매일신문』, 『매일신보』, 『황성
　　신문』
② 일제강점기 신문
『동아일보』, 『매일신보』, 『시대일보』, 『조선일보』, 『조선중앙일보』
③ 해방 이후 신문
『경향신문』, 『대학신문』, 『동아일보』, 『매일경제신문』, 『조선일보』

(2) 잡지
① 대한제국기 학회지 및 잡지
『대한협회회보』大韓協會會報, 『대한흥학보』大韓興學報, 『서우』西友, 『소년』少年, 『청춘』靑春, 『태극
　　학보』太極學報
② 일제강점기 민간 발행 잡지
『개벽』開闢, 『농민』農民, 『동광』東光, 『삼천리』三千里, 『신계단』新階段, 『신동아』新東亞, 『신민』新
　　民, 『신생활』新生活, 『신여성』新女性, 『실생활』實生活, 『여자계』女子界, 『조광』朝光, 『조선농
　　민』朝鮮農民, 『중앙청년회보』中央靑年會報, 『천도교회월보』天道敎會月報, 『청년』靑年, 『학등』
　　學燈, 『현계단』現階段, 『현대평론』現代評論, 『혜성』彗星, 『호남평론』湖南評論
③ 총독부, 관변단체 발행 관보 및 잡지
『綠旗』, 『文敎の朝鮮』, 『調査月報』, 『調査彙報』, 『朝鮮』, 『朝鮮の敎育硏究』, 『朝鮮總督府官報』
④ 해방 이후 신문·잡지 및 삐라
김남식·이경식·한홍구, 『한국현대사자료총서』 1∼15, 돌베개, 1986.
김현식·정선태 편저, 『삐라로 듣는 해방 직후의 목소리』, 소명출판, 2011.
민주화운동기념사업회, 『4월혁명 사료 총집』 1∼8(전자책), 2010.
『사상계』, 『세대』

(3) 단행본
김철 교주, 『바로잡은 '무정'』, 문학동네, 2003.

민주주의민족전선 편, 『해방조선』 I, 1946(과학과사상, 1988 재편집 출간).

이정박헌영전집편집위원회, 『이정 박헌영 전집』, 역사비평사, 2004.

한국학문헌연구소 편, 『한국개화기 교과서총서 수신윤리』 1·2, 아세아문화사, 1977.

후지이 다케시, 『파시즘과 제3세계주의 사이에서−족청계의 형성과 몰락을 통해 본 해방 8년사』, 역사비평사, 2012.

梁啓超, 『飮氷室文集』 上·下, 上海廣智書局, 1907.

井上哲次郎, 『人格と修養』, 廣文堂書店, 1919.

守屋榮夫, 『地方青年之教養』, 帝國行政學會, 1922.

朱雲成, 『熱血青年論』, 前進社, 1935.

朝鮮總督府 官房文書課 編, 『諭告, 訓示, 演述 總攬』, 1941.

熊本辰治郎, 『大日本青年團史』, 大日本青年團(東京), 1942.

五十嵐祐宏, 『鍊成提要』, 皇國圖書株式會社, 1944.

金正明 編, 『朝鮮獨立運動』 4·5, 原書房(東京), 1967.

姜德相, 梶村秀樹 編, 『現代史資料』 29·30, みすず書房(東京), 1976.

山本瀧之助, 『田舍青年』, 1896, 小川利夫, 寺岐昌男 編, 近代日本青年期教育叢書, 日本圖書センター, 1991.

2. 저서 및 연구 논문

(1) 저서

건국청년운동협의회, 『대한민국건국청년운동사』, 1989.

고석규, 『근대도시 목포의 역사 공간 문화』, 서울대학교 출판부, 2004.

권명아, 『역사적 파시즘』, 책세상, 2006.

권보드래·천정환, 『1960년을 묻다−박정희 시대의 문화정치와 지성』, 천년의상상, 2012.

긴급조치 9호 철폐투쟁 30주년 기념행사 추진위원회, 『30년 만에 다시 부르는 노래』, 지인, 2005.

김경일, 『여성의 근대, 근대의 여성』, 푸른역사, 2004.

김경일, 『한국의 근대와 근대성』, 백산서당, 2004.

김귀옥, 『월남인의 생활경험과 정체성』, 서울대학교 출판부, 1999.

김도형, 『대한제국기의 정치사상연구』, 지식산업사, 1994.

김삼웅 편, 『민족·민주·민중선언』, 한국학술정보, 2001.

김영미, 『그들의 새마을운동』, 푸른역사, 2009.

김종식, 『근대 일본 청년상의 구축』, 선인, 2007.

김진균·정근식 편저, 『근대 주체와 식민지 규율권력』, 문화과학사, 1997.

김행선, 『해방정국 청년운동사』, 선인, 2004.

김호, 『허준의 동의보감 연구』, 일지사, 2000.

노영택,『한말 국민국가 건설과 국민교육』, 신서원, 2000.

민족문학사연구소 편,『근대계몽기의 학술·문예·사상』, 소명출판, 2000.

박찬승,『한국 근대정치사상사 연구 – 민족주의 우파의 실력양성운동론』, 역사비평사, 1992.

박헌호·류준필 편,『1919년 3월 1일에 묻다』, 성균관대학교 출판부, 2009.

방기중,『배민수의 농촌운동과 기독교사상』, 연세대학교 출판부, 1999.

백영서,『중국현대대학문화연구』, 일조각, 1994.

서중석,『한국현대민족운동연구』1, 역사비평사, 1996.

_____,『이승만과 제1공화국 – 해방에서 4월 혁명까지』, 역사비평사, 2007.

소영현,『문학청년의 탄생』, 푸른역사, 2008.

_____,『부랑청년 전성시대』, 푸른역사, 2008.

신주백,『1930년대 국내민족운동사』, 선인문화사, 2005.

안병욱 엮음,『한국사회운동의 새로운 인식』1, 대동, 1992.

오성철,『식민지 초등교육의 형성』, 교육과학사, 2000.

우용제·류방란·한우희·오성철,『근대한국초등교육연구』, 교육과학사, 1998.

유용태,『지식청년과 농민사회의 혁명』, 문학과지성사, 2004.

윤평중,『논쟁과 담론』, 생각의 나무, 2000.

윤해동,『식민지의 회색지대』, 역사비평사, 2003.

_____,『지배와 자치』, 역사비평사, 2006.

이광린,『전정판 한국개화사연구』, 일조각, 1998.

이길상·정순목 공편,『한국교육사료집성: 개화기편』, 한국정신문화연구원, 1991.

이만규,『조선교육사』1, 거름, 1991.

_____,『조선교육사』2, 거름, 1991.

이정우,『담론의 공간』, 민음사, 1994.

이화여대 한국문화연구원,『근대계몽기 지식개념의 수용과 그 변용』, 소명출판, 2004.

임경석,『한국사회주의의 기원』, 역사비평사, 2003.

장규식,『일제하 한국 기독교 민족주의 연구』, 혜안, 2001.

전미경,『근대계몽기 가족론과 국민생산 프로젝트』, 소명출판, 2005.

전상숙,『일제시기 한국 사회주의 지식인 연구』, 지식산업사, 2004.

정근식·권형택 편,『지역에서의 4월 혁명』, 선인, 2010.

정옥자,『조선 후기 역사의 이해』, 일지사, 1993.

_____,『정조의 수상록 일득록 연구』, 일지사, 2000.

_____,『우리가 정말 알아야 할 우리 선비』, 현암사, 2002.

정용화,『문명의 정치사상: 유길준과 근대 한국』, 문학과지성사, 2004.

정일준,『미셸 푸코의 정치이론』, 새물결, 1994.

정재철,『일제의 대한식민지 교육정책사』, 일지사, 1985.

정진석,『한국언론사』, 나남, 1990.

지수걸,『일제하 농민조합운동연구－1930년대 혁명적 농민조합운동』, 역사비평사, 1993.

최수일,『개벽연구』, 소명출판, 2008.

최재석,『한국가족제도사연구』, 일지사, 1983.

편집부 편,『4·19의 민중사』, 학민사, 1984.

한국역사연구회 근현대청년운동사연구반,『한국근현대청년운동사』, 풀빛, 1995.

허수,『이돈화 연구』, 역사비평사, 2011.

다이안 맥도넬, 임상훈 옮김,『담론이란 무엇인가－알튀세 입장에서의 푸코·포스트맑시즘 비판』, 한울, 1992.

량치차오, 신채호 옮김, 류준범·장문석 현대어 옮김,『이태리 건국 삼걸전』, 지식의풍경, 2001.

마이클 로빈슨, 신기욱 엮음, 도면회 옮김,『한국의 식민지 근대성』, 삼인, 2006.

미셸 푸코, 이정우 옮김,『담론의 질서』, 서강대학교 출판부, 2001.

미야카와 도루·아라카와 이쿠오 엮음, 이수정 옮김,『일본 근대철학사』, 생각의 나무, 2001.

미야타 세쓰코, 이영낭 옮김,『조선 민중과 '황민화' 정책』, 일조각, 1997.

사라 밀스, 임부용 옮김,『담론』, 인간사랑, 2001.

필립 아리에스, 문지영 옮김,『아동의 탄생』, 새물결, 2003(Philippe Ariès, translated by Robert Baldick, *Centuries of Childhood*, Alfred A. Knopf, 1960).

Grill, J. R., *Youth and history: Tradition and change in European age relations, 1770~present*, Academic Press, 1981.

栗原彬,『やさしさのゆくえ：現代青年論』, みすず書房, 1981.

竹內常一,『子ども·青年論』, 青木書店, 1995.

筒井淸忠,『日本型 '教養'の運命』, 岩波書店, 1995.

岩田重則,『ムラの若者·くにの若者』, 未來社, 1996.

木村直惠,『'青年'の誕生―明治日本における政治的實踐の轉換』, 新曜社, 1998.

北村三子,『青年と近代―青年と青年をめぐる言說の系譜學』, 世織書房, 1998.

河原和枝,『こども觀の近代』, 中央公論社, 1998.

(2) 연구 논문

강동진,「일제 지배하의 노동야학」,『역사학보』46, 1970.

권명아,「전시 동원체제의 젠더 정치」,『일제 파시즘 지배정책과 민중생활』, 혜안, 2004.

권태억,「근대화, 동화, 식민지 유산」,『한국사연구』108, 2000.

＿＿＿,「동화정책론」,『역사학보』172, 2001.

＿＿＿,「식민지 조선 근대화론에 대한 단상」,『우송 조동걸 선생 정년기념 논총』, 1997.

＿＿＿,「자강운동기 문명개화론의 일본 인식」,『한국 근대 사회와 문화－19세기 말에서 20세기 초를 중심으로』1, 서울대출판부, 2004.

김경미,「보통학교제도의 확립과 학교 훈육의 형성」,『일제의 식민지배와 일상생활』, 연세대학교 국학연구소, 2004.

김미란, 「'젊은 사자들'의 혁명과 증발되어버린 '그/녀들'-4월 혁명의 재현 방식과 배제의 수사학」, 『여성문학연구』 23, 2010.

_____, 「'청년세대'의 4월 혁명과 저항 의례의 문화정치학」, 『사이間SAI』 9, 2010.

김미영, 「1920년대 여성 담론 형성에 관한 연구-'신여성'의 주체 형성 과정을 중심으로」, 서울대학교 박사학위 논문, 2003.

김수자, 「대동청년단의 조직과 활동」, 『역사와 현실』 31, 1999.

김영구, 「신문학운동에 있어서의 '신청년'의 역할 연구」, 서울대학교 박사학위 논문, 1992.

김영미, 「평택 칠원 마을이 최우수 새마을이 된 사연」, 『역사와 현실』 74, 2009.

김인걸, 「조선 후기 향촌사회에서 '유교적 전통'의 지속과 단절-향촌 사족의 거향관 변화를 중심으로」, 『한국사론』 50, 2004.

류상영, 「초창기 한국 경찰의 성장 과정과 그 성격에 관한 연구(1945~1950)」, 연세대학교 석사학위 논문, 1987.

박명선, 「북한 출신 월남인의 사회경제적 배경 및 사회 이동에 관한 연구」, 이화여자대학교 석사학위 논문, 1983.

박은숙, 「갑신정변 주도 세력의 성장과 정치적 대립의 성격」, 『역사연구』 12, 역사학연구소, 2003.

_____, 「갑신정변 참여층의 개화사상과 정변 인식」, 『역사와 현실』 51, 한국역사연구회, 2004.

박종린, 「1920년대 전반기 사회주의 사상의 수용과 물산장려 논쟁」, 『역사와 현실』 47, 2003.

_____, 「'김윤식 사회장' 찬반 논의와 사회주의 세력의 재편」, 『역사와 현실』 38, 2000.

박철하, 「1920년대 전반기 사회주의 청년운동과 고려공산청년회」, 『역사와 현실』 9, 1993.

백동현, 「대한제국기 민족 인식과 국가 구상」, 고려대학교 박사학위 논문, 2004.

변은진, 「일제 전시 파시즘기(1937~1945) 조선 민중의 현실 인식과 저항」, 고려대학교 박사학위 논문, 1998.

소영현, 「미적 청년의 탄생」, 연세대학교 박사학위 논문, 2005.

송인재, 「초기 '신청년'에서 전개된 '청년' 담론의 기원과 성격」, 『인문과학』 45, 2010.

신영숙, 「일제하 한국여성사회사 연구」, 이화여자대학교 박사학위 논문, 1989.

신일섭, 「진독수의 사상과 활동 연구」, 전남대학교 박사학위 논문, 1994.

신주백, 「일제의 교육정책과 학생의 근로동원(1943~1945)」, 『역사교육』 78, 2001.

오제연, 「1970년대 대학문화의 형성과 학생운동」, 『역사문제연구』 28, 2013.

이경훈, 「청년과 민족-'학지광'을 중심으로」, 『대동문화연구』 44, 2003.

이광린, 「구한말 신학과 구학과의 논쟁」, 『동방학지』 24·25 합집, 1980.

이규태, 「해방 직후 건국준비위원회의 활동과 통일국가의 모색」, 『한국근현대사연구』 36, 2006.

이기훈, 「일제하 농촌보통학교의 '졸업생 지도'」, 『역사문제연구』 4, 1997.

_____, 「독서의 근대, 근대의 독서-1920년대의 책읽기」, 『역사문제연구』 7, 2001.

_____, 「1920년대 '어린이'의 형성과 동화」, 『역사문제연구』 8, 2002.

_____, 「청년, 근대의 표상」, 『문화/과학』 37, 문화과학사, 2004.

_____, 「1920년대 사회주의 이념의 전개와 청년 담론」, 『역사문제연구』 13, 2005a.

_____, 「일제하 청년 담론 연구」, 서울대학교 박사학위 논문, 2005b.

_____, 「1970년대 학생 반유신운동」, 『유신과 반유신』, 민주화운동기념사업회, 2005c.

_____, 「청년, 갈 곳을 잃다-1930년대 청년 담론에 대한 연구」, 『역사비평』 76, 2006a.

_____, 「청년의 시대-1920년대 민족주의 청년 담론 연구」, 『근대를 다시 읽는다』 2, 역사비평사, 2006b.

_____, 「종속과 우월-식민지 엘리트의 사회적 기반과 의식」, 『역사와 현실』 59, 2007a.

_____, 「일제하 보통학교 교원의 사회적 위상과 자기인식」, 『역사와 현실』 59, 2007b.

_____, 「식민지 학교 공간의 형성과 변화-보통학교를 중심으로」, 『역사문제연구』 17, 2007c.

_____, 「1920년대 언론매체와 소통공간-『동아일보』의 '자유종'을 중심으로」, 『역사학보』 204, 2009.

_____, 「젊은이들의 초상-식민지의 학생, 오늘날의 학생」, 『역사비평』 90, 2010.

_____, 「1920년대 전남 지방의 청년단체와 청년운동-사회정치적 공간의 구성과 변화를 중심으로」, 『역사문제연구』 26, 2011.

이지원, 「일제하 민족문화 인식의 전개와 민족문화운동-민족주의 계열을 중심으로」, 서울대학교 박사학위 논문, 2004.

이창현, 「한국의 민간인 학살 재판 연구-경주 내남면 학살사건 재판 사례를 중심으로」, 『한국사학보』 39, 2010.

이태훈, 「1920년대 전반기 일제의 '문화정치'와 부르주아 정치세력의 대응」, 『역사와 현실』 47, 2003.

이현주, 「전조선청년당대회연구」, 『한국근현대사연구』 9, 1998.

임경석, 「3·1운동 전후 한국 민족주의의 변화」, 『역사문제연구』 4, 2000.

임나영, 「1945~1948 우익 청년단 테러의 전개 양상과 성격」, 『한국사론』 55, 2009.

장신, 「1919~43년 조선총독부의 관리 임용과 보통문관시험」, 『역사문제연구』 8, 2002.

전갑생, 「한국전쟁 전후 대한청년단의 지방조직과 활동」, 『제노사이드 연구』 4, 2008.

정숭교, 「한말 민권론의 전개와 국수론의 대두」, 서울대학교 박사학위 논문, 2004.

정연태, 「'식민지 근대화론' 논쟁의 비판과 신근대사론의 모색」, 『창작과 비평』, 1999 봄.

_____, 「21세기의 한국 근대사 연구와 신근대사론의 모색」, 『20세기 역사학 21세기 역사학』, 역사비평사, 2000.

정용서, 「일제하 천도교 청년당의 운동노선과 정치사상」, 『한국사연구』 105, 1999.

_____, 「1930년대 천도교 세력의 농업문제 인식과 농업개혁론」, 『동방학지』 117, 2002.

주익종, 「1930년대 중엽 이후 조선인 중등학교의 확충」, 『경제사학』 24, 1998.

주진오, 「19세기 후반 개화개혁론의 구조와 전개-독립협회를 중심으로」, 연세대학교 박사학위 논문, 1995.

주창윤, 「1970년대 청년문화 세대 담론의 정치학」, 『언론과 사회』 14-3, 2006.

지수걸, 「일제하 전남 순천 지역의 소작인조합운동과 '관료-유지 지배체제'」, 『한국사연구』 96, 1997.

_____,「구한말~일제 초기 유지 집단의 형성과 향리」,『한국 근대 이행기 중인 연구』, 연세대학교 국학연구원, 1999a.

_____,「일제하 충남 서산군의 관료-유지 지배체제: '서산군지'에 대한 분석을 중심으로」,『역사 문제연구』3, 1999b.

_____,「일제하 충남 조치원 유지, 맹의섭(1890~?)의 '유지 기반'과 '유지정치'」,『역사와 역사교 육』, 우재 안승주 박사 추모 역사학논총 3·4, 웅진사학회, 1999c.

최수일,「1920년대 문학과 '개벽'의 위상」, 성균관대학교 박사학위 논문, 2001.

하유식,「이승만 정권 초기 정치기반 연구-대한청년단을 중심으로」,『지역과 역사』3, 1997.

한국근현대사회연구회,『한국 근대 개화사상과 개화운동』, 신서원, 2004.

한긍희,「1935~37년 일제의 '심전心田 개발' 정책과 그 성격」,『한국사론』35, 1996.

허병식,「식민지 청년과 교양의 구조-'무정'과 식민지적 무의식」,『한국어문학연구』41, 2003.

허수,「전시체제기 청년단의 조직과 활동」,『국사관논총』88, 2000.

_____,「일제하 이돈화의 사회사상과 천도교」, 서울대학교 박사학위 논문, 2005.

_____,「1970년대 청년문화론」, 역사비평 편집위원회 편,『논쟁으로 읽는 한국사』2, 역사비평사, 2009.

허은,「5·16 군정기 재건국민운동의 성격」,『역사문제연구』11, 2003.

富田晶子,「농촌진흥운동하의 중견인물 양성-준전시체제기를 중심으로」, 최원규 편,『일제 말기 파시즘과 한국사회』, 청아, 1988.

古川宣子,「일제시대 보통학교체제의 성립」, 서울대학교 박사학위 논문, 1996.

ㅎ